河北经贸大学学术著作出版基金资助项目

公平视域下京津冀基本公共服务均等化研究

黄华 著

中国社会科学出版社

图书在版编目（CIP）数据

公平视域下京津冀基本公共服务均等化研究/黄华著.
—北京：中国社会科学出版社，2022.10
ISBN 978-7-5227-0462-3

Ⅰ.①公… Ⅱ.①黄… Ⅲ.①公共服务—研究—华北地区 Ⅳ.①D669.3

中国版本图书馆 CIP 数据核字(2022)第 119792 号

出 版 人	赵剑英
责任编辑	程春雨
责任校对	李 莉
责任印制	王 超
出 版	中国社会科学出版社
社 址	北京鼓楼西大街甲 158 号
邮 编	100720
网 址	http://www.csspw.cn
发 行 部	010-84083685
门 市 部	010-84029450
经 销	新华书店及其他书店
印 刷	北京君升印刷有限公司
装 订	廊坊市广阳区广增装订厂
版 次	2022 年 10 月第 1 版
印 次	2022 年 10 月第 1 次印刷
开 本	710×1000 1/16
印 张	15
插 页	2
字 数	208 千字
定 价	79.00 元

凡购买中国社会科学出版社图书，如有质量问题请与本社营销中心联系调换
电话：010-84083683
版权所有 侵权必究

前　言

京津冀协同发展是重大国家战略，促进基本公共服务均等化是推动京津冀协同发展的重要内容和本质要求。受经济发展水平、政策制度环境、自然地理条件等诸多因素影响，京津冀三地公共教育、医疗卫生、社会保障、公共环境等基本公共服务水平差异较大，矛盾突出，有些方面甚至呈现出"断崖式"落差，是我国区域基本公共服务非均等的典型代表。如何促进京津冀地区基本公共服务均等化，合力推进三地公共教育、医疗卫生、社会保障、公共环境等社会事业发展，已经成为推进京津冀协同发展战略实施中一个重大的理论和现实问题。

学术界从哲学、经济学、管理学、财政学等多个学科的理论视角对基本公共服务均等化问题展开了广泛深入的研究，取得了丰硕成果，但以马克思主义公平理论为视角研究京津冀这一热点区域基本公共服务均等化的成果则非常鲜见。马克思主义公平理论是马克思主义理论体系的重要组成部分，是不断发展的开放的理论，始终站在时代的前沿，指导人们改造客观世界的行动；对推进京津冀基本公共服务均等化，促进社会公平，增进人民福祉具有重要的理论指引和方法论指导意义。

本书以社会公平为视角，以坚持以人民为中心和共享发展为价值导向，以京津冀基本公共服务均等化为研究对象，以马克思主义公平理论和习近平新时代中国特色社会主义思想为指导，通过理论分析和现实论证，查阅大量参考文献和京津冀区域有关数据，充分论证马克思主义公平理论和京津冀基本公共服务均等化的逻辑关系，以及实现均等化的必要性和可能性，结合京津冀基本公共服务均等化的发展历程，从正反两方面分析京津冀基本公共服务均等化取得的初步成效和存在的问题，并在客观分析京津冀基本公共服务水平测度和时空演变格局特征的基础上，提出京津冀基本公共服务均等化的制约因素，为推进京津冀基本公共服务均等化的总体思路与实现路径提供精准问题靶向。

核心概念是本书展开研究的前提和基础，理论依据和现实价值是立论的重要根据。本书首先在阐释公共服务和基本公共服务，均等和均等化的基础上，揭示了京津冀基本公共服务均等化是促进社会公平正义，实现权利公平、机会公平、规则公平的具体实践。经过马克思、恩格斯等经典作家的理论探讨和创造性的社会活动，社会主义由空想变成了科学，形成了以"生产公平""分配公平""制度公平"为主要内容，以"历史性""相对性""人本性"为主要特征的马克思恩格斯公平思想；经过列宁领导的俄国革命和苏联建设实践，社会主义由理想变成了现实，公平理论得到再次发展和丰富。在马克思主义公平理论指导下，中国共产党坚持从中国实际出发，积极借鉴苏联成功经验并认真吸取其失败教训，创造性地运用和发展马克思主义公平理论，形成了以权利公平、机会公平、规则公平为本质内涵，以经济发展、共同富裕、制度正义为主要内容的具有新的时代特征和丰富内涵的中国化马克思主义公平理论，充分体现了中国特色社会主义的内在要求，为国家治理能力和治理水平的现代化提供了坚实的理论基础。

马克思主义公平理论为京津冀基本公共服务均等化指明了保障公平权利、促进社会公平、重视分配正义的价值导向，并为推进京津冀基本公共服务均等化提供了辩证唯物主义和历史唯物主义的方法论指导。习近平新时代中国特色社会主义思想是马克思主义中国化的最新理论成果，其中蕴含的公平、正义观点和以人民为中心的发展思想是对马克思主义公平理论的继承和创新，同时指导中国经济社会发展具体实践，指导京津冀推进基本公共服务均等化。京津冀基本公共服务均等化作为新时代实现社会公平的重要内容，是对马克思主义公平理论的深入认识和积极实践。京津冀基本公共服务均等化既是对马克思主义公平理论的践行，也丰富和发展了马克思主义公平理论。

解决现实问题、破解制约因素、寻找求解路径是论题研究的原动力。本书在论证了马克思主义公平理论与京津冀基本公共服务均等化的辩证统一关系后，明确界定基本公共服务均等化的科学内涵和目标要求，系统回顾京津冀基本公共服务均等化的发展历程，客观梳理京津冀基本公共服务均等化的最新进展，归纳总结京津冀基本公共服务均等化存在的问题，准确把握京津冀基本公共服务均等化的重点难点，阐述存在着地区间利益博弈未消失、重点领域立法尚待突破、法律位阶和效力尚不高、公众参与机制尚不健全、立法评估机制有待完善等权利和规则公平方面的问题；存在着跨区域政府协调和利益分享机制不健全、基本公共服务供给主体权力和资源配置不均衡、三地经济发展水平和政府财政收入差距明显等机会公平方面的问题，前瞻性地分析京津冀基本公共服务均等化的战略举措。

为深入把握京津冀基本公共服务水平，通过熵权法、综合指数得分和多元回归分析等实证方法，分析京津冀区域地级市层面基本公共服务均等化水平在时间序列与空间格局演化情况。在对京津冀基本公共服务水平进行定性和定量分析后，论证经济发展不平衡、公共资源配置不均衡、城镇结构失衡、政策制度不完善等因素制约京津冀基本公共服务均等化，为探寻京津冀基本公共服务均等化的对策建议提供精准问题靶向。

在对京津冀基本公共服务均等化进行应然理论论证，并对其现状进行实然分析的基础上，针对京津冀基本公共服务均等化存在的问题和制约因素，提出京津冀基本公平服务均等化的路径选择及其构想，即以马克思主义公平理论为指导,第一,要坚持以人民为中心的发展思想和共享发展理念;第二,要加快京津冀区域经济和城乡经济发展,大力发展生产力是推进京津冀基本公共服务均等化的根本途径;第三,要构建政府间利益共享"一体化"发展格局,政府顶层设计是推进京津冀基本公共服务均等化的组织保障;第四,加快完善京津冀协同立法机制,建立健全法律制度体系,构建基本公共服务均等化法治体系是推进京津冀基本公共服务均等化的法治保障;第五,加强财政政策协调机制,加大户籍制度改革等,进一步完善财政、户籍等配套政策的体制机制是推进京津冀基本公共服务均等化的制度保障;第六,要推行雄安新区和北京城市副中心等重点区域先行先试,辐射带动周边城市群发展新模式,统筹协调京津冀基本公共服务"全领域"合作是兼顾效率与公平推进京津冀基本公共服务均等化的秩序保证。

总之,京津冀在地理区位上紧密相连,在经济发展上彼此依赖,在人文精神上相互融合,决定了京津冀作为密切联系的共同体,必须协同发展,而京津冀基本公共服务均等化正是促进京津冀协同发展的前提和基础。本书通过论证马克思主义公平理论的思想渊源、主要内容、特征及时代内涵,阐述其与京津冀基本公共服务均等化的逻辑关系,在论证基本公共服务均等化存在问题和制约因素的基础上,提出了推进均等化的构想,旨在为推进京津冀基本公共服务均等化提供有效途径和发展模式,为中央和地方政府科学决策提供理论依据和实践参考。

目录 CONTENTS

第一章 绪论 ………………………………………………… 1
  第一节 选题背景与研究意义 …………………………… 1
  第二节 国内外研究现状综述 …………………………… 6
  第三节 研究思路与研究方法 …………………………… 15
  第四节 重点、难点与创新点 …………………………… 17
  第五节 相关概念的界定及阐述 ………………………… 19

第二章 马克思主义公平理论及其中国化 ………………… 26
  第一节 马克思恩格斯的公平思想 ……………………… 27
  第二节 列宁的公平理论 ………………………………… 44
  第三节 中国共产党对马克思主义公平理论的丰富和发展 … 48

第三章 马克思主义公平理论与京津冀基本公共服务
       均等化的逻辑关系 ………………………………… 69
  第一节 马克思主义公平理论对京津冀基本公共服务
         均等化的理论指导 ……………………………… 69
  第二节 马克思主义公平理论对京津冀基本公共服务均等化的
         方法论指导 ……………………………………… 87

第三节　京津冀基本公共服务均等化是对马克思主义
　　　　公平理论的具体实践 ………………………………… 92

第四章　京津冀基本公共服务均等化的现状 ……………………… 96
　第一节　基本公共服务均等化的科学内涵和目标要求 ………… 97
　第二节　京津冀基本公共服务均等化的发展历程 …………… 100
　第三节　京津冀基本公共服务均等化的进展成效 …………… 106
　第四节　京津冀基本公共服务非均等化的现实表现 ………… 114

第五章　京津冀基本公共服务均等化水平测度及时空演化
　　　　特征 …………………………………………………… 132
　第一节　京津冀基本公共服务均等化水平测度的指标
　　　　　体系构建 ……………………………………………… 132
　第二节　京津冀基本公共服务均等化水平的时间序列演化
　　　　　特征 …………………………………………………… 138
　第三节　京津冀基本公共服务均等化水平的空间演化特征及
　　　　　回归分析 ……………………………………………… 142

第六章　京津冀基本公共服务均等化的制约因素 ……………… 150
　第一节　经济发展不平衡是制约基本公共服务均等化的
　　　　　根本因素 ……………………………………………… 150
　第二节　公共资源配置不均衡是制约基本公共服务均等化的
　　　　　历史因素 ……………………………………………… 155
　第三节　城镇化结构失衡是制约基本公共服务均等化的
　　　　　现实因素 ……………………………………………… 160
　第四节　政策制度不完善是制约基本公共服务均等化的
　　　　　制度因素 ……………………………………………… 165

第七章 马克思主义公平理论指导下京津冀基本公共服务均等化的路径研究 …… 173

第一节 推进京津冀基本公共服务均等化的价值取向 …… 174

第二节 推进京津冀基本公共服务均等化的总体思路 …… 179

第三节 推进京津冀基本公共服务均等化的根本途径 …… 193

第四节 推进京津冀基本公共服务均等化的重点任务 …… 197

结　语 …… 219

参考文献 …… 223

第一章 绪论

第一节 选题背景与研究意义

一 选题背景

改革开放40多年来,我国取得了举世瞩目的发展成就,国内生产总值从改革开放之初的3679亿元增加到2017年的827122亿元,经济总量稳居世界第二位,综合国力持续提升,人民生活得到显著改善。与此同时,人民群众对基本公共服务的需求更加多元,对供给数量和质量要求更高,对共同富裕、公平正义、幸福安康的新生活更加期待。党的十九大报告指出,中国特色社会主义进入新时代,我国社会主要矛盾已经转化为人民日益增长的美好生活需要和不平衡不充分的发展之间的矛盾。这个主要矛盾,在我国发展的空间布局方面具体表现为区域发展的不平衡不充分;在社会建设领域主要表现为民生发展还有不少短板,人民群众在就业、教育、医疗、养老等方面还面临不少难题,地区、城乡之间收入分配差距依然较大,基本公共服务供给存在显著差异。"在某种意义上,区域之间与社会群体之间的差异在不断地种植社会矛盾的种子,相对剥夺感在某种程度上已经成为中国社会冲突的心理根源。"[1] 上述问题如果长期得不到有效解决,不仅会影响人民群众的基本生活,不利于

---

[1] 张贤明等:《基本公共服务均等化研究》,经济科学出版社2017年版,第1页。

我国经济社会协调发展，有违社会主义公平正义的价值取向和本质要求，而且将对党和政府的公信力、社会凝聚力以及社会稳定形成极大威胁。

面对复杂的国内外发展环境，党和政府把带领人民创造美好生活作为矢志不渝的奋斗目标，把增进民生福祉、让广大人民群众共享改革发展成果作为重要任务来抓。自国家"十一五"规划纲要首次提出"基本公共服务均等化"命题以来，已出台多项推进基本公共服务均等化的规划政策，对民生领域的投入力度不断加大。2006年，党的十六届六中全会将基本公共服务体系更加完备列入构建社会主义和谐社会的目标任务，并提出逐步实现基本公共服务均等化的要求。2007年，党的十七大报告从缩小地区发展差距的角度阐释了基本公共服务均等化的重要作用。2012年，党的十八大报告提出，加快形成政府主导、覆盖城乡、可持续的公共服务体系，维护广大人民的权益。2017年，党的十九大报告强调，履行好政府再分配调节职能，加快推进基本公共服务均等化，缩小收入分配差距；同时在2035年基本实现社会主义现代化宏伟目标体系中明确提出"城乡区域发展差距和居民生活水平差距显著缩小，基本公共服务均等化基本实现，全体人民共同富裕迈出坚实步伐"。2019年，党的十九届四中全会从推进国家治理体系和治理能力现代化的战略高度，强调要健全幼有所育、学有所教、劳有所得、病有所医、老有所养、住有所居、弱有所扶等方面的国家基本公共服务制度体系，注重加强普惠性、基础性、兜底性民生建设，保障群众基本生活。由此可见，基本公共服务均等化已深化为党的执政理念和政府施政重点，也是国家保障和改善民生的重要举措。

京津冀同属京畿重地，战略地位重要，各自比较优势突出，是我国经济最具活力、开放程度最高、创新能力最强、吸纳人口最多的地区之一，也是拉动我国经济发展的重要引擎。但受经济基础、制度环境、地理位置、自然条件等诸多因素影响，河北省经济发展水平、人均地区生产总值和财政收入与京津差距悬殊,三地公共教育、医疗卫生、社会保障等基本公共服务水平差异较大,矛盾突出,有些方面甚至呈现出"断崖式"落差。习近平总书记高度重视京津冀区域发展问题,2014年2月26日发表重要讲话,提出"七个着力"要求,京津冀协同发展正式上升为重大国家战略;2015年4月,《京津冀协同发展规划纲要》明确提出,促进基本公共服务均等化是有序疏解北京非首都功能的重要前提和京津冀协同发展的本质要求。2017年4月,党中央、国务院正式公布设立雄安新区,北京非首都功能集中承载地这一重大历史性工程落户河北。同年10月,党的十九大报告提出,以疏解北京非首都功能为"牛鼻子"推动京津冀协同发展,高起点规划、高标准建设雄安新区。2018年4月发布的《河北雄安新区规划纲要》提出,提升区域公共服务整体水平,打造要素有序自由流动、主体功能约束有效、基本公共服务均等、资源环境可承载的区域协调发展示范区,为建设京津冀世界级城市群提供支撑。随着京津冀协同发展战略深入实施,三地协同发展共识增强,在教育、医疗、社会保障等基本公共服务方面形成初步合作机制,取得了一些新的进展,但仍面临不少亟待解决的矛盾问题,与中央要求和人民群众期待相比,仍需要付出艰苦努力。

围绕基本公共服务均等化这一重大理论和实践课题,国内学术界展开了广泛的研究。学者们从哲学、经济学、管理学、财政学等多个学科角度,对当代中国以及京津冀区域的基本公共服务均等化问题展开了理论探索,提出了许多富有见地的观点,取得了丰硕的成果。特别是党的十八大以来,党和政府加强马克思主义执政党和服务型政府建设、推进基本公共服务均等化、着力保障和改善民生等一系列重大战略部署和惠民举措,实质上就是在全面建成小康社会、实现中华民族伟大复兴的实践中不断把马克思主义公平理论中国化、时代化,解决当代中国所面临的基本公共服务非均等化现实问题,其中蕴含的以人民为中心的发展思想、社会主义公平正义观念和共享发展理念,与马克思主义公平理论在根本价值取向上高度契合。同时，实施区域协调发展战略是全面建成小康社会进而实现全体人民共同富裕的内在要求，京津冀协同发展是区域协调发展重大国家战略之一，聚焦这一热点区域开展深入研究，对推进我国其他区域协调发展、加快基本公共服务均等化具有重大示范引领意义。基于这样的认识，本书以"公平视域下京津冀基本公共服务均等化研究"为选题，尝试以马克思主义公平理论为视角，探寻马克思主义公平理论与京津冀基本公共服务均等化的逻辑关系，寻求京津冀基本公共服务均等化的实现途径。

二 研究意义

（一）理论意义

开展马克思主义公平理论视域下京津冀基本公共服务均等化研究，其理论价值在于以下两个方面。

第一，以马克思主义公平理论为基础，聚焦京津冀重点区域研究基本公共服务均等化模式路径这一现实问题，将马克思主义理论范畴中的"公平"与政治学、经济学、公共管理学范畴的"基本公共服务均等化"紧密联系，进行跨学科的交叉研究，从一个全新的视角认识京津冀协同发展战略中基本公共服务均等化问题，有助于人们充分理解马克思主义公平理论对实现京津冀基本公共服务均等化的重要意义和指导作用。前文已述，以往国内学者多是从经济学、政治学、公共管理学等理论视角开展研究。本书则以马克思主义公平理论为指导，将蕴含其中的以人民为中心的发展思想、社会主义公平正义观念和共享发展理念作为价值取向依归，在深入考察分析京津冀基本公共服务均等化存在的问题和制约因素基础上，提出加快京津冀基本公共服务均等化的思路举措和对策建议。以马克思主义公平理论为视角，全面、系统和深入地研究分析京津冀基本公共服务均等化问题，这在国内非常鲜见。本书在一定意义上实现了研究这一问题的理论视角创新。

第二，马克思主义公平理论是随着时代的发展而发展、与我国社会主义建设具体实践相结合的与时俱进的理论体系。促进基本公共服务均等化，是推进京津冀协同发展战略的关键所在，也是我国全面建成小康社会、建设社会主义现代化强国的重要内容和应有之义，体现着社会主义公平正义的根本价值取向。推进京津冀基本公共服务均等化的过程，就是在党和政府领导下，以马克思主义公平理论为指导，在推进京津冀协同发展和雄安新区建设的伟大实践中，不断把马克思主义公平理论中国化、时代化的过程，其中的每一项内容也是马克思主义公平理论中国化、时代化过程中的具体化和当代表现形式。将马克思主义公平理论与京津冀基本公共服务均等化这一现实问题联系起来进行考察，既把马克思主义公平理论中国化、时代化、具体化，又进一步丰富和拓展了人们认识基本公共服务均等化的学术视野。因而，本书具有一定的学术特色和学术价值。

（二）现实意义

开展马克思主义公平理论视域下京津冀基本公共服务均等化研究，其现实价值在于：为破解京津冀基本公共服务均等化现实难题提供理论支撑，为我国其他区域加快基本公共服务均等化探索创新范式。京津冀地区是我国区域基本公共服务非均等化的典型代表。相比长三角和粤港澳大湾区，京津冀区域经济发展落差巨大，公共服务水平和发展环境差距悬殊，河北不仅难以对接吸引京津高新产业和高科技成果落地转化，甚至面临高端发展要素"倒流"、和京津经济发展差距进一步扩大的压力。由于三地对推动协同发展的利益诉求不一，基本公共服务等涉及核心利益的重大体制改革尚未破题，在跨区域政策协调、利益分享、市场一体化等方面仍存在显性和隐性壁垒。河北补齐基本公共服务这块短板，既面临政府公共财力不足、优质公共服务资源短缺等自身难题，又面临三地公共服务制度壁垒和体制机制障碍带来的挑战。破解这些难题，需要党和政府以马克思主义公平理论为指导，立足当代中国和京津冀区域发展实际，制定行之有效的发展战略、规划政策和改革方案。因此，开展本项研究，客观认识和分析京津冀基本公共服务均等化的现状问题，全方位、深层次探寻制约因素，相应提出促进和实现京津冀基本公共服务均等化的总体思路、根本途径和重点任务，可以为制定相关规划政策和改革方案提供理论支撑，为我国其他区域加快基本公共服务均等化进程提供可供借鉴参考的经验和范式。

第二节　国内外研究现状综述

一　国内研究现状

（一）有关马克思主义公平理论的研究

我国学者对马克思主义公平理论的研究兴起于20世纪80年代末，随着我国社会主义市场经济不断兴盛发展，一系列社会不公平问题逐步显现。较早开展研究的有洪镰德、许军等，洪镰德1990年在《现代哲学》上发表了《马克思正义观和伦理思想的新近诠释——兼评〈马克思、正义和历史〉》，介绍了文章发表前30年间西方学者对马克思主义公平观及伦理思想的分析、诠释及争议，阐述了公平观指导实践的现实价值。

国内学者对马克思主义公平理论的研究大致有关于马克思主义公平观科学内涵、范围、特点的研究，关于以马克思主义公平理论指导经济建设的研究，关于马克思主义公平理论现实意义的研究等。

第一，关于马克思主义公平理论科学内涵、特点、目标、范围、形成过程及现实价值的研究，主要观点有以下几种。陈江玲认为马克思主义公平理论蕴含了价值目标、科学理论体系及制度设计的"三位一体"的科学体系。[①] 谭贵全通过对马克思主义理论体系的研究，分

[①] 陈江玲：《马克思主义公平正义思想解读》，《理论月刊》2006年第6期。

析出马克思主义公平观不是单就某一领域适用的小公平观，指出其范围是全人类，其程度是彻底解放，其立足点是每一个人，其内容是全社会，其目标是全体人民自由且全面的发展。① 周新城从公平与经济的关系角度表述公平理论的两个特点，一是公平是经济关系的观念化，马克思主义公平理论具有社会历史性的特点，其历史性特点源于社会生产力增长所产生的经济效应，并指出经济是带动社会发展的关键因素；二是公平的阶级性特点，马克思主义者始终站在人民这一边，为消灭剥削和压迫、消灭阶级而斗争，并指出实现这个目标需要一个过程。② 江胜珍通过解读马克思公平思想的内涵和构成，指出马克思公平思想是通过对蒲鲁东和拉塞尔等人的批判而不断形成发展的；通过伍德、布坎南、胡萨米等人对马克思公平理论的激烈争论来体现马克思主义公平理论的丰富内涵，同时指出了同时期学者没有很好地阐释马克思主义公平理论的发展脉络和重要地位。③ 此外，崔玉亮通过对马克思恩格斯公平观内涵的分析，提出了大力发展生产力、吸收借鉴国外先进管理方法等五方面的启示。④

第二，关于马克思主义公平理论揭示公平与经济、分配制度等经济制度的研究，主要观点有以下几种。段忠桥认为马克思关于公平正义的论述大致分为两类，一类基于历史唯物主义，批判了吉尔巴特的"自然正义"、蒲鲁东的"永恒公平"、拉萨尔的"公平的分配"等各种资产阶级、小资产阶级的正义主张，指出正义属于意识形态，来源于法权观念和道德观念，并是其最抽象的表现；另一类则散落于对资本主义剥削的谴责和对社会主义按劳分配的评述中。⑤ 他指出，

---

① 谭贵全：《马克思主义的社会公平观及其对构建社会主义和谐社会的启示》，《马克思主义与现实》2009 年第 1 期。
② 周新城：《马克思恩格斯公平思想研究》，《红旗文稿》2005 年第 14 期。
③ 江胜珍：《马克思公平思想研究的两条主线及反思》，《湖南社会科学》2012 年第 6 期。
④ 崔玉亮：《马克思恩格斯公平观的内涵与当代启示》，《求实》2013 年第 4 期。
⑤ 段忠桥：《分配正义、剥削与按劳分配——答孔陆泉先生》，《人文杂志》2017 年第 1 期。

在马克思看来资本主义剥削是不正义的，社会主义的按劳分配也是不正义的。① 改革开放以来，经济快速发展，社会差距加大，社会不公问题伴随而生。在我国经济制度的构建中，李楠、潘学良对公平的源头进行解读，并提出分配制度如果存在极大的不公，就会直接或间接地引起广大劳动人民的不满。经济是社会发展的根本动力，作为顶层设计的经济制度必须体现公平，同时指出只有实施生产资料的"公有制"及"按劳分配"的经济制度，才能促进社会和谐稳步发展。②金阳提出三次分配理念，即在一次分配中实现权利公平，在二次分配中保障人们的基本生活，在三次分配中实现社会的共同富裕，从而实现社会公平正义、和谐稳定，全体人民共享发展成果。③

第三，关于马克思主义公平理论方法论的研究，主要观点有以下几种。袁久红先生认为唯物史观是马克思主义公平理论方法论的实质和价值体现，马克思主义公平理论是唯物主义和辩证法的高度契合。同时，阐述了马克思主义公平理论所具有的现实性、历史性和具体性原则。④ 陈传胜认为，马克思恩格斯公平正义观的方法论主要体现为实践性和辩证性两个原则。马克思恩格斯的公平正义观是历史的、发展的，是建立在商品经济这一物质基础上的，同时还应辩证地看待商品经济的历史必然性和局限性。

第四，关于马克思主义公平理论指导实践的研究，主要观点有以下几种。段伟伟认为，以马克思主义公平观来指导经济和社会正义，新时代共享发展理念体现了马克思主义公平正义观的内涵和本质，对于缩小贫富差距，促进经济社会发展具有现实意义。⑤ 房正宏指出，马克思的公平正义体现了社会主义民主政治的本质特征及时代内涵，

---

① 段忠桥：《马克思正义观的三个根本性问题》，《马克思主义与现实》2013 年第 5 期。
② 李楠、潘学良：《维护社会公平正义：理论基础、现实困境与路径选择》，《马克思主义研究》2016 年第 10 期。
③ 金阳：《马克思分配公平思想及其对我国的启示》，《宏观经济管理》2020 年第 2 期。
④ 袁久红：《正义与历史实践》，东南大学出版社 2003 年版，第 27—37 页。
⑤ 段伟伟：《共享发展：马克思主义公平正义观的时代体现》，《人民论坛》2019 年第 9 期。

科学发展观是其时代体现，应坚持把科学发展作为执政兴国第一要义。① 刘德定从制度维度的公平出发，提出马克思恩格斯公平正义理论对我国完善市场经济、建设政治文明及建构和谐社会都具有重要的启示意义，提出中国特色社会主义公平的内涵是以人为本、大力发展生产力、促进社会和谐等。②

（二）有关基本公共服务均等化的研究

基本公共服务均等化是解决现实公平问题的重要途径，对于缩小区域、群体间收入差距具有重要的现实意义，受到国内外学者普遍重视。研究视角主要为基本公共服务均等化如何实现，运用实证方法分析基本公共服务水平测度及时空演变格局等。

1. 关于完善基本公共服务均等化制度保障的研究

吉富星等研究表明造成基本公共服务均等化难以实现的主要因素是财政分权制度及转移支付体系，提出构建效率与公平兼具的转移支付体系，强化省级政府责任，重塑激励结构。③ 李军鹏认为，要建立科学的转移支付制度保障基本公共服务均等化的实现。④ 张华等基于国外基本公共服务均等化的成功经验，提出实现我国基本公共服务均等化要以民众需求为导向，加强政治引领作用，完善市场机制，实现供给方式多元化。⑤

2. 关于基本公共服务均等化的实证及案例分析的相关研究

一方面侧重于基本公共服务均等化水平区域之间差异的研究。刘丹鹭计算了两省地级市基本公共服务基尼系数，分析了长三角地区城

---

① 房正宏：《马克思主义公平正义观的当代发展及启示》，《理论探索》2009年第2期。
② 刘德定：《论马克思恩格斯公平正义思想的当代启示》，《当代世界与社会主义》2011年第2期。
③ 吉富星、鲍曙光：《中国式财政分权、转移支付体系与基本公共服务均等化》，《中国软科学》2019年第12期。
④ 李军鹏：《新时期推进基本公共服务均等化的思路与对策》，《新视野》2019年第6期。
⑤ 张华、张桂文：《城乡基本公共服务均等化的国际经验比较与启示》，《当代经济研究》2018年第3期。

市间不均等现状及其原因。[①] 程岚等运用对比法分析了我国东、中、西部地区的部分省级基本公共服务均等化水平。[②]

另一方面则倾向于对基本公共服务均等化水平综合测度和影响因素的研究。熊兴等构建了县域基本公共服务均等化指标体系，通过PVAR模型实证分析基本公共服务推动了经济水平的提高。[③] 王宇昕等通过测算首位度数值发现我国各省首位城市的规模与省域基本公共服务水平呈现倒U形关系，首位城市规模的扩大会导致省域城市间基本公共服务不均等程度的加深。[④]

（三）有关京津冀基本公共服务均等化的研究

区域基本公共服务均等化是全国基本公共服务均等化的一个缩影，只是结合了各区域的自然地理环境、城市空间结构、经济发展水平等不同因素。京津冀基本公共服务水平与长三角、珠三角地区相比有较大差距。韩兆柱等以整体性视角在客观分析京津冀基本公共服务水平现状的基础上，从区域经济发展、法治保障、政府间关系、公私关系四个方面提出实现策略。[⑤] 马慧强等通过构建基本公共服务均等化评价指标体系，对京津冀三地基本公共服务均等化时空演变进行了水平测度分析。[⑥] 卢文超提出了构建标准化基本公共服务体系，培育多元参与机制，强化财力保障和监督问责机制。[⑦] 郑林昌等通过实证

[①] 刘丹鹭：《长三角地区基本公共服务均等化的评估》，《南通大学学报》（社会科学版）2018年第6期。

[②] 程岚、文雨辰：《不同城镇化视角下基本公共服务均等化的测度和影响因素研究》，《经济与管理评论》2018年第6期。

[③] 熊兴、余兴厚、王宇昕：《基本公共服务与县域经济发展关系研究——来自三峡库区重庆段区县的例证》，《西部论坛》2019年第6期。

[④] 王宇昕、余兴厚、熊兴：《首位城市规模过大是否抑制了基本公共服务的均等化水平——基于全国省级面板数据的实证研究》，《宁夏社会科学》2019年第4期。

[⑤] 韩兆柱、于均环：《整体性治理视域下京津冀基本公共服务均等化研究》，《学习论坛》2018年第1期。

[⑥] 马慧强、王清、弓志刚：《京津冀基本公共服务均等化水平测度及时空格局演变》，《干旱区资源与环境》2016年第11期。

[⑦] 卢文超：《京津冀一体化进程中的基本公共服务标准化》，《人民论坛·学术前沿》2017年第17期。

分析得出三地整体性投入产出比低的现实问题。① 李林君等从公共服务增量、存量以及累积性视角出发，提出正确处理京津冀公共服务不均等发展问题的政策依据。② 田学斌、陈艺丹等以2014—2017年数据为基础，从教育文化、医疗卫生、基础设施、生态环境等方面分析三地基本公共服务均等化水平及其变化特征，在此基础上提出加大对河北财政转移支付力度、加强三地财政协同合作等建议。③

综上，学者们就京津冀基本公共服务均等化的影响因素以及政策依据、制度保障、激励机制等方面开展研究，现有研究一致认为京津冀基本公共服务均等化是推动京津冀协同发展的重要举措。但是，针对京津冀省际与城市群等不同维度深入探讨基本公共服务均等化差距的较少，同时并未对推进京津冀基本公共服务均等化提供系统、清晰的思路和对策建议。

二 国外研究现状

（一）有关马克思主义公平理论的研究

国外学者对马克思主义公平理论的研究成果不多，更多地集中在对公平思想的交锋，体现为对公平的内涵以及与正义的关系之争。

首先，以艾伦·伍德（Allen Wood）和罗伯特·塔克（Robert Tucker）为主对马克思主义公平观的研究。伍德发表的《马克思对正义的批判》中，不认为马克思笔下的资本主义社会是非正义的，"在马克思的著作中，正义观念乃是从法权观点出发，对社会事实的合理性采取的最高表述"④。相反，他认为，私有制与生产方式是相符合、相适宜的。

---

① 郑林昌、刘晓：《京津冀地区公共服务投入产出效率评价》，《商业经济研究》2016年第21期。
② 李林君、王莉娜、王海南：《京津冀一体化进程中公共服务不平等累积性研究：1994—2015——基于增量供给与存量调整视角》，《经济与管理研究》2018年第10期。
③ 田学斌、陈艺丹：《京津冀基本公共服务均等化的特征分析和趋势》，《经济与管理》2019年第6期。
④ Allen Wood, "The Marxian Critique of Justice", *Philosophy and Public Affairs*, No. 3, 1972.

其次，以胡萨米（Z. I. Husami）和柯亨（Gerald Allan Cohen）为主的"马克思主义正义派"，指出伍德误把马克思的正义观限制在规范的"社会"层次，而忽视了其"阶级"层次。此外，胡萨米认同马克思的分配正义原则。①

最后，以约翰·罗尔斯（John Bordley Rawls）和罗伯特·诺奇克（Robert Nozick）为主的"古典自由主义公平观"的研究。罗尔斯用纯粹抽象的社会契约演绎出他的"作为公平的正义"理论，在其《正义论》第二章"正义的原则"中提出了平等自由的原则、机会公正平等的原则和差别原则。他认为，社会正义原则调节着对一种政治宪法和主要经济、社会体制的选择。一个社会体系的正义，本质上依赖于如何分配基本的权利义务，依赖于在社会的不同阶层中存在着的经济机会和社会条件"。② 诺奇克则既批判罗尔斯的"最少受惠者的最大利益"，又批判马克思将税收用于社会再分配给予穷困无产者社会保障的理论。③

此外，艾伦·布坎南在其1982年发表的《马克思与正义》中用了近三分之一的篇幅论述马克思和罗尔斯的正义观有何异同之处，可谓经典评述。④

（二）有关基本公共服务均等化的研究

一方面，西方学者对公共服务进行阐释。经济学者亚当·斯密（Adam Smith）围绕公平特性展开对基本公共服务均等化的早期研究，提出了国家有义务和责任提供均等化的基本公共服务。⑤ 莱昂·狄骥（Leon Duguit）作为连带主义法学派创始人，指出凡是由各级政府监

---

① Z. I. Husami, "Marx on Distributice Justice", *Philosophy Pulic Affairs*, Vol. 8, No. 1, 1978.
② ［美］约翰·罗尔斯：《正义论》，何怀宏、何包钢、廖申白译，中国社会科学出版社2009年版，第6页。
③ ［美］罗伯特·诺奇克：《无政府、国家和乌托邦》，姚大志译，中国社会科学出版社2008年版，第181页。
④ ［美］艾伦·布坎南：《马克思与正义》，林进平译，人民出版社2013年版，第159—197页。
⑤ ［英］亚当·斯密：《国民财富的性质和原因的研究》（下），唐日松等译，华夏出版社2005年版，第543页。

管的、与社会团结不可分的活动都是公共服务项目，强调了公共服务的协作内涵。① 奥斯特罗姆（Ostrom E.）等指出公共服务供给应更多依靠市场和民间组织，更少依赖政府来满足公众的需求。②。

另一方面，一些学者对公共服务的均等化进行了多方面阐释。庇古的《福利经济学》和边沁的《政治经济学手册》是功利主义思想的代表作品，其中，庇古围绕社会福利展开阐述，并提出"一是国民收入总量越大，社会经济福利就越大；二是国民收入分配越是均等化，社会经济福利就越大"③，将均等化的实现程度与社会经济福利量进行联系。此外，其理论中也蕴含着"为了实现多数人的利益，可以牺牲少数人利益"的思想，也就是社会利益分配不公正问题会在一定程度上存在。罗尔斯的《正义论》提出，公平正义是个人平等下享有机会公平，以及使最不利者利益最大化。利益评价标准包括收入、财富、尊严等社会基础在内的"基本善"④。此外，Rapp 对均等进行了"特定形式"描述，认为公共服务均等化是"接受公共服务的权利应平等并且没有任何的歧视性的配给对待"⑤。Furceri 指出公民在生产和生活中不可或缺的就是公共服务，所有公民机会均等地享有政府所提供的公共服务，同时他认为公共服务也能促进经济健康、可持续发展。⑥ 许多学者对公共服务及其均等化的影响因素方面也进行了多重研究。Okorafor、Thomas 两位学者在对南非国家公共服务问题的研究中阐述了医疗资源合理分配推动了南非公共医疗服务均

---

① [法] 莱昂·狄骥：《公法的变迁·法律与国家》，郑戈、冷静译，辽海出版社、春风文艺出版社 1999 年版，第 53 页。

② [美] 奥斯特罗姆等：《公共服务的制度建构》，宋全喜、任睿译，上海三联书店 2000 年版，第 56—57 页。

③ [英] 阿瑟·塞西尔·庇古：《福利经济学》（下），金镝译，华夏出版社 2017 年版，第 525 页。

④ [美] 约翰·罗尔斯：《正义论》，何怀宏、何包钢、廖申白译，中国社会科学出版社 2009 年版，第 6 页。

⑤ Rapp L., "Public Service or Universal Service", *Telecommunications Policy*, No. 6, 1996.

⑥ Furceri D., "Stabilization Effects of Social Spending: Empirical Evidence from a Panel of OECD Countries", *North American Journal of Economics and Finance*, No. 1, 2010.

等化。① Andreas 等则以欧洲为例，探寻其财政分权、公共服务方面的财政支出间的连带性，认为公共支出、财政分权有助于均等化的实现。② Rhys Andrews、Steve Martin 对英国多层面指标进行测比分析，得出公共服务的区域差异在一定程度上受制于公共政策。③

三　对国内外研究现状的评价

（一）对马克思主义公平理论研究现状的评价

国内学者对马克思主义公平理论研究的角度是多方面的，研究成果颇丰。国外学者对马克思主义公平理论的研究成果不多，并且学者们的研究多是站在批判马克思主义公平理论的视角或站在自身代表的阶级立场上予以评价。无论批判还是吸收借鉴，都是思想的交锋和智慧火花的碰撞，对指导我国基本公共服务均等化都有一定参考价值。本书在学习借鉴大量文献的基础上系统总结马克思主义公平理论的主要内容和核心价值，并以此为轴，探索京津冀基本公共服务均等化的制约因素，提出推进京津冀基本公共服务均等化的路径构想。

（二）对基本公共服务均等化研究现状的评价

从以上文献综述可以看出，国内基本公共服务均等化的研究文献数量颇丰。党的十七大之后，由早期围绕基本公共服务科学内涵、特征及意义等方面展开的研究逐渐转向对均等化水平测算、指标构建、实现路径等方面的研究。同时，学者针对教育、医疗、社会保障等不同领域的均等化问题开展了广泛深入的探讨，文献数量较多，但是研究成果的创新性不强，多是提出普适性的观点、方法等。此外，自京

---

① Okorafor O. A. and Thomas S., "Protecting Resources for Primary Health Care Under Fiscal Federalism: Options for Resource Allocation", *Health Policy and Planning*, No. 6, 2007.

② Andreas Kappeler and Timo Välilä, "Fiscal Federalism and the Composition of Public Investment in Europe", *European Journal of Political Economy*, No. 3, 2008.

③ Andrews R. and Martin S., "Regional Variations in Public Service Outcomes: the Impact of Policy Divergence in England, Scotland and Wales", *Regional Studies*, No. 8, 2010.

津冀协同发展战略实施以来，学者对京津冀基本公共服务均等化的关注越来越多，研究成果集中在京津冀基本公共服务均等化现状、非均等的问题根源、实现路径和对策建议等方面，但总体看来研究的深度和高度还有待提高。从研究视角上看，多以经济学、公共管理学、伦理学、法学等学科视角结合基本公共服务开展研究，与马克思主义理论学科结合，对基本公共服务均等化开展研究的尚不多且缺乏系统性。此外，对京津冀基本公共服务水平测度与时空演变格局、影响因素及驱动机理分析的则更少。

（三）对马克思主义公平理论视域下京津冀基本公共服务均等化研究现状的评价

尽管国内学者对马克思主义公平理论的研究成果较为丰富，但结合社会公平现实问题的研究历程还比较短，运用理论指导实践的文章并不多，将马克思主义公平理论与新时代社会现实结合得不够紧密，运用马克思主义唯物史观指导实践的能力还不强，特别体现在对彰显社会公平的基本公共服务的研究契合度不高，聚焦到运用公平理论指导京津冀基本公共服务的则更少。因此，本书在学习和借鉴相关文献的基础上，通过梳理二者内在逻辑关系，运用定性、定量两种分析方法客观分析京津冀基本公共服务均等化现状，为探索马克思主义公平理论视域下京津冀基本公共服务均等化的实现路径，为更好地发现问题、解决问题做好理论研究和实践研究。

第三节　研究思路与研究方法

一　研究思路

以坚持人民主体地位和共享发展为价值导向，以京津冀基本公共服务均等化为研究对象，以马克思主义公平理论和习近平新时代中国特色社会主义思想为指导，通过理论分析和现实论证，查阅大量参考文献和京津冀区域有关数据，充分论证马克思主义公平理论和京津冀基本公共服务均等化的逻辑关系。在马克思主义公平理论视域下，明确界定基本公共服务均等化的科学内涵和目标要求，系统回顾京津冀基本公共服务均等化的发展历程，客观梳理京津冀基本公共服务均等化的最新进展，归纳总结京津冀基本公共服务均等化存在的问题，准确把握京津冀基本公共服务均等化的重点难点，前瞻性地分析京津冀基本公共服务均等化的战略举措。通过对京津冀基本公共服务发展11年间的关键数据进行实证分析，清晰展现京津冀基本公共服务水平在时间和空间格局上的演化特征及其影响因素，为提出京津冀基本公共服务均等化的建议和对策提供精准靶向。问题产生的根源和影响因素决定着解决问题的总体思路与实现路径。客观分析并论证了京津冀省际、城市群存在经济发展差距悬殊，政府间协调和利益共享机制不健全，基本公共服务供给权利主体权力和资源配置不平衡，基本公共服务均等化法律制度匮乏、财政制度不完善等问题，坚持以马克思主义公平理论为指导，指明京津冀基本公共服务均等化的价值取向和总体思路。最后，从大力发展生产力，加快区域经济发展，融合城乡经济发展，筑牢京津冀基本公共服务均等化的物质基础；构建"一体化"发展格局，强化顶层设计，加强规划指引，完善财政转移支付制度、户籍制度等为京津冀基本公共服务均等化提供制度保障；兼顾公平与效率，推行雄安新区和北京城市副中心等重点区域先行先试，辐射带动周边城市群层级递进发展，加快补齐河北经济发展短板的新模式，以及统筹协调京津冀基本公共服务"全领域"协作等路径构想，旨在为中央和地方政府科学决策提供理论依据和实践参考。

二 研究方法

研究方法的科学性、合理性决定着研究成果的价值性。坚持以马克思主义唯物史观为指导，采用规范研究和实证研究相结合的研究方法，通过比较分析、实证分析、案例分析等具体研究方法层层推进，阐明京津冀基本公共服务均等化的推进思路和实现路径。

第一，归纳和演绎的研究方法。客观归纳京津冀协同发展与基本公共服务均等化的共同价值取向和内在逻辑关系，认真总结三地协同立法对推进京津冀基本公共服务的重要作用和现实价值，系统梳理京津冀基本公共服务均等化的发展背景、科学内涵、基本特征及存在问题；通过总结马克思主义公平理论及其中国化的理论价值和现实意义，阐明实现京津冀基本公共服务均等化的推进思路和实现路径。

第二，规范分析和实证分析的研究方法。从京津冀区域现实情况出发，对京津冀区域人民群众最为关注的基本公共服务重点领域进行历史比较分析，指明当前成效和存在的问题。通过熵权法、综合指数得分和多元回归分析等实证方法，分析京津冀城市群基本公共服务水平测度和时空格局演化特征，从定性、定量两个角度论证京津冀基本公共服务均等化的现状。

第三，理论与实践相统一的研究方法。京津冀基本公共服务均等化是中国特色社会主义公平正义的具体实践，不仅基于理论层面进行静态考察，还将静态的理论考察与动态的实践考察有机结合，运用调查研究与实证分析的方法，论证京津冀基本公共服务均等化的制约因素，力求全面系统地分析制约基本公共服务均等化的根源，从而提出解决问题的推进思路和重点任务。

第四节 重点、难点与创新点

一 重点、难点

（1）对马克思主义公平理论进行系统研究。对马克思恩格斯公平理论、列宁公平理论的思想渊源、发展历程、主要内容和基本特征进行梳理总结，对中国共产党公平理论的发展脉络、主要内容和时代内涵进行梳理总结，不断深化对马克思主义公平理论的认识，为指导京津冀基本公共服务均等化提供坚实的理论依据。

(2) 加强理论与实践的相互联系。客观分析马克思主义公平理论与京津冀基本公共服务均等化的逻辑关系，论证理论指导实践，实践检验理论并丰富和发展理论的逻辑关系，从而得出，马克思主义公平理论为解决京津冀基本公共服务均等化提供了理论指导和方法论指导；同时，京津冀基本公共服务均等化是马克思主义公平理论在实践层面的具体体现。

(3) 全面分析2007—2017年京津冀基本公共服务相关数据，运用历史分析、实证分析等不同方法，对京津冀三地和城市群重点领域基本公共服务均等化现状进行分析，对城市群基本公共服务水平测度进行比较分析，深入挖掘影响京津冀基本公共服务均等化的制约因素，为提出推进基本公共服务均等化的对策建议提供精准靶向。

(4) 阐明推进京津冀基本公共服务均等化的实现路径。提出"均等化"仅依靠单个领域、单个层次的改革是难以实现的，要加强政府、市场、社会组织等多元化主体的联动，增强不同领域改革的系统性和协同性，提高法治建设水平等，既要解决好生产关系中不适应的问题，又要解决好上层建筑中不适应的问题，统筹施策、协同推进才能见成效。

难点问题研究主要包含以下两个方面：一方面，京津冀基本公共服务均等化研究涉及相关政策文件的搜集和整理，有些政策性文件还处于保密阶段，因此对政策的把握存在不全面的问题。另一方面，由于统计数据比新闻报道数据延迟，实证分析的数据多为两年前的数据，会使分析结论与当前实际的贴合度欠佳，时效性、精准性有待加强。

二 创新点

(1) 研究视角创新。通过对国内相关文献的分析可知，当前学术文献中以马克思主义公平理论为基础，对基本公共服务均等化展开研究的成果较少，运用马克思主义公平理论指导京津冀基本公共服务均等化的研究成果则更少。实践性是马克思主义理论的显著特征，基本公共服务均等化是实现京津冀协同发展的"牛鼻子"，基于此将二者结合作为选题属于新尝试、新结合。本书以马克思主义唯物史观为指导，通过系统归纳并分析马克思主义公平理论及其中国化的历史脉络、基本内涵和基本特征，总结提炼二者的逻辑关系，为更好地推进基本公共服务均等化提供坚实的理论基础。

（2）研究方法创新。本书突破了传统研究方法，综合运用规范分析、实证分析、比较分析等研究方法，既客观分析京津冀基本公共服务均等化现状，又深入分析京津冀城市群基本公共服务水平测度和时空演变格局及影响因素。从时间、空间的联系与差异视角分析京津冀基本公共服务的分布特征，从宏观和微观方面分析京津冀基本公共服务均等化的影响因素及驱动机理，为提出解决对策提供精准的问题靶向。

（3）优化对策创新。与以往强调普适性的行政、经济政策不同，本书在马克思主义公平理论视域下，在京津冀协同发展的现实背景下，提出大力发展生产力，加快区域经济发展是京津冀基本公共服务均等化的物质基础；构建利益共享"一体化"体制格局，加强政府间联系，完善财政转移支付制度、户籍制度等，为京津冀基本公共服务均等化提供制度保障；兼顾公平与效率，推行雄安新区、北京城市副中心重点区域先行先试，辐射带动周边区域递进发展的实施步骤，为推进京津冀基本公共服务均等化提供总体思路和重点任务，探索适合京津冀基本公共服务均等化发展的新路径。

第五节 相关概念的界定及阐述

对京津冀基本公共服务均等化的研究，涉及"公共服务""基本公共服务""均等""均等化"等有关概念。为了提高论述的准确度，将对上述概念进行界定和具体阐述。

一 公共服务与基本公共服务

（一）公共服务

最初被称为"公共物品"（Public Goods），其概念由西方经济学家萨缪尔森提出，他认为公共物品"这种物品其效用不可分割地影响整个公众，不管其中任何个人是否愿意消费"[①]。有关"公共服务"概念的明确表述是在20世纪初期由法国学者莱昂·狄骥在《公法的变迁》中提出的，他认为政府负有提供公共服务的重要职责。将公共服务划分为纯公共服务和混合公共服务。在我国，"公共服务"首次被政府正式提出是在党的十六届三中全会上，提出了完善政府社会管理和公共服务职能，为全面建设小康社会提供强有力的体制保障。根据不同的划分依据，学者大致遵循以下几种路径开展对公共服务概念的研究，归纳如下。

一是从公共服务供给区域来界定，可将其分为地方性、全国性及全球性公共服务三类。对于地方性公共服务的保障就应由地方性政府进行，全国性公共服务的保障应由中央进行；全球性公共服务的保障应由联合国等国际组织协调，也会通过国家间的合作来进行。此外，每个中心都会就与其所代表的群体相关的事物做出独立的治理活动及成本收益配置。[②]

二是从公共服务供给内容来界定，宋立将公共服务分为广义的公共服务，即包括市场经济中政府部门提供的所有服务；以及狭义的公共服务，即仅包括为公民提供安全和社会福利的公共事业方面的服

[①] [美] 保罗·A.萨缪尔森：《萨缪尔森辞典》，陈迅、白远良译，京华出版社2001年版，第19—21页。

[②] 毛寿龙：《公共服务的方位与政府层级间关系》，载《中央与地方关系的法治化——国际学术研讨会论文集》，北京大学宪法与行政法研究中心、耶鲁大学法学院中国法研究中心，2007年，第11页。

务。① 安体富、任强从地区间不平等角度将公共服务划分为社会保障、公共安全、公共卫生、基础教育、基础设施、环境保护以及科学技术七大类；② 陈昌盛、蔡跃洲将公共服务划分为基础教育、公共卫生、社会保障、公共安全、环境保护、基础设施、科学技术、一般公共服务八大类。③ 可以看出，将基础教育、公共卫生、社会保障、环境保护等纳入公共服务范畴获得一致性认可，但对于政府行政管理类的如宏观经济管理、政府管制、反垄断、再分配及国防、外交等是否纳入公共服务范畴则存在一定分歧。

本书认为，对公共服务的概念界定最终还是要落实到财政支出范围上，不能单纯将行政管理服务排除，而应将公共服务的概念界定在与政府公共财政支出口径和范围相对应的范畴里。

（二）基本公共服务

从服务范畴来看，公共服务包含了基本公共服务和非基本公共服务，属于大概念。基本公共服务属于小概念，涉及范围是公共服务中特定的内容，其更具直接性、具体性，贴近人民生活，制约因素多为改革重心的转移与人民需求逐渐增长等。国内学者在国家对基本公共服务基本概念及相关内容没有做出官方界定之前，根据研究目的和研究角度的不同，对基本公共服务的概念及有关内容做出不同的阐释，各有侧重，大多是从基本公共服务的基本权利性质、基本需求内容、基本范围等角度进行研究。

首先，根据基本权利性质界定基本公共服务。学者多数认为"基本"是指人权中最核心、最重要的部分，即"底线生存权和发展权"，是全体公民公平、平等、普遍享有的权利。保障公平基础性权利是基

---

① 宋立：《我国公共服务供给中各级政府事权财权配置改革研究》，《经济研究参考》2005年第25期。
② 安体富、任强：《中国公共服务均等化水平指标体系的构建——基因地区差别视角的量化分析》，《财贸经济》2008年第6期。
③ 陈昌盛、蔡跃洲：《中国政府公共服务：体制变迁与地区综合评估》，中国社会科学出版社2007年版，第6页。

本公共服务的本质要求，也是政府职能所在。此外，基本公共服务是一种无差异保障性服务，不因人的身份、地位、年龄、财富、地域等不同而产生变化。

其次，根据基本需求的内容界定基本公共服务。学者一般主张根据其所包含的内容进行概念界定。如，陈海威理解的基本公共服务包括底线生存、公众发展、基本环境和公共安全四大类服务。[①] 常修泽也将基本公共服务划分为四个部分，即基本民生、公共事业性、公共基础性和公共安全性服务。[②] 丁元竹等则认为在当时经济社会发展阶段下，基本公共服务的内容应划定为医疗卫生、基本教育、社会救济、就业服务、养老保险和保障性住房。[③] 张启春从定性和定量两个方面出发，将行政管理、基础教育、公共文化、生态环境保护等八大类纳入需求统筹。[④]

最后，根据公众对服务需求的程度、范围来界定基本公共服务。学者一般认为基本公共服务的需求会随着经济社会的发展而产生改变，与政府的供给能力、居民的消费需求有关，包含的内容会随着时代的变化、经济的发展而发生一定程度的动态调整。项继权认为面对众多的需求，任何政府都无力完全满足。根据公众对政府的依赖程度和公益性服务的程度进行了公共服务的划分。[⑤] 沈亚平、李晓媛阐述按照人的自然属性和社会属性，分为满足人的自然需求的服务和满足人的社会需求的服务。[⑥]

[①] 陈海威：《中国基本公共服务体系研究》，《科学社会主义》2007年第3期。

[②] 常修泽：《中国现阶段基本公共服务均等化研究》，《中共天津市委党校学报》2007年第2期。

[③] 丁元竹、杨宜勇、李爽、严浩、王元（国家发改委宏观经济研究课题组）：《促进我国的基本公共服务均等化》，《宏观经济研究》2008年第5期。

[④] 张启春：《区域基本公共服务均等化与政府间转移支付》，《华中师范大学学报》（人文社会科学版）2009年第1期。

[⑤] 项继权：《基本公用服务均等化：政策目标与制度保障》，《华中师范大学学报》（人文社会科学版）2008年第1期。

[⑥] 沈亚平、李晓媛：《基本公共服务的疆域及其供给成效分析》，《河北学刊》2015年第1期。

本书认为，基本公共服务是建立在国家经济社会发展水平基础上，为维持经济社会稳定，促进社会公平，保护社会成员最基本的生存权和发展权，实现人的全面发展所需要的，由政府主导，市场、社会组织等多元参与，共同提供的，不因社会成员地位、年龄和地域的不同而有差别的公共服务。

二 均等与均等化

（一）均等

在中国传统文化中将"均等"分解而释，以"均"为何意、"等"为何意而论。其一，"均"。《说文解字》一书中："均，平，偏也。从土，从匀，匀亦声。"① 此处"均"本意指土地的高低起伏。具体到《国语·楚语（下）》一书中："均有二臣，或可赏也。"② 此处"均"本意指地位的相等、平等。具体到《论语·季氏》一书中："丘也闻有国有家者，不患寡而患不均，不患贫而患不安，盖均无贫和无寡安无倾。"③ 此处的"均"，本意指均田、民众土地得而均等、享均田，实指公平。其二，"等"。《说文解字》一书中："等，其简也。从竹、从寺。寺，官曹之等平也。"④ 此处，"等"属会意字，等同。具体到《周礼·春官·大宗伯》一书中："以玉作六端，以等邦国。"⑤ 此处"等"本意指等级，级别。具体到《孟子·公孙丑上》一书中："由百世之后，等百世之王，莫之能违也。"⑥ 此处的"等"，本意指时间上的等待。单字总合使用后在古文中也是大体一致的，具有相同、一样、等同的含义。具体到《现代汉语词典》中为"平均、

---

① 张章：《说文解字》（上），中国华侨出版社2012年版，第219页。
② 左丘明：《国语》，上海古籍出版社2015年版，第388页。
③ 孔丘：《论语》，杨伯峻、杨逢彬译，岳麓书社2000年版，第157页。
④ 张章：《说文解字》（上），中国华侨出版社2012年版，第606页。
⑤ 吕友仁：《周礼·春官·大宗伯》，周化译注，中州古籍出版社2004年版，第242页。
⑥ 《孟子》，万丽华、蓝旭译，中华书局2006年版，第9页。

相等、同等"①。进入近现代的封建社会、资本主义社会、社会主义社会,"均等"作为各学科、领域间的通用词,指经济、制度、社会关系等方面的相等。

(二) 均等化

"均等化"的概念阐释要与"平均化"的概念进行区分。一是二者对象指代不同。前者在实际中允许个体间存在差异,只是在过程中将差异不断缩小;后者要求个体间无差异、一刀切式地等分。二是二者的话语前提不同。前者不要求人人完全一致,承认差异的存在,同时要求在一定衡量标准上实现等同;后者则走向平均主义,无条件地完全等同。西方学者最初对均等化的论述由福利经济学派的庇佑学者提出,其福利思想社会化的外在表现就是"均等化",将"均等化"作为人所最终追寻的价值目标,并将其付诸实践。其认为"均等化"就是将理想客体通过人的能动创造,最终转化为现实力量。因此,"均等"和"均等化"二者虽只有一字之差,但内涵不同。而基本公共服务的均等化是保障个人生存权与发展权,让每个个体共享发展成果并有尊严地生活,是促进社会公平,实现国家长治久安、社会和谐稳定的重要举措。当前学术界对"均等化"的认识形成了较为一致的观点,即每个人在不同区域之间、城乡之间、居民个人之间享受的基本公共服务水平一致,② 在数量和质量上都应大体相同或相近。③

对"均等化"的标准界定是有效实现基本公共服务均等化的基础。学者吕炜、王伟同认为,在我国基本公共服务研究中提出"标准人需求是指一个标准化公民,实际应当享受的基本公共服务数量"④。

---

① 中国社会科学院语言研究所词典编辑室编:《现代汉语词典》,商务印书馆2002年版,第694页。
② 陈海威、田侃:《我国基本公共服务均等化问题探讨》,《中州学刊》2007年第3期。
③ 安体富、任强:《公共服务均等化:理论、问题与对策》,《财贸经济》2007年第8期。
④ 吕炜、王伟同:《我国基本公共服务提供均等化问题研究——基于公共需求与政府能力视角的分析》,《经济研究参考》2008年第34期。

单个公民所对应的标准量化取值的数量范围是确定的，基于这个量化大小可以评估出基本公共服务均等化水平是否达标。由此确定是哪一地区、哪一城乡、哪一人群，当下时期或长期性高于或者低于这一取值范围，并以此为依据，由政府通过财政手段进行相应调整。

对于区域基本公共服务均等化的量化标准从国内、区域、城市三个层面进行参照，再对比我国现阶段 GDP 数值、国民人均收入、全国公共服务水平、区域公共服务水平、地方公共服务水平的支出占比量进行参照。在人均收入水平高低落差较大的现状和政府的公共服务财政支出不同的情形下，基本公共服务发展的水平会受到较大的影响。京津冀基本公共服务"均等化"标准，既要结合全国、其他区域、城市的总支出占比和发展水平，也要结合京津冀区域及个别地区的实际财政情况来考量。

综上所述，本书研究京津冀基本公共服务均等化是为了平衡地区间发展水平差距与区域内人民生活水平的差异，追求权利公平、机会公平、规则公平下的民生保障。

第二章　马克思主义公平理论及其中国化

　　马克思主义公平理论是在批判地继承和吸收德国古典哲学、英国古典政治经济学和空想社会主义公平思想的基础上，由马克思、恩格斯等经典作家对其所处的时代和资本主义进行深入研究并对人类社会发展规律进行深入探讨和把握而创立的。马克思主义公平理论深入揭露了资本主义社会的两极分化及种种不公平现象的阶级本质，认为公平起源于物质生产，资本主义的公平只是形式上的公平，社会主义的公平才是真正意义上的公平，只有建成共产主义社会才能真正全面实现社会公平。经过马克思、恩格斯等经典作家的理论探讨和创造活动，社会主义由空想变成了科学，形成了以"生产公平""分配公平""制度公平"为主要内容，以"历史性""相对性""人本性"为主要特征的马克思主义公平理论；进而经过列宁领导的俄国革命和苏联建设实践，社会主义由理想变成了现实。在马克思主义公平理论指导下，中国共产党坚持从中国实际出发，积极借鉴苏联成功经验并认真吸取其失败教训，创造性地运用和发展马克思主义公平理论，形成了"权利公平、机会公平、规则公平"等具有新的时代特征和丰富内涵的中国化马克思主义公平理论。

第一节　马克思恩格斯的公平思想

马克思恩格斯的公平思想是马克思主义基本理论的重要组成部分，尽管马克思、恩格斯等经典作家没有关于公平的专门著作，但是其关于公平的重要论述大多散落在他们批判资产阶级和小资产阶级的众多著作中。马克思主义公平理论的思想渊源、主要内容和基本特征，集中体现在马克思、恩格斯批判地继承和吸收人类关于自然科学、思维科学、社会科学优秀成果的基础上。

一　马克思恩格斯公平思想的渊源

（一）德国古典哲学关于公平的思想观点

18世纪德国古典哲学公平理论的主要代表人物有康德、黑格尔、费尔巴哈等学者，马克思、恩格斯在对他们的思想进行批判、借鉴的基础上，科学地构建了马克思恩格斯公平思想。

1. 康德：公平的本质是自由、公正和理性

康德是德国古典哲学创始人，启蒙运动时期重要的思想家，其在认识论、政治哲学等领域的研究成果对后期的哲学各流派思想家影响深远。康德生活在封建等级制度下的普鲁士，皇室和贵族拥有超越平民的特权和地位，他以对"自由和公平的"无限向往表达了"自由、公正和理性"是社会公平的显著特征。

关于自由，在康德看来，"善良意志之所以为善，就在于它是理性意志的自由"，自由是人的价值得以真正体现的标志[①]。善良意志也即自由意志，指人可以自由、自主地选择自己的行为活动。

关于公正，在康德看来，共和国中的每一个成员都应被允许获

[①] Jefferis G. Murphy and Kant, *The Philosophy of Right*, Macon: Mercer Unversity Press, 1970, p. 22.

得自己的才能、勤奋和幸运所能带给自己的（一个臣民所可能得到的）任何一级地位；他的同胞臣民们不可由于一种继承的特权而妨碍他，以致把他和他的后代永远地压制在某一等级之下。这番有关地位公正的论述，批判了德国中世纪的封建专制制度，同时提出人生而平等，社会行为法则不能约束人的自由意志。他认为"法律面前人人平等""只有自由者才会有道德"①，并将人的自由发展和人与人之间的平等关系作为衡量社会公平正义的首要标准以及社会发展的最终目的，以此达到社会和谐有序。

关于理性，19世纪中后期启蒙运动不断深入，康德提出的"自主性"理性批判哲学为近代政治哲学奠定了最坚实的理论根基。康德认为，自由与自主是道德存在的前提和意义，是在理性指引下付诸行动的能力，而理性本身即作为目的而存在。②但是，受德国古典哲学唯心主义运动影响，康德将理性与现实对立，用理性本身的自由来批判现实，认为社会中真正的公平至善只存在于现实世界另一端的彼岸世界。

可以看出，在康德的公平思想中，探寻实现公平正义的法则要从理性出发，理性与道德、立法的关系、"自主性"政治哲学等都是呼唤德国资产阶级革命的理论和思想准备，为后起的哲学家提供了有价值的自由、公正、平等思想。在康德思想的影响下，马克思将人的自由思想作为其哲学研究的理论基础，并在继承康德公平思想的基础上，超越了康德"理性是凌驾于现实"之上的超现实理想主义思想，将康德的公平思想扎根在现实社会中。马克思从"世界是物质的"出发，寻求实现公平的路径。此外，马克思还汲取了康德对"人的幸福"的合理思想，探析人的尊严与社会地位对实现公平的效用性。

---

① [德]康德：《道德形而上学探本》，商务印书馆1957年版，第61页。

② Kant, *Foundations of the Metaphysics of Morals*, London：Pearson Publication, 1959, p. 47.

2. 黑格尔：法是自由意志之定在

黑格尔是继康德之后德国古典哲学唯心主义论的代表，构建了较为系统的辩证法体系。黑格尔的《法哲学原理》对后世哲学、政治经济学产生深远影响。在《法哲学原理》中，黑格尔如康德一样，孜孜不倦地追求人的自由。在论述法与道德的篇幅中，对"自由"付诸了大量笔墨。

关于法与自由。黑格尔以其唯心主义视角出发指出："法的基地一般说来是精神的东西，它的确定的地位和出发点是意志。意志是自由的，所以自由就构成法的实体和规定性。"① 可以看出，黑格尔没有基于物质世界中的社会和历史来论述，而是抽象地谈"人的意志自由"以及意志自由背后的理性。同时，他高度重视自由的价值，认为如果没有自由，那么人格尊严、生命价值都是无稽之谈。按照黑格尔的话说，法就是"自由意志的定在"②。这种人人都享有的法即权利，正是黑格尔认为的"成为一个人，并尊重他人为人"③ 的法。

关于道德与自由。在黑格尔看来，道德是内化于心的存在，是"自由意识在内心中的实现"，其观点是"自为地存在的自由"④。道德意志涉及法律范畴中主观意志的法，"故意"或"意向"，此处不予赘述。除了对法、道德与自由关系的论述外，黑格尔关于家庭、市民社会、国家三者的论述中也渗透着自由正义的观点。

尽管黑格尔坚持唯心主义运动，但他承认历史性，并辩证地认为事物处于不断运动变化中的，"不存在任何最终的东西、绝对的东西、神圣的东西"⑤。无论是现存的思维、社会制度，还是公平的评价尺度都会伴随历史的发展而不断改变。黑格尔创新性地注入历史发展思维，其研究是要找寻社会公平的历史发展路径以及未来的发展趋势，

---

① ［德］黑格尔：《法哲学原理》，范扬、张企泰译，商务印书馆2011年版，第12页。
② ［德］黑格尔：《法哲学原理》，范扬、张企泰译，商务印书馆2011年版，第29页。
③ ［德］黑格尔：《法哲学原理》，范扬、张企泰译，商务印书馆2011年版，第53页。
④ ［德］黑格尔：《法哲学原理》，范扬、张企泰译，商务印书馆2011年版，第128页。
⑤ 《马克思恩格斯文集》第4卷，人民出版社2009年版，第270页。

从而建立科学的、符合社会发展规律的公平理论。[①] 黑格尔以辩证法为核心的公平观对马克思主义公平理论的产生具有重大意义。"马克思是在超越黑格尔和他的青年黑格尔派伙伴之后才成为马克思的"[②]，是在批判黑格尔唯心主义法哲学的基础上，最终得出公平是建立在物质性、经济性关系上的唯物主义哲学观点。

3. 费尔巴哈：公平思想进入唯物主义时代

黑格尔在其公平正义的思想中充斥着唯心主义世界观。费尔巴哈是"唯一对黑格尔辩证法采取严肃的、批判的态度的人，只有他在这个领域内作出了真正的发现，总之，他真正克服了旧哲学"[③]，彻底批判了黑格尔将人的意识作为第一性的观点。他认为人的思维是对存在的反映，即物质（存在）是第一性的，人的意识（思维）是第二性的，人是物质与意识的统一体，也可说是存在与思维的统一体。费尔巴哈冲破了黑格尔唯心主义世界观，为今后马克思主义唯物辩证法下的公平理论构建提供了强有力的理论依据，在理论发展史上具有划时代的影响力。马克思在费尔巴哈对"社会人"评价的基础上，通过把人看作现实物质发展的产物，来探究社会公平的问题。最终使公平理论走出唯心主义的迷雾，走向唯物主义的澄明。

综上，德国古典哲学没有专门的著作论述公平，但是对公平正义及自由的理解都体现在德国古典哲学家渗透着"自由""公平"思想的观点中。这些公平正义的观点尽管具有历史的局限性，但都是马克思主义公平理论发展进步的阶梯。马克思吸收并继承了德国古典哲学辩证法和唯物主义思想，形成了深入考察人类历史后的唯物史观，为公平思想的形成奠定了坚实的理论基础。

（二）英国古典政治经济学关于公平的思想观点

17 世纪中叶，生产方式的资本主义化范围日益加大，资本主义生

---

① 《马克思恩格斯选集》第 3 卷，人民出版社 2012 年版，第 775—776 页。
② 黄克剑：《人韵——一种对马克思的读解》，东方出版社 1996 年版，第 34 页。
③ 《马克思恩格斯文集》第 1 卷，人民出版社 2009 年版，第 199 页。

产从创立之初到大发展的演进过程中,以为资产阶级利益服务为核心的英国古典政治经济学也在逐步发展,同时,该领域研究重点转向了对生产领域的研究,其主要代表人物有亚当·斯密和大卫·李嘉图。

1. 亚当·斯密:代表资产阶级利益的正义、自由、平等

亚当·斯密是18世纪著名的经济学家,被誉为经济学创始人之一,代表著作《国富论》;亦是伦理学家,代表著作《道德情操论》。在近代政治经济学的发展史中,斯密是正义理论的奠基人之一。其正义理论对后世的政治经济学家影响深远。

关于正义,在斯密看来,美德是内化的正义,是一切恰当的行为,这些行为包括"节制、坚韧、勇敢、节俭、高尚等美德"[①]。斯密将正义视为人内在的约束力。

关于自由,在斯密看来,最自由的状态就是自由竞争,"一种事业若对社会有益,就应当任其自由,广其自由。竞争愈自由,那事业就愈有利于社会"[②]。斯密主张,资本主义社会应该鼓励并支持自由竞争和自由贸易。

关于平等,在斯密看来,人与人的平等是相对的、差异化的,不是绝对的,人与人之间存在个体差异。但在自由竞争中,起点都是平等的,只是结果不平等而已。斯密指出,随着土地私有和资本累积的出现,劳动者独享全部劳动成果的可能性就消失了,成为了过去时。[③]可以看出,斯密认为资本主义制度的分配原则是公平的,劳动者不可能独享全部劳动成果。这种表面的公平掩盖了资本剥削的本质,没有认清劳动者与生产资料相互分离的现实情况。

马克思深刻批判了资本主义"资本—利润""土地—地租""劳

---

① 徐献军、高俊翔:《论马克思与亚当·斯密正义观之差异》,《杭州电子科技大学学报》(社会科学版) 2016年第5期。

② [英]亚当·斯密:《国富论》(上卷),郭大力、王亚楠译,商务印书馆2014年版,第311页。

③ [英]亚当·斯密:《国富论》(上卷),郭大力、王亚楠译,商务印书馆2014年版,第60页。

动—工资"生产过程的弊端,揭示了剩余价值是资本剥削的秘密,得出财富只有真正流入创造它的人手中,才符合分配公平的原则。

2. 大卫·李嘉图:代表资产阶级利益的分配公平

大卫·李嘉图的劳动价值论中指出,商品交换价值的真实尺度是劳动创造的,揭示了商品价值取决于劳动时间的奥秘,即"一件商品的价值,或所能换得的他种商品的数量,乃定于生产所必要的相对劳动量,非定于劳动报酬的多寡"[①],对不同复杂程度的劳动生产进行了层次的划分。但是,由于李嘉图完全忽略了价值的社会关系属性,不能将商品价值与生产关系分离,因此不能彻底揭开价值的本质,而只局限于对价值量的决定因素的研究。[②]这不仅无法说明资本和劳动的交换为何符合商品等价交换的内在规律,也无法说明等量资本如何产生等量利润的规律,更无法说明劳动与劳动力的区别以及剩余价值的秘密。

对此,李嘉图认为公平分配的产品要在资本主义社会私有制的前提下产生,工人劳动产品只是总量的一部分。对此观点,马克思批判地继承了其分配公平的思想,认同价值是由劳动所创造的,但也认识到,即使形式发生变化,实质上仍然是不公平的分配。马克思指出:"这种分配是以这种实体已经存在为前提的,也就是说,是以年产品的总价值为前提的,而这个总价值不外就是对象化的社会劳动。"[③]可见,李嘉图的分配公平思想为马克思提出客观正确的分配公平理论及劳动价值论奠定了基础。

由上可知,英国古典政治经济学为马克思主义公平理论提供了丰富的思想渊源。马克思在批判地吸收英国古典政治经济学理论的基础上创立了剩余价值学说,不仅奠定了马克思《资本论》的立论基

---

① [英]大卫·李嘉图:《政治经济学及赋税原理》,郭大力、王亚南译,译林出版社2011年版,译序第10页。
② 韩媛媛编著:《大卫·李嘉图——古典政治经济学集大成者》,人民邮电出版社2009年版,第48页。
③ 《马克思恩格斯全集》第46卷,人民出版社2003年版,第931页。

础，也揭露了资本主义社会不公的根源是生产资料的私有制，阐明了不同经济形态下存在不同的公平观，指明了无产阶级革命的必要性和必然性。

（三）法国空想社会主义关于公平的思想观点

19世纪中叶，资本主义社会的生产力水平不断提高，资产阶级势力在全球范围内大规模扩张，资产阶级压迫和剥削工人的情况愈演愈烈。在这种社会现状下，诞生了一大批法国空想社会主义者，其中包括"第一批社会主义者"[①] 傅立叶、欧文和圣西门。他们对资本主义社会中资产阶级与无产阶级间的极大分化进行批判，并构想了"如何解决这种社会不公现象"的社会制度和分配原则。

1. 傅立叶："和谐制度"是最理想的社会制度

傅立叶批判了资产阶级所谓的"民主与自由"，明确指出在资本主义社会中，资本家掌握生产资料，依靠其先天优势进行资本积累。在资本主义社会大生产的模式下，资本家追求最大化的财富积累，"却不能保证给予人民劳动和面包"[②]。在傅立叶的设想下，"和谐制度"是最理想的制度体系，他想象中的和谐社会没有贫困、疾病和痛苦，是能够满足个人一切美好幸福愿望的社会。[③] 傅立叶不认为阶级斗争的形式是建设新型社会主义制度体系的唯一形式，也不认为广大的工人阶级才是社会主义制度建设的主导力量，甚至妄想在资本主义社会私有制下实现公平分配。但值得肯定的是：他否定了前空想社会主义学者提出的"平均分配"观念。傅立叶所形成的公平思想为马克思对资本主义社会进行不公平源头的分析提供了价值参考。

2. 欧文："按需分配"是设想社会中的普适性分配原则

欧文认为，傅里叶所认为的按劳分配的分配方式仅仅是社会分配过渡时期的替代品，这种替代要在社会总产品供给充盈下产生。届

[①] 蓝瑛：《社会主义政治学说史》，上海人民出版社1992年版，第119页。
[②] [法]傅立叶：《傅立叶选集》第1卷，赵俊欣等译，商务印书馆1979年版，第93页。
[③] 李延明：《马克思恩格斯的共产主义学说》，中国社会科学出版社2010年版，第58页。

时，社会主义社会将会采取按需分配的分配形式，每个社会成员都能在公社仓库中拿到任何的生活需要品，"一切人都可以无忧无虑地获得他们身体健康所需要的日用品"①。欧文所构想的社会形态是共产主义社会，是以劳动公社为代表的生产资料公有制的理想社会。他提出，资本主义私有制是导致分配不公、工人阶级被压迫的根本原因，并构想推翻资本主义私有制，构建一种新的、科学的公有制取代它。欧文提出，"一切民族都有分配自己的财富的方式，它在各国随着时代的不同而有所改变。"② 这种方式就是以利益最大化为前提的普适性分配原则，让每个人都可以公平地得到应该分配到的劳动成果，这种分配公平适用于所有付诸劳动的人。③欧文提出在生产力高度发达的社会中会采取按需分配的设想，马克思对于其设想的合理方面进行了实践验证，并在此基础上构建了科学社会主义的"按劳分配"制度。

3. 圣西门："实业制度"是建立公平社会的基础

依据圣西门的设想，在未来社会"实业制度"是进行社会公平分配的基础制度，涉及社会的政治发展、经济发展、文化发展等多方面发展。在实业制度中，社会的治理者不应是国王，不应是官吏，"应把治理国家财产的大权交给最有能力的实业家"④。在圣西门所设想的实业制度中，人人都是平等的，没有特权的存在，人人都应付出义务性的劳动，为全人类造福。圣西门吸收了斯密对财富来源即劳动的观点，提出"劳动是一切财富的源泉"⑤，重视按才能、贡献程度参与分配，"每个人的作用和收入应与他的才能和贡献成正比"⑥。圣西门

---

① [法]欧文：《欧文选集》（下卷），柯象峯、何光来、秦果显译，商务印书馆1965年版，第32页。
② [法]欧文：《欧文选集》（下卷），柯象峯、何光来、秦果显译，商务印书馆1965年版，第29页。
③ [法]欧文：《欧文选集》第2卷，柯象峯、何光来、秦果显译，商务印书馆1981年版，第29页。
④ [法]圣西门：《圣西门选集》（下卷），何清新译，商务印书馆1962年版，第79页。
⑤ [法]圣西门：《圣西门选集》（下卷），何清新译，商务印书馆1962年版，第86页。
⑥ [法]圣西门：《圣西门选集》（下卷），何清新译，商务印书馆1962年版，第86页。

不仅在生产方面提出实业制度,也提出与之前空想社会主义学者相近的"平均分配""按劳分配"和"要素分配"思想。综上可见,空想社会主义尽管思想很"丰满",但是没有揭示社会发展规律,没有找到实现理想的有效途径等,没有找到解决"骨感"现实问题的方法,所以这种理想化的公平思想是难以实现的。

二 马克思恩格斯公平思想的形成历程

马克思、恩格斯并没有专门的著作来论述公平或正义的问题,但在他们一生诸多的著作中包含着极为丰富的公平思想。纵观马克思、恩格斯公平思想发展的历史脉络,可以将其公平思想大致分为"初步探索阶段、深入探索阶段和理论成熟阶段"[①]。

(一)初步探索阶段

马克思、恩格斯的公平思想在这一时期经历了重大变革,他们由革命民主主义者转变为共产主义者。这一时期公平思想的主要论述集中在《1844年经济学哲学手稿》《神圣家族》《哲学的贫困》及《共产党宣言》等著作中。在《神圣家族》中,马克思对"唯灵论"代表者鲍威尔(思辨唯心主义者)进行了批判,指出以蒲鲁东为首的蒲鲁东主义者对公平的歪曲认识,即事物公平与否要依靠法律进行规定,并通过法律进行公布。马克思将公平与国家法制相结合进行分析,这也是他首次将批判思想由纯粹性的批判转换为现实性的批判。随后在《哲学的贫困》一书中,马克思运用其公平思想批判蒲鲁东主义以法原则代表公平性的观点,由于法原则的遵循者没有包含拥有生产资料的资产阶级,因此他指出法原则观点在实质上仍然是不公平的。

马克思从无产阶级解放层面出发,从资产阶级社会的固有矛盾入手,得出其不公平的根源是资本主义社会中的生产资料私有制。因此,马克思和恩格斯在《共产党宣言》中给出深刻回答,社会公平的

[①] 崔玉亮:《马克思主义公平观的发展历程及其当代建设》,博士学位论文,安徽大学,2015年。

实现必须走"消灭私有制"① 这一路径；揭示真正的公平在这样的社会中才能实现，即"代替那存在着阶级和阶级对立的资产阶级旧社会的，将是这样一个联合体，在那里，每个人的自由发展是一切人的自由发展的条件"②。由于该时期社会生产力明显不足，马克思和恩格斯未系统地运用历史唯物主义分析社会公平问题。

(二) 深入探索阶段

在这一时期，马克思、恩格斯对政治经济学及历史唯物主义的研究更加深入，也开始系统地运用先前研究的成果对社会不公的现象进行揭示。这一时期的公平思想体现在《〈政治经济学批判〉导言》《工资、价格和利润》及《资本论》等著作中。马克思从市民社会入手，在公平思想的解读方面更倾向于经济领域。马克思指出："你们认为公道和公平的东西，与问题毫无关系。问题就在于：在一定的生产制度下所必须懂得和不可避免的东西是什么?"③ 在资本主义社会中，资本家通过支付工资的手段，用表面的交换平等来掩盖背后的不公平。马克思在《资本论》中阐述了为什么在资本主义社会制度下工人所得的工资与所付出的劳动力成正比是种妄想；指出了无产阶级只有进行革命，只有"消灭雇佣劳动制度"才能实现公平。

(三) 理论成熟阶段

随着马克思、恩格斯对唯物史观的把握和运用更加深入，探究到社会主义社会中的公平只在形式上实现，还未实现内容上的公平，只有在共产主义社会中才能将公平的内容及形式有机结合。这一时期，公平思想的论述集中于《哥达纲领批判》《反杜林论》及《论住宅问题》等著作中。马克思通过批判拉萨尔主义的观点，指出资产阶级所认为的公平分配，并不是在现今生产方式中独有的公平分配方式，而在社会主义社会中，"按劳分配"制度相对于资本主义社会中的"按

---

① 《马克思恩格斯选集》第1卷，人民出版社2012年版，第176页。
② 《马克思恩格斯选集》第1卷，人民出版社2012年版，第422页。
③ 《马克思恩格斯文集》第3卷，人民出版社2009年版，第56页。

资分配"制度更公平。此外，马克思、恩格斯对公平进行论述时，常将公平与"平等"结合起来。恩格斯在《反杜林论》中指出，每个社会成员都应当有平等的政治地位和社会地位。① 同时论证了平等不应该是资本主义中所体现出来的"表面上平等"，而应该是实质的、真实的平等。② 在《论住宅问题》中，恩格斯提出公平不是绝对的，是一个历史范畴。

这一阶段，马克思、恩格斯对拉萨尔主义"劳动是一切财富和一切文化的源泉"等错误观点进行了严厉批评，并详细论证了共产主义初级阶段及高级阶段的社会中，公平的分配形式及实现条件等，逐步形成了更为科学、更为系统的马克思恩格斯公平思想。

三 马克思恩格斯公平思想的主要内容

马克思、恩格斯指出，公平是人类社会发展的永恒课题，是量定社会文明的标尺。马克思对未来社会有这样一番设想，"生产将以所有的人富裕为目的"，并且以"所有人共同享受大家创造出来的福利"为指引。恩格斯基于马克思在《共产党宣言》《哥达纲领批判》《资本论》等著作中提出的一系列公平思想，提出在社会主义条件下，社会应该"给所有的人提供健康而有益的工作，给所有的人提供充裕的物质生活和闲暇时间，给所有的人提供真正的充分的自由"③。马克思、恩格斯的公平思想从生产维度、分配维度、制度维度三个视角挖掘社会发展不同形态的公平根源，揭示只有在共产主义社会的条件下，才能实现真正的公平。

（一）生产维度：经济发展是实现社会公平的物质基础

生产劳动是人改造世界的手段，是人类生存的基本活动方式。公

---

① 《马克思恩格斯选集》第3卷，人民出版社2012年版，第480页。
② 《马克思恩格斯选集》第3卷，人民出版社2012年版，第484页。
③ 习近平：《在纪念马克思诞辰200周年大会上的讲话》，人民出版社2018年版，第20页。

平与生产力、生产关系及生产方式之间有着极其密切的关系。马克思、恩格斯认为生产方式是生产力及生产关系的统一，促进社会生产力发展是实现社会公平正义的物质基础和决定条件。

一方面，生产力的性质决定公平的性质。生产力是人类改造自然、征服自然的能力，是人取得社会生活和生产资料的能力，是主体改造客体的物质性力量。不同性质的生产力会显示出不同性质的公平，换言之，不同形态的公平是与不同生产力发展水平保持一致的。生产力的发展推动社会进步，人类社会从低级阶段向高级阶段的发展取决于生产力的不断提高。生产力是评论社会公平正义的价值基础，离开生产力范畴就不能科学地认识社会的公平正义，也就没有办法实现社会的公平正义。

另一方面，公平作为意识形态，来源于生产关系并且是"经济社会关系的观念化表现"[①]。公平正义产生于现实经济生活，因同时期经济社会关系的变化而改变，没有永恒的公平。[②] 当然，"公平"这一观念，既由社会经济基础决定，又受不同地理位置、民族文化、风俗习惯、宗教信仰等差异因素的影响。

（二）分配维度：生产资料公有制是实现社会公平的根本保障

马克思主义尖锐地批判了资本主义社会不公平的实质，指出了资本主义分配方式中不合理的因素。马克思认为，公平分配应遵循生产资料共同占有的原则及等量劳动获得等量收入的原则。

首先，公平的前提是生产资料占有上的公平，如果生产资料归谁所有的问题都没有得到解决，劳动者也就无法实现劳动力价值的公平分配。马克思认为资本主义社会中，分配制度是社会各个阶级之间不可调和矛盾的直接反映，也正是由于生产资料被资产阶级直接性地占

[①] 李楠、潘学良：《维护社会公平正义：理论基础、现实困境与路径选择》，《政治与社会》2016年第10期。

[②] 徐建文：《马克思的公平正义观对构建社会主义和谐社会的方法论意义》，《求实》2009年第3期。

有，才会有"最低工资仅相当于劳动者一天劳动所生产商品的价值"这一现象，而剩余劳动创造的价值则被资本家无偿占有，也就有了资产阶级所推及的所谓"公平"。这种表面掩盖说到底，是因为私有资本主导下的资本主义生产分配制度导致了社会不公平。因此，马克思对未来社会分配原则的构想，首要条件就是生产资料和劳动产品归劳动人民所有。

其次，从各个生产者对消费资料的分配来看，马克思认为，公平就是等量劳动交换等量报酬。在按劳分配中，劳动者通过向社会提供劳动力，从而换取劳动报酬。获得劳动报酬的多少，以提供的劳动量来计算。计算的标尺都是劳动。① 但是，马克思也认识到，个体差异所带来的问题存在于两个主要方面，不仅存在于先天的身体条件及天赋才华之中，也存在于后天的家庭教育及交往婚姻的差异之中。正因为这两种差异的存在，所以向社会提供的劳动量是有所不同的，从社会中取得的收入也随之不同。为了实现平等，就需要对国民收入实施初次分配和二次分配的手段进行调节。因此，马克思认为，在按劳分配中，这种平等的权利，对不同的劳动者来说就是不平等的权利，需要通过收入二次分配进行再调节，否则会扩大贫富差距，影响人的尊严，不利于社会公平的实现。

最后，马克思在《哥达纲领批判》中描述了理想的共产主义阶段，并指出共产主义的公平分为两个阶段。在第一个阶段中具有平等社会地位的劳动者进行个人消费资料分配时实行"各尽所能，按劳分配"。他还从辩证唯物主义的视角阐述了社会主义阶段的平等和公平只是形式上的平等和公平，而非实质上的平等和公平；只有共产主义的第二个阶段，才能"各尽所能，按需分配"，才会有真正意义的公平。

（三）制度维度：制度正义是实现社会公平的制度保障

"制度正义能为人的价值实现提供良好环境"②，为人的全面发展

---

① 《马克思恩格斯选集》第3卷，人民出版社2012年版，第364页。
② 黄华：《制度正义：人的价值实现的根本保证》，《人民论坛》2018年第11期。

提供保障。公平是衡量一个社会各领域制度合理性和社会进步性的重要评价指标。正如马克思所强调的，"生产、分配和社会公平是涵盖经济、社会及其政治体制、经济体制、社会结构、教育等问题的有逻辑的综合体"①，在社会中公平与制度是一体的、不可分的。因此，可以从四个方面理解马克思公平理论中的制度公平。

第一，在经济制度方面，马克思、恩格斯揭示了在阶级社会中，统治阶级往往会根据自己的需要和意愿进行制度设计与制度安排，以牺牲被统治阶级的利益为代价来换取整个社会的发展，因此在社会主义制度建立以后，大力发展生产力是实现社会公平正义的物质基础。社会主义所要求的公平不仅仅是满足人基本生活需要的低层次的公平水准，而是在满足人民基本生活需要基础上的高层次的公平水准，是在经济高度发展保障下的公平构建。

第二，在政治制度、法律制度方面，马克思认为民主性和科学性是未来生产力高度发达的共产主义社会公平的主要特征。关于民主政治的作用，恩格斯指出："首先无产阶级革命将建立民主的国家制度，从而直接或间接地建立无产阶级的政治统治。"② 在社会主义社会的国家政权中，公平正义的实现要求无产阶级领导者将革命斗争取得的胜利果实牢牢地掌握在无产阶级政权之下，依靠法律制度来保障政权的牢固。因此，政治制度及相关的法律制度是保障国家政权所属及实现无产阶级人民意志，维护社会公平的制度根基。

第三，在社会公共服务及保障制度方面，马克思认为公共服务保障制度是共产主义社会构建的重要方面。马克思指出"用来满足一般的社会需要"的那部分社会劳动产品就是公共服务需要。国家作为提供公共产品（服务）的主体，通过调整分配来满足民众对共同利益的需要，因此，改善民生和保障民众的基本生存和发展权利也是政府必

---

① 黎国理、潘金娥：《马克思关于生产、分配与社会公平之间关系的思想的科学价值和时代意义》，《马克思主义研究》2018年第12期。
② 《马克思恩格斯文集》第1卷，人民出版社2009年版，第685页。

须承担的职责。一是社会中人民生活及发展的各个方面都需要社会公共服务进行及时供给,例如,在教育资源、卫生保障等方面的供给。二是在共产主义社会初级阶段的社会主义社会中,由于两极分化缩小、贫富差距缩小的需要,承担社会公共服务职能的机构要去解决劳动中的分配不公及保障制度缺失问题。这是实现社会公平的必要手段和有效途径。三是社会保障思想是马克思主义公平理论的重要内容。在马克思看来,在国民收入的两次分配过程中,社会保障发挥着保障民生的基础性作用。国民收入的初次分配主要包括消耗资料的补给、生产的追加和社会保险基金等方面内容,再次分配主要包括一般管理费用、共同需要费用及特殊人群的救济金。两次分配中,社会保险基金和救济金都是社会保障的重要组成部分。

第四,在民主监督、廉政制度方面,马克思、恩格斯指出民主监督和廉政制度是无产阶级夺取政权后实现公平的有效措施。在《法兰西内战》中,马克思赞扬了巴黎公社实行选举、监督和低薪制度,并认为这些制度是保障人民管理国家事务以及社会公仆变主人的有效措施,也是维护社会公平的有效手段。可见,健全的民主制度,不仅彰显人民意愿,还是规范国家官吏行政行为制度化、规范化的必然需要,使执行者不可滥用职权,确保政策制定、实施的科学性,真正造福人民。可见,公平需要规范的制度来保障,用制度的形式确保公仆权利置于人民的批评和监督之下。

四 马克思恩格斯公平思想的基本特征

马克思主义经典作家运用辩证唯物主义的观点对人类历史上旧有的公平思想采取了积极扬弃的态度,在批判资产阶级和小资产阶级社会主义者公平思想的过程中形成的公平理论具有历史性、相对性和人本性的主要特征。

(一)历史性

马克思主义经典作家通过对人类社会发展史的考察和总结,认为人类对社会公平认识的过程是随着社会历史的发展，由不合理转为相对合理并逐渐前进上升的过程。公平理论形成的历史性特征使人们对公平的理解随着社会历史的发展变化而不断变化。公平范畴并非恒久不变的，而是在历史发展的不同阶段呈现不同的内涵。恩格斯认为无论是资产阶级的平等观念还是无产阶级的平等观念，都是一定历史条件下的时代产物，都是不断变化和发展的，不是永恒的真理。[①] 社会公平观念的形成和发展是在特定的历史条件下，伴随历史阶段的变迁而改变的。不同的历史阶段，不同的生产力发展状况和生产关系下，公平的定义、标准、考量以及愿景都是不相同的。可见，马克思主义公平理论是在对以蒲鲁东为代表的小资产阶级"永恒不变的公平"理论进行批判的基础上形成的。马克思主义公平理论建立在历史唯物主义方法论的基础上，以人类发展不同历史时期为研究基础，对社会公平理论进行的阶段性思考。

综上可知，社会公平永远不能超出其所在历史阶段的经济基础。在未来社会中，公平的实现必然要经历不公平时期到相对公平时期的发展历程。这也是生产力发展、人类社会发展以及公平理论发展所必须遵循的客观规律。

(二) 相对性

马克思主义公平理论蕴含相对性特征。在马克思主义的经典作家看来，公平是暂时的、相对的，而非永恒的、绝对的。在不同历史阶段、不同地域条件下，公平的内容、目标、形式都不尽相同。

公平是相对的，没有绝对的公平存在。在恩格斯看来，在国别差异、省域差异，乃至地区的差异中，不平等存在于人民生活的各个方面，并且这种不平等的依附性是永远不可能完全消除的。公平的相对性，不仅在时间和空间上有不同，甚至也会因人的不同产生差异。米

[①] 《马克思恩格斯文集》第9卷，人民出版社2009年版，第113页。

尔伯格尽管在公平问题上存在历史唯心主义观点，但也正确地说过"一个人有一个人理解"①。

公平是变化的，在不同时空下，会随着社会实践产物不断发展而发生变化。马克思指出："权利永远无法超出社会的经济结构以及由经济政治结构所制约的社会文化的发展。"② 在生产力发展的不同程度下，在历史发展的不同阶段中，由于思想观念、经济水平产生的差距，每个人对社会公平的认知及诉求也是不尽相同的。

马克思主义公平理论作为人类社会物质生产实践的产物，会随着社会实践的不断变化而变化。随着人类社会物质生产实践的变化，新情况、新问题必然随之产生，马克思主义的公平理论势必不能穷尽客观世界，不能包容一切客观真理，需要在不同的历史条件下，不同的社会发展境遇中，对公平理论进行发展和创新。因此，不断地有以列宁、毛泽东、邓小平、江泽民、胡锦涛和习近平为代表的马克思主义者将马克思主义公平理论与具体实践相结合，推陈出新，不断完善和发展马克思主义公平理论。

（三）人本性

马克思主义公平理论具有人本性特征。马克思认为，实现社会公平是人类追求幸福生活的美好社会状态，也是其所向往的社会进步的理想状态。"人的全面自由发展"是马克思从人的价值和人性角度出发，探究每个人的公平正义以及全社会的公平正义。这种以人类全面自由发展为最终目标的公平理论，超越了以往社会普遍存在的以意志和契约关系为核心的公平正义权利的公平理念，承载了人性完善的实践追求。

一方面，人民是历史的创造者，是历史活动的主体。马克思对社会公平问题的考察，不是从处在某种虚幻的、理想国中的人出发，而是从"现实的人"出发，根据一定历史时期下的社会生产力发展水

---

① 《马克思恩格斯选集》第3卷，人民出版社2012年版，第261页。
② 《马克思恩格斯全集》第19卷，人民出版社2006年版，第22页。

平、社会生产关系及生产方式状况来揭示公平的实质；其公平理论始终关注人的生存发展境遇，注重社会各方面利益的协调，关注人的尊严、自由、平等，维护人的权利。

马克思在《青年在选择职业时的考虑》中提到，只有为人类福利而劳动的职业才能真正实现人的尊严，只有这样的职业才能使人们逃脱奴隶的命运，能够独立自主地在自己的职业领域中实现价值。可见，青年时期的马克思就已经认识到个人职业选择和社会、个人尊严与职业之间的关系，主张将自我价值融入社会价值中。马克思也已经认识到，在私有制社会，自由劳动的内在特性被剥夺了，人性尊严也在谋生的沉重负担下被无情抹杀，公平成为奢侈品。在马克思眼中，公平是个体所享有的本质要求和根本保证。每个生命的价值不仅体现在生存发展方面，更在于通过有价值的人类劳动，使物质生活和精神生活都获得更高的质量。

另一方面，人除了拥有自然属性外，更具有社会属性，公平理论中的人本性在社会关系中才能充分体现。马克思的公平理论强调人与"社会生活"紧密联系，"人总是在生活实践中进行自我选择、自我设计，追求、创造新的世界、新的关系、新的自我、新的生活"[①]。马克思主义公平理论从现实社会关系入手来探讨怎样消灭剥削、消灭资本主义私有制、消灭阶级，最终实现人的全面发展。

第二节 列宁的公平理论

列宁时期资本主义发展到垄断阶段，进入帝国主义时期。列宁坚持从客观实际出发，实事求是地解决无产阶级革命与建设发展的重要问题，坚持把马克思主义基本原理与俄国具体实际相结合，深入研究资本主义发展到帝国主义阶段的规律，不断用社会发展实践丰富和发

---

① 胡海波：《正义的追寻》，东北师范大学出版社 1997 年版，第 23 页。

展马克思主义公平理论。

一 列宁公平理论的思想来源

列宁坚持以马克思主义为指导,带领无产阶级开展革命运动,十月革命将社会主义社会第一次从理想变为现实。在马克思主义发展史上,列宁主义具有划时代的理论价值,是一个承前启后的重要阶段。列宁针对不同历史时期经济、政治、文化等各领域转型过程中面临的各种影响社会主义社会建立的问题,采取了一系列有力措施,形成了列宁主义,其中必然蕴含着关于社会主义革命和建设的公平观点。从理论发展脉络看,列宁继承和坚持了马克思恩格斯思想,通过《唯物主义和经验批判主义》中"物质世界是不依赖于人类和人类经验而存在的;在不可能有人类经验的任何'社会性'和任何'组织'的时候,物理世界就已经存在了"[①] 等论述体现了其坚持马克思主义辩证唯物主义的认识论;通过《哲学笔记》中"对立面的统一是有条件的、暂时的、易逝的、相对的。相互排斥的对立面的斗争是绝对的"[②],将唯物辩证法思想体现在其论述中;通过《帝国主义论》中"帝国主义是金融资本和垄断组织的时代,金融资本和垄断组织到处都带有统治的趋向而不是自由的趋向。这种趋势的结果,就是在一切政治制度下都发生全面的反动,这方面的矛盾也极端尖锐化"[③] 等论述,体现了其对马克思关于"资本主义必然灭亡,社会主义必然胜利"论断的坚信。此外,在《唯物主义和经验批判主义》这部书中,对"绝对真理和相对真理""时间标准的确定性和不确定性"以及"认识论三个结论"的阐述,充分体现了列宁以现实元素对马克思恩格斯思想的丰富和发展。

由此可见,列宁切实地将马克思主义公平理论与其国家具体实践

---

① 《列宁选集》第 2 卷,人民出版社 2012 年版,第 83—84 页。
② 《列宁选集》第 2 卷,人民出版社 2012 年版,第 557 页。
③ 《列宁专题文集:论资本主义》,人民出版社 2009 年版,第 206—207 页。

紧密结合，其公平思想是马克思主义哲学思想体系的重要组成部分。正如俄国著名学者亚历山大·卡津诺夫所言，列宁主义是"帝国主义阶段的马克思主义"。

二　列宁公平理论的主要内容

（一）生产维度：提高国家资本主义生产力，奠定社会公平的物质基础

十月革命结束后的前几年，苏维埃俄国将实行"战时共产主义"等一系列巩固政权的建设作为国家战略发展重心。但是，由于第一次世界大战和国内革命战争的重大影响，经济社会遭受到严重损伤。列宁以其敏锐的政治眼光和缜密的经济逻辑思维，为保护胜利果实，巩固苏维埃政权、工农联盟和无产阶级专政，停止了战时共产主义政策，转而实施新经济政策，想通过国家资本逐步向共产主义过渡。列宁提出要大力加快生产力建设，提高劳动生产率，改善无产阶级的劳动环境和生活状况。他指出，改善农民的生活状况，提高劳动生产力是提高粮食生产与收成的前提。[①] 于是苏维埃俄国开始实行"粮食税"制度，"粮食税，是从极度贫困、经济破坏和战争迫使我们所实行的特殊的'战时共产主义'向正常的社会主义的产品交换过渡的一种形式"[②]。列宁认为，提高国有资本主义生产力是推进过渡时期国家经济迅速发展的有效举措，并指明了实现路径，即采用"租让制"培植国家资本主义。新经济政策的实施，有效恢复了苏维埃俄国经济活力，为促进社会公平打下坚实的物质基础。

（二）分配维度：认清共产主义社会不同阶段的不同分配方式

列宁将马克思的按劳分配制度付诸实践，明确地将共产主义第一阶段称为社会主义，并认为在这个时期完全实行劳动证书的形式还是

---

① 《列宁选集》第4卷，人民出版社2012年版，第500页。
② 《列宁选集》第4卷，人民出版社2012年版，第501页。

行不通的，社会主义社会各项经济活动仍需要货币形式的商品交换，但是要"把对市场和货币流通的调节掌握在自己手中"①，实行货币工资形式的按劳分配制度。列宁通过一系列政策措施，对生产资料公有制和按劳分配进行了规范。列宁也客观地认识到，尽管社会主义消灭了生产资料私有制，实行了生产资料公有制，是人类社会历史上的巨大进步。但是，社会主义社会仍不能实现真正意义的公平，不公平现象仍然会持续很长一段时间，直至实现共产主义。对于共产主义阶段的分配方式，列宁说，"国家完全消亡的经济基础就是共产主义的高度发展"②，那时将实现"按需分配"③。

（三）制度维度：社会主义制度为社会公平提供根本保障

列宁将建立社会主义制度作为实现社会公平的前提和基础。④ 制度正义是社会公平的保障。

一是在经济制度方面，建立生产资料公有制。列宁认为，生产资料私有制和自由贸易的存在就意味着资本主义的经济基础仍然存在，只有消灭了阶级和剥削，才能实现真正意义上的人的自由和政治平等。列宁主张通过无产阶级革命来消灭生产资料的私有制，从而"保证社会全体成员的充分福利和自由的全面发展"⑤。列宁建立的以生产资料公有制为主的社会主义经济制度，促进了苏维埃经济社会的快速恢复，经济发展速度稳步提升，为保障社会公平奠定了物质基础。

二是在政治制度方面，建立社会主义民主制度。列宁认为，资本主义社会的民主是形式的、虚伪的民主，只有实行"无产阶级专政"，才能更有效地把民主制度变为大多数人的无产阶级的民主。⑥ 列宁主

---

① 《国际共产主义运动史文献史料选编》第4卷，中国人民大学出版社1985年版，第436页。
② 《列宁选集》第3卷，人民出版社2012年版，第197页。
③ 《列宁选集》第3卷，人民出版社2012年版，第198页。
④ 《列宁专题文集：论社会主义》，人民出版社2009年版，第381页。
⑤ 《列宁专题文集：论社会主义》，人民出版社2009年版，第381页。
⑥ 《列宁专题文集：论社会主义》，人民出版社2009年版，第29页。

张社会主义建立新型民主,让"所有的人都参加国家管理"①。同时,列宁强调民主监督制度的重要性,通过结合工农检察院和中央监察委员会两个国家权力机关,提高工农检察院的权威性,为实现社会公平提供了重要的民主监督和法治保障。

三是在文化制度方面,重视文化和意识形态领域的制度建设。列宁认为无产阶级应该全面了解人类发展史,特别注重运用文化宣传和文化教育的工作方式对农民组织加强文化建设。列宁认为,人民的文化素质是国家、民族和社会持久发展、永续繁荣的精神动力,"在一个文盲的国家里是不能建成共产主义社会的"②。社会主义强国的建设,人民安居乐业、和谐稳定的社会环境的建设,都需要不断提升人民的文化素质和文学修养。提升人民文化素质,培育共产主义文化底蕴,形成良好的社会风尚,构建和谐文明的社会环境,是促进社会公平的重要环节。

第三节 中国共产党对马克思主义公平理论的丰富和发展

中国共产党在吸收借鉴中国传统公平思想、国外公平理论有益成分及马克思主义公平理论的基础上,坚持以马克思主义为指导,将马克思主义基本立场、观点、方法与中国革命与建设的具体实践相结合,形成中国化的马克思主义公平理论,使马克思主义焕发出强大的生命力。

一 中国共产党公平理论的思想渊源

(一)中国传统公平思想

中国传统文化中蕴含着丰富的公平思想,诸如"天下为公"的大同思想,"美美与共"的和谐共存,"和而不同"的辩证思维,"老吾

---

① 《列宁专题文集:论社会主义》,人民出版社2009年版,第271页。
② 《列宁全集》第39卷,人民出版社1986年版,第309页。

老以及人之老，幼吾幼以及人之幼"的仁爱精神，"德行平等"的政治理念等。古代哲学派别有以孔子、孟子为代表的儒家，以老子、庄子为代表的道家，以墨子为代表的墨家和以韩非子为代表的法家。以先秦诸子为例，他们都对"公平""正义""平等"有过相关论述，可以说，集大成的中国传统文化蕴含着极为丰富的公平思想观点。

儒家描绘了理想中的"小康"社会和"大同"社会，"大道之行也，天下为公"。在理想社会中，君主地位的确立依靠自身的德行，而非暴力。个体家庭的和谐修睦迁延到整个社会中，从而形成公平、和谐的社会景象。孔子"不患寡而患不均，不患贫而患不安"，已经有了通过平均分配来维护人民心中的公平，促使社会安定的理念。儒家还有"德行平等"的论述。朱熹说："三纲五常，礼之大体，三代相继，皆因之而不能变。"[①] 可见，在儒家思想中，社会等级是必然的，也是必要的，是合乎自然本原的。

相较于儒家的礼数和等级有别，道家则更关注"平等"，提倡万物平等、无差别。庄子所言"天地与我并生，而万物与我为一"中蕴含着用平等的心态去审视世间万物的观点。道家还反对社会差别的存在，如老子在《道德经》第五十三章所言："服文采，带利剑，厌饮食，财货有余，是谓盗夸。"将享受富足生活的君王比作盗贼头目，并提出人道应同天道一样是平等的。道家的思想有返璞归真的一面，但也有不合时代发展的消极出世的一面，不主张进步与追求美好，更向往"小国寡民"的原始朴素生活，纵然追求清静无为的平等，但是不切实际。

墨家主张"平等""兼爱""非攻"，注重在"衣食住行礼乐"方面节俭。墨子"依法为天"，提出"三表"观念。在其"法先王""百姓耳目之实""国家百姓之利"[②]的法律观中蕴藏着正义、平等、

[①] 朱熹：《四书章句集注·论语集注·为政第二》卷1，中华书局1983年版，第59页。

[②] 《墨子》，山西古籍出版社2003年版，第113页。

实践、利民等思想。墨子认为"人无幼长贵贱皆天之臣"①，推崇法律面前人人平等的思想。《墨子·尚贤》中的"官无常贵，民无终贱"，主张不分尊卑推举贤能。其《天志上》中的"顺天意者，兼相爱，交相利，必得赏。反天意者，别相恶，交相贼，必得罚"，表达了无论君臣、百姓都要尊"天"守法，不得任意逾越。墨家思想中渗透着平等、法治的思想，对后世法哲学思想的发展具有很大的借鉴意义。

先秦法家"以法治国"的思想与儒家"以德治国"的思想不同，强调君主权利要靠法律制度来保障。韩非子提出"国无常强，无常弱。奉法者强则国强，奉法者弱则国弱""君无术则弊于上，臣无法则乱于下，此不可一无，皆帝王之具也"等法治名言，主张奉法强国。其法治思想中还蕴含着"法不阿贵"的平等理念，"重刑少赏"的崇法思想，"为法正名"的君主立法观念。法家公平观念推崇以法治国，但有其局限性。法家将法律作为君主统治臣民的工具，立法上奉行自上而下的君主立法，更多的是以刑代法，等等。

（二）国外公平理论的有益成分

从马克思主义公平理论的思想渊源及发展历程可以看出，马克思、恩格斯当年在创立科学社会主义学说时批判和借鉴了西方古代、近代众多政治哲学、伦理学、经济学等流派的学术思想。中国共产党在继承和丰富马克思主义公平理论的过程中，也同样会参考和借鉴国外正义理论的有益成分。

当代西方最负盛名的研究公平正义的政治哲学家当属约翰·罗尔斯，1971年《正义论》正式发表，为理论界带来探究公平正义的新思考。《正义论》开篇就从"公平的正义"入笔，全面系统地论证了自由与公平，个人与国家，机会与结果，个人价值与社会正义等方面的公平正义问题。罗尔斯提出"自由正义原则"和"分配正义原

---

① 《墨子》，山西古籍出版社2003年版，第19页。

则",探讨如何实现良序社会,确保在最大限度上建立平等的社会体系。罗尔斯将个人的自由、社会成员之间的平等作为正义观的基本理念,将资本主义社会的社会结构作为研究正义观的基础,在这两个方面与马克思的公平理论有契合之处。同时,罗尔斯在正义的实现途径上有独到的见解,他认为公平正义的实现是通过分配来保证的,即通过差异原则、机会均等原则来调节收入和财富的不公平问题。罗尔斯运用整体性视角考察社会分配正义,在分配程序和制度设计上提出要维护"最少受惠者的最大利益"[①],让每个社会成员都能共享成果。罗尔斯构想运用分配手段解决社会不均衡发展的问题。此外,在正义原则上,罗尔斯受到洛克社会契约论的影响,坚持在社会契约下构建理想的社会,认为"一种公共的正义观构成了一个良序的人类联合体的基本宪章"[②]。

可以看出,罗尔斯的正义观本质上是依靠国家运作调节实现分配的正义。然而,在现实中的资本主义社会,国家代表的是部分阶级的利益,单纯地依靠国家分配实现的主要是统治阶级的正义,对于被统治阶级而言,正义具有不真实性。马克思看到的不仅仅有分配正义,还看到了生产正义,这是资本主义社会不可能存在真正意义上的自由和平等的根源。

罗尔斯对良序社会的构建蓝图,虽然有些乌托邦的意味,但为社会治理提供了多元的方案。他在社会治理方面追求平衡、协调、共享的论述,不仅给当时的西方政治哲学带来较大影响,也为我国社会主义建设时期以及改革开放以来党和政府创新社会治理、促进区域协调发展、实现共享发展等方面提供了重要借鉴。

西方研究正义理论的著名学者还有诺奇克。由于篇幅原因,此处仅以诺奇克分配正义理论为例。诺奇克既批判罗尔斯的"最少受

---

① [美]约翰·罗尔斯:《正义论》,何怀宏、何包钢、廖申白译,中国社会科学出版社2009年版,第6页。
② [美]约翰·罗尔斯:《正义论》,何怀宏、何包钢、廖申白译,中国社会科学出版社2009年版,第4页。

惠者的最大利益"；又批判马克思将税收用于社会再分配，给予穷困无产者社会保障的理论。诺奇克认为持有即为正义，换言之，"如果每一个人对该分配中所拥有的持有都是有资格的，那么一种分配就是正义的"①。他认为再分配就是对已得劳动成果的剥削，将征税等同于强迫劳动，认为这是贫穷人"剥削"富人的一种不正义形式。此外，诺奇克还有很多抨击和驳斥马克思、罗尔斯正义理论的观点，这些思想与智慧碰撞的火花，都是中国共产党在寻求社会公平过程中的参考。

（三）马克思主义公平理论

近代以来，争取民族独立、人民解放，实现中华民族站起来，成为中国人民肩负的重大历史任务。俄国十月革命的胜利，让社会主义由理想变为现实，为探寻救亡图存的中国人民指明了前进方向，为在摸索中前行的中国带来了前进的理论指针。"一个以马克思主义为指导、一个勇担民族复兴历史大任、一个必将带领中国人民创造人间奇迹的马克思主义政党——中国共产党应运而生。"② 实践证明，中国共产党把马克思主义写在自己的旗帜上是完全正确的。中国共产党人把马克思主义基本原理同中国具体实践结合起来，创造了人类历史上前所未有的发展奇迹，取得了举世瞩目的发展成就，不断推进马克思主义中国化、时代化。③ 同样，中国共产党的公平理论正是马克思主义中国化的有机组成部分，是对马克思主义公平理论的继承和发展。

首先，马克思主义公平理论中国化是马克思主义发展的必然规律。

---

① ［美］罗伯特·诺奇克：《无政府、国家和乌托邦》，姚大志译，中国社会科学出版社2008年版，第181页。
② 习近平：《在纪念马克思诞辰200周年大会上的讲话》，人民出版社2018年版，第13页。
③ 习近平：《在纪念马克思诞辰200周年大会上的讲话》，人民出版社2018年版，第15页。

马克思主义是指引人们改造客观世界的行动指南。马克思指出："哲学家们只是用不同的方式解释世界，问题在于改变世界。"① 马克思不止一次地告诫人们，马克思主义不是书斋里的教条，是为了解放人类，实现人的自由而全面发展而创立的，是在实践中形成的，也要在实践中不断丰富和发展。尽管马克思的思想已经超越了他所处的时代，总结出了历史发展的本质和方向。但是，在不同的历史时代，任何国家或政党都需要把马克思主义理论与具体实践紧密结合，不断丰富和发展，才能永葆理论的生机活力，才能不断回应时代发展新课题。正如习近平总书记所说："一部马克思主义发展史就是马克思、恩格斯以及他们的后继者们不断根据时代、实践、认识发展而发展的历史，是不断吸收人类历史一切优秀思想文化成果丰富自己的历史。"马克思主义公平理论作为马克思主义的一部分，同样要遵循这个规律。在中国的具体实践中，坚持以马克思主义为指导的中国共产党人，对促进社会公平所形成的一系列新思想、新论断就是马克思主义公平理论中国化的最新成果，是马克思主义在中国发展的必然规律。

其次，马克思主义公平理论中国化是中国特色社会主义发展的现实需要。

马克思对科学理论的研究，正如列宁所评价的："凡是人类社会所创造的一切，他都有批判地重新加以探讨，任何一点也没有忽略过去。凡是人类思想所建树的一切，他都放在工人运动中检验过，重新加以探讨，加以批判，从而得出了那些被资产阶级狭隘性所限制或被资产阶级偏见束缚住的人所不能得出的结论。"事实证明，经过马克思反复检验的科学社会主义理论，其科学性和真理性在中国得到了充分检验。纵观马克思主义指导下的中国发展历程，中国共产党人团结带领全体人民，不断取得中国特色社会主义重大成就，中华民族实现

---

① 《马克思恩格斯文集》第 1 卷，人民出版社 2009 年版，第 502 页。

了从站起来到富起来到强起来的伟大飞跃。马克思主义理论的科学性和真理性一次次得到实践的检验，社会主义在中国焕发出强大的生机活力，不断开辟马克思主义理论新境界。在全面迈向小康社会的新征程上，同样需要运用马克思主义公平理论指导党和政府实现基本公共服务均等化的目标，"让改革发展成果更多更公平惠及全体人民，朝着实现全体人民共同富裕不断迈进"[①]。

二 中国共产党公平理论的发展脉络

恩格斯指出："一个民族要想站在科学的最高峰，就一刻也不能没有理论思维。"[②] 以毛泽东、邓小平、江泽民、胡锦涛、习近平同志为主要代表的中国共产党人，不断汲取马克思主义公平理论的科学智慧与理论成果，并将其运用到中国革命和中国特色社会主义建设中，形成了马克思主义公平理论中国化的新思想、新成果，形成了中国共产党人的公平理论。

（一）毛泽东的公平思想

消灭剥削，消灭压迫，实现无产阶级和劳动人民的自由与解放是毛泽东的毕生追求。以毛泽东同志为主要代表的中国共产党人[③]，坚持以马克思主义为指导，贯彻平等、公平、正义的发展理念，团结带领人民取得了新民主主义革命胜利和社会主义建设的伟大胜利。毛泽东的公平思想主要体现在以下三个方面。

第一，践行马克思主义公平理论，大力发展经济，促进社会公平。毛泽东提出："一切空话都是无用的，必须给人民看得见的福利。"[④] 在时代背景下，正确实施国家计划经济，集中有限资源确保大

---

① 习近平：《决胜全面建成小康社会 夺取新时代中国特色社会主义伟大胜利——在中国共产党第十九次全国代表大会上的报告》，人民出版社2017年版，第45页。
② 《马克思恩格斯选集》第3卷，人民出版社2012年版，第875页。
③ 中共中央宣传部编：《习近平新时代中国特色社会主义思想学习纲要》，学习出版社、人民出版社2019年版，第5页。
④ 《毛泽东文集》第2卷，人民出版社1993年版，第467页。

型建设项目上马实施，促进国民经济快速恢复和发展，为促进社会公平奠定了物质基础。

第二，坚持马克思主义公平理论，确立人民当家作主的社会主义民主制度。经济上，为建立公平社会奠定了生产关系基础。通过三大改造，消灭了生产资料私有制，实现了生产资料公有制。政治上，确立了人民民主专政的政治制度，"从根本上结束了极少数剥削者统治广大劳动人民的历史，劳动人民真正成了新国家新社会的主人。这是中国人民社会政治地位的根本变化"①。

第三，贯彻马克思主义公平理论，加强制度建设，确保人民的基本权利得到制度保障。"五四宪法"明确规定："中华人民共和国的一切权力属于人民。人民行使权力的机关是全国人民代表大会和地方各级人民代表大会。"从宪法层面上保障国家民主化发展。推行"单位制"，"单位和家一样，也是一个功能多元化的事业组织或社群"②，向成员提供均等的生活福利。毛泽东说，群众生活上关心的问题就是我们工作的重点。③注重教育公平，采取了农村民办教师制度，并"在农村普及小学五年教育，有条件地区普及七年教育"④。强调医疗卫生平等，大力发展农村医疗卫生事业，创设农村"赤脚医生"和合作医疗制度等，不断满足人民群众生活所需。

（二）中国特色社会主义公平理论

1. 邓小平的公平思想

1978年以来，以邓小平同志为主要代表的中国共产党人⑤，团结带领人民投入改革开放和社会主义现代化建设，开辟了社会主义发展

---

① 中共中央党史研究室：《中国共产党历史．第2卷，1949~1978》（上册），中共党史出版社2011年版，第16页。
② 李汉林：《中国单位社会》，上海人民出版社2004年版，第61页。
③ 《毛泽东选集》第1卷，人民出版社1991年版，第138页。
④ 王年一：《大动乱的年代》，人民出版社2009年版，第257页。
⑤ 中共中央宣传部编：《习近平新时代中国特色社会主义思想学习纲要》，学习出版社、人民出版社2019年版，第6页。

的新时期，创立了邓小平理论，其中蕴含着马克思主义公平理论的新成果。

第一，大力发展生产力。邓小平的"社会主义本质"论是对马克思主义公平理论在生产维度的丰富和发展。邓小平指出："社会主义的本质，是解放生产力，发展生产力，消灭剥削，消除两极分化，最终达到共同富裕。"① 邓小平充分认识到，大力发展生产力是那个历史阶段的首要任务，是实现社会公平的物质基础。在社会主义建设中，他立足百废待兴的现实国情，坚持解放思想、实事求是。② 他多次强调，贫穷不是社会主义，发展缓慢也不是社会主义，"社会主义比资本主义的制度优越，它的优越性应该表现在比资本主义有更好的条件发展社会生产力"③。邓小平明确指出，资本主义制度带来的是两极分化，只有社会主义才能带领人民消除两极分化，最终实现共同富裕。面对中国人口多、底子薄的现实国情，在处理效率和公平的关系上，他鼓励并支持"先富带动后富"，最终实现共同富裕，推进社会公平由低水平向高水平不断提升。

第二，完善社会主义制度是社会主义实现社会公平的有效途径。邓小平认为，"发展才是硬道理"④。经济上，开创性地提出走发展社会主义市场经济的道路。邓小平客观地指出，市场经济不是姓资和姓社的区分，计划经济与市场经济都是社会主义发展经济的手段和工具。⑤ 邓小平认识到社会主义要想达到共同富裕，实行改革开放是扫除发展社会生产力障碍的必经之路。至此，改革开放启动了生产力高速发展的动力引擎。政治上，一是进一步巩固人民代表大会制度，确保社会公平；二是加强法治建设。邓小平吸取了"人比法大"的历史教训，主张为了保障人民民主，应加强社会主义法制建设，使这种制

---

① 《邓小平文选》第3卷，人民出版社1993年版，第344页。
② 《邓小平文选》第2卷，人民出版社1994年版，第143页。
③ 《邓小平文选》第2卷，人民出版社1994年版，第146页。
④ 《邓小平文选》第3卷，人民出版社1993年版，第377页。
⑤ 《邓小平文选》第3卷，人民出版社1993年版，第373页。

度和法律不因领导人改变而改变。通过法律制度规范国家治理，使社会主义民主更加制度化、法律化。[①]

第三，在区域、城乡、群体间不均衡发展问题上，注重发挥国家调节作用。邓小平在集中优势资源实施东部重点区域优先发展后，注重通过必要的"倾斜"性政策，发挥财政杠杆作用，帮助贫困地区改善民生。重视教育公平和人才培养。注重对重点大中小学的建设，重视人才的选拔和培养。[②]在就业、教育等基本公共服务方面，积极采取诸如促进青年就业创业、加大对社会弱势群体的救济等政策措施。

2. 江泽民的公平思想

党的十四届三中全会以来，"以江泽民同志为主要代表的中国共产党人"[③]，把马克思主义公平理论与社会主义建设实践相结合，形成了"三个代表"重要思想，其中蕴含着马克思主义公平理论的时代成果。

第一，"三个代表"是对马克思主义公平理论坚持"以人为主体"思想的生动写照。江泽民指出，最广大人民的根本利益是党的一切工作的最高标准。[④]一切方针、政策的制定实施都必须立足于这个中心思想，"必须坚持把人民的根本利益作为出发点和归宿，充分发挥人民群众的积极性、主动性、创造性"[⑤]。江泽民"三个代表"重要思想是对马克思主义公平理论的时代诠释。

第二，建立健全保障社会公平的中国特色社会主义各项制度，从制度维度丰富和发展马克思主义公平理论，注重效率与公平关系在经济中的作用。从党的十四大中"以按劳分配为主体，其他分配方式为补充，兼顾效率与公平"[⑥]到党的十六大中"坚持效率优先、兼顾公

---

① 《邓小平文选》第2卷，人民出版社1994年版，第257页。
② 《邓小平文选》第3卷，人民出版社1993年版，第111页。
③ 中共中央宣传部编：《习近平新时代中国特色社会主义思想学习纲要》，学习出版社、人民出版社2019年版，第6页。
④ 《江泽民文选》第1卷，人民出版社2006年版，第279页。
⑤ 李树直、郭滨：《十六大与未来中国》，中国社会科学出版社2003年版，第199页。
⑥ 《中国共产党第十四次全国代表大会文件汇编》，人民出版社1992年版，第23页。

平，既要反对平均主义，又要防止收入悬殊""再分配注重公平"①，江泽民多次强调，要在经济收入的增长中关注民生，保障社会公平，尤其要关注经济落后地区和低收入群体。一是通过税收政策措施向低收入地区和群体倾斜，进一步缩小地区之间、城乡之间的收入差距。二是注重建立和完善就业、医疗、养老等保障制度。针对国企改革过程中大量下岗职工的社会保障问题，强调要巩固"两个确保"，搞好"三条保障线"有序衔接，做到应保尽保，切实维护人民权益。三是实施西部开发战略，促进西部地区经济发展，缩小东西部地区发展差距等。

第三，把法治建设作为维护社会公平的有力保证。江泽民提出了一系列社会主义法治建设思想，并将"依法治国"作为国家治理的基本方略，多次强调"坚持有法可依、有法必依、执法必严、违法必究"②，推动中国特色社会主义法律体系不断完善，为维护社会公平正义提供法治保障。

3. 胡锦涛的公平思想

党的十六大召开后，以胡锦涛同志为主要代表的中国共产党人③，坚持和发展了马克思主义公平理论"以人民为主体"的思想，创造性地提出"以人为本"的科学发展观，其中蕴含着马克思主义公平理论的新思想。

第一，"以人为本"的科学发展观是马克思主义与中国实践相结合，中国化的理论成果。胡锦涛将"以人为本"作为社会主义科学发展观的核心。他提出："关注人的价值、权益、自由，关注人的生活质量、发展潜能、幸福指数，最终是为了实现人的全面发展。"④ 对人

---

① 江泽民：《全面建设小康社会 开创中国特色社会主义事业新局面》，《人民日报》2002年11月9日。
② 《江泽民文选》第3卷，人民出版社2006年版，第555页。
③ 中共中央宣传部编：《习近平新时代中国特色社会主义思想学习纲要》，学习出版社、人民出版社2019年版，第6页。
④ 《胡锦涛文选》第2卷，人民出版社2016年版，第438页。

民利益的重视，集中体现在对教育、就业等基本权利的保障和维护上。采取加大对落后地区教育的倾斜力度，大力发展农村义务教育等，努力办好人民满意的教育。努力扩大就业，保障人民就业基本权利充分实现。构建完善的社会保障制度体系，胡锦涛将社会保障作为改善民生的重要内容，提出了一系列政策措施。如，针对城乡低收入人群，提出了完善最低生活保障制度，逐步推进低保覆盖范围；完善了失业、工伤、生育等方面的保险制度，提高了社会保障能力；建立农村卫生医疗网络，进一步缩小了城乡医疗卫生差距；在社会救助领域，建立了基本覆盖城乡的社会救助制度体系等，极大地促进了社会公平正义。

第二，推动经济全面、协调、可持续发展，为社会公平提供稳固的物质基础。针对长期以来唯GDP论，经济社会发展用力过猛，粗放型的增长背后产生了一系列生产方式、生活方式、生态环境等方面的问题。胡锦涛反复强调全面协调可持续发展的重要意义。胡锦涛指出："坚持走生产发展、生活富裕、生态良好的文明发展，保证一代接一代地永续发展。"[1] 科学发展观更好地坚持了"发展才是硬道理"的正确论断，推动经济持续快速向好发展，为实现社会公平打下坚实的基础。

第三，丰富"公平正义"的时代内涵。胡锦涛认为中国特色社会主义公平正义不仅包括正确处理人民内部矛盾，还包括妥善协调解决社会各层面利益关系，只有统筹兼顾才能切实地维护和实现社会公平正义。[2] 公平正义是在法治保障下的权利公平、机会公平、规则公平、分配公平。他还总结道："维护和实现社会公平和正义，涉及最广大人民的根本利益，是我们党坚持立党为公、执政为民的必然要求，也

---

[1] 中共中央文献研究室编：《十六大以来重要文献选编》（上），中央文献出版社2005年版，第850页。

[2] 胡锦涛：《在省部级主要领导干部提高构建社会主义和谐社会能力专题研讨班上的讲话》，《人民日报》2005年6月27日。

是我国社会主义制度的本质要求。"① 可以说,胡锦涛对公平正义的一系列论述,是中国共产党人关于公平正义的实践经验和智慧的一次集中展现,是马克思主义公平理论时代化的新成果。

4. 习近平关于公平的重要论述

党的十八大以来,以习近平同志为核心的党中央,坚持马克思主义立场、观点、方法,坚持科学社会主义基本原则,结合当代中国实践发展变化的新情况、新问题,不断以新思想、新理念、新战略丰富和发展马克思主义,形成了习近平新时代中国特色社会主义思想。习近平总书记关于公平的重要论述是该思想的重要组成部分,他特别强调对马克思主义的学习和实践,关注社会公平正义,注重将公平正义渗透和体现在治国理政的全过程、各环节。习近平总书记曾在多个场合做出诸如"公平正义是中国特色社会主义的内在要求"②"必须坚持以人民为中心的发展思想,不断促进人的全面发展、全体人民共同富裕"③等重要论述。本书从以下三个方面对这些重要论述予以归纳。

第一,以人民为中心的发展思想是对马克思主义"以人为本"思想的继承与发展。习近平总书记指出:"人民对美好生活的向往,就是我们的奋斗目标。"④ 他反复强调,党和政府一切工作的出发点和落脚点就是为人民增福祉、实现社会公平和全体人民的共同富裕。习近平总书记明确要求,"把以人民为中心的发展思想体现在经济社会发展各个环节","通过改革给人民群众带来更多获得感"⑤。党的十九大报告客观指出,社会主要矛盾已经发生变化,社会发展不均衡、不

---

① 胡锦涛:《在省部级主要领导干部提高构建社会主义和谐社会能力专题研讨班上的讲话》,《人民日报》2005年6月27日。
② 《习近平谈治国理政》,外文出版社2014年版,第13页。
③ 习近平:《决胜全面建成小康社会 夺取新时代中国特色社会主义伟大胜利——在中国共产党第十九次全国代表大会上的报告》,人民出版社2017年版,第19页。
④ 中共中央宣传部编:《习近平新时代中国特色社会主义思想学习纲要》,学习出版社、人民出版社2019年版,第40页。
⑤ 《改革既要往增添发展新动力方向前进也要往维护社会公平正义方向前进》,《光明日报》2016年4月19日第1版。

充分，民生领域还有短板，群众在就业、教育、医疗、居住等方面还有更大需求等。新时代，党和政府工作的着力点就是解决这些问题，就是关心民之所急，回应民之所盼，随着"五位一体"总体布局、"四个全面"战略布局的深入推进，必将不断满足人民对美好生活的新期待，向人民交出满意答卷。

第二，以经济建设为中心是促进社会公平的物质基础，也是实现中华民族伟大复兴"中国梦"的物质基础。马克思总结科学社会主义运动规律，告诉我们，实现社会公平，实现人的全面发展，必须有雄厚的物质基础和经济保障。习近平总书记提出，以经济建设为中心，协调推进"四个全面"，不断推动改革开放和社会主义现代化建设迈上新台阶。① 实现共同富裕是以人民为中心的发展思想的本质所在。新时代，中国共产党人既坚持以经济建设为中心，不断解放和发展社会生产力；又坚持以人民为中心的发展思想，逐步实现全体人民共同富裕，促进人的全面发展，是中国特色社会主义的本质要求。

第三，"坚持和完善中国特色社会主义制度，推进国家治理体系和治理能力现代化"②，是实现社会公平正义的制度保障。在党的十九届四中全会上，习近平总书记系统阐述了中国特色社会主义制度和国家治理体系发展的历史成就，以及新时代坚持并完善制度优势，推进国家治理体系和治理能力现代化的重大意义和必然要求，对坚持和完善党的领导制度体系、法治体系、社会主义基本经济制度、民生保障制度等13个方面做出工作部署。中国共产党人总结历史发展经验，深化对历史发展规律的认识，是马克思主义政党先进性的鲜明特征。坚持和完善中国特色社会主义制度为实现社会公平正义提供了强大的制度保障，对国家治理产生重大影响，提升了马克思主义公平理论的

---

① 《主动把握和积极适应经济发展新常态　推动改革开放和现代化建设迈上新台阶》，《人民日报》2014年12月15日第1版。

② 《中共中央关于坚持和完善中国特色社会主义制度　推进国家治理体系和治理能力现代化若干重大问题的决定》，人民出版社2019年版，第1页。

新高度。

综上所述,中国共产党公平理论是中国共产党人将马克思主义公平理论与中国革命建设实际紧密结合的成果,与时俱进地将公平正义价值定位贯穿于治国理政的全过程、全方位,不断实现对马克思主义公平理论的新发展、新突破。特别是党的十八大以来,习近平总书记高度重视公平正义在党和国家事业发展中的重要地位和作用,在系统总结分析社会主义发展历程和中国特色社会主义的历史渊源及发展进程的基础上,明确指出"公平正义是中国特色社会主义的内在要求"[1],充分表明新时代促进社会公平正义的重要价值和现实意义。

三 中国共产党公平理论的时代内涵

中国共产党公平理论是以毛泽东、邓小平、江泽民、胡锦涛、习近平为主要代表的中国共产党人,坚持以马克思主义为指导,将马克思主义公平正义思想与中国具体实践相结合,形成中国化的马克思主义公平理论,使马克思主义焕发出强大的生命力。中国共产党公平理论是马克思主义公平理论中国化、时代化的产物,体现了中国共产党人对公平正义的价值追求,展现了公平正义的时代特征。

(一)以人民为中心是马克思主义公平理论中国化的核心价值

中国共产党作为以马克思主义理论武装的政党,从建党之初就认识到人民的伟大力量,坚持以马克思唯物史观关于"人民是历史的创造者"的原理指导中国具体实践。毛泽东说,"人民,只有人民,才是创造世界历史的动力"[2],将全心全意为人民服务作为党的根本宗旨。改革开放以来,邓小平提出了:"是否有利于发展社会主义社会的生产力,是否有利于增强社会主义国家的综合国力,是否有利于提高人

---

[1] 雷红:《马克思主义公平正义理论的丰富与发展——试论习近平关于公平正义重要论述的深刻意蕴》,《人民论坛·学术前沿》2018年第15期。
[2] 《邓小平文选》第2卷,人民出版社1994年版,第368页。

民的生活水平。"① 正是重视人民的利益，邓小平将能否满足和实现人民利益作为制定各项方针、政策的出发点和落脚点，看作判断各项工作成败得失的最高准则。江泽民更是以"三个代表"重要思想集中诠释了解决和实现好人民群众现实的利益问题，是建设社会主义和谐社会的根本价值追求。胡锦涛提出："人民是创造历史的根本动力。我们党坚持马克思主义的群众观点，坚持全心全意为人民服务的宗旨，始终把实现和维护最广大人民的根本利益作为党的理论和路线方针政策以及全部工作的根本依据，始终深深扎根于人民之中，为中国人民和中华民族的根本利益不懈奋斗。"② 习近平总书记更是将人民利益摆在至高无上的地位，他强调，"全党必须牢记，为什么人的问题，是检验一个政党、一个政权性质的试金石"，"带领人民创造美好生活，是我们党始终不渝的奋斗目标。"③

以人民为中心的本质内涵是保证人民享有权利公平、机会公平、规则公平。新中国成立七十年来的实践证明，中国共产党人将马克思主义植根于中国大地，中国特色社会主义各项制度持续推动拥有十四亿人口的大国进步和发展，充分体现了新时代权利公平、机会公平、规则公平的公平正义理念，为实现人的全面自由发展提供了坚实的制度保障。

新时代，促进社会公平正义要以"三大公平"为价值追求。习近平总书记明确指出："要在全体人民共同奋斗、经济社会发展的基础上，加紧建设对保障社会公平正义具有重大作用的制度，逐步建立以权利公平、机会公平、规则公平为主要内容的社会公平保障体系。"④ 习近平总书记关于"三大公平"的重要论述是对马克思主义公平理

---

① 《邓小平文选》第3卷，人民出版社1993年版，第372页。
② 中共中央文献研究室编：《深入学习实践科学发展观活动领导干部学习文件选编》，中央文献出版社、党建读物出版社2008年版，第187页。
③ 习近平：《决胜全面建成小康社会 夺取新时代中国特色社会主义伟大胜利——在中国共产党第十九次全国代表大会上的报告》，人民出版社2017年版，第19、21页。
④ 《习近平谈治国理政》，外文出版社2014年版，第96页。

论的丰富和发展,更是指导新时代党和国家事业发展的公平正义新理念。权利公平是实现社会公平的逻辑基础,保证每个社会成员享有宪法和法律保护的生存权和发展权不受剥夺和侵犯;机会公平是实现社会公平的本质要求,给予社会成员享用改革发展成果的机会均等;规则公平是实现社会公平的重要保障,是保证机会公平得以实现的关键,确保每个社会成员平等、公平、公正地享用资源,共享成果,获得幸福感、安全感的法律制度或政策规则等。习近平总书记关于"三大公平"的重要论述,把形式公平与实质公平有机结合,把马克思主义公平理论的核心内涵提升到了新的高度。实践"三大公平"的具体举措中,就包括基本公共服务均等化。实践中,国务院《"十三五"推进基本公共服务均等化规划》明确指出,基本公共服务均等化的核心是促进机会均等,重点是保障人民群众得到基本公共服务的机会。因此,京津冀基本公共服务均等化是对机会公平的践行;完善区域基本公共服务立法和配套财政制度等是对权利公平和规则公平的践行。

(二) 经济发展、共同富裕、制度正义是马克思主义公平理论中国化的主要内容

1. 生产维度——以经济发展为执政之要是促进社会公平的物质基础

中国共产党人坚持"发展才是硬道理"[1],始终将经济发展作为满足人民幸福所需,改善人民福利待遇,实现社会公平正义的物质基础。毛泽东将真理与人民利益紧密联系,提出了"社会主义革命的目的是为了解放生产力"[2]。由于历史原因,后期偏离了初衷。邓小平坚持实事求是,以马克思主义生产力和生产关系相适应的基本理论为指导,大胆提出社会主义也可以搞市场经济。改革开放后,一切以经济建设为中心的发展思想,给中国带来了翻天覆地的变化,尤其是1992

---

[1] 《邓小平文选》第3卷,人民出版社1993年版,第377页。
[2] 《毛泽东文集》第7卷,人民出版社1999年版,第1页。

年邓小平同志提出"三个有利于"①的标准，更是开足马力发展经济，实现了中国经济社会的飞跃式发展。江泽民审时度势，注重在经济发展中平衡"效率和公平""整体与局部"的关系，提出了"西部大开发""可持续发展"等重大发展战略，在进一步发展经济的同时，缩小了区域间发展差距，促进了社会公平稳定向好发展。胡锦涛坚持以经济发展为中心，同时针对伴随经济快速增长带来的社会矛盾问题、生态环境问题、粗放式发展等问题，提出了"科学发展观"，为经济的可持续发展把正了方向。兴国之要，发展经济。新时代，习近平总书记明确指出："我国经济已由高速增长阶段转向高质量发展阶段，正处在转变发展方式、优化经济结构、转换增长动力的攻关期，建设现代化经济体系是跨越关口的迫切要求和我国发展的战略目标。"②他反复强调，在经济新常态下，要坚持以"五大发展理念"引领经济高质量发展，大力发展实体经济，为现代化经济体系筑牢坚实基础；加快实施创新驱动发展战略，为加强现代化经济体系提供战略支撑；大力实施区域协调发展战略，为现代经济体系建设优化空间布局。正是在这一战略思想指导下，京津冀协同发展等区域发展的国家战略应运而生。

2. 分配维度——共同富裕是促进社会公平的本质追求

中国共产党人始终以带领人民创造美好生活，实现共同富裕为目标而不懈努力奋斗。在新中国成立之初，毛泽东指出："这个富，是共同的富，这个强，是共同的强，大家都有份。"③邓小平说："社会主义不是少数人富起来，大多数人穷，不是那个样子。社会主义最大的优越性就是共同富裕，这是体现社会主义本质的一个东西。"④江泽民提出，绝不能动摇实现共同富裕这一社会主义根本原则。胡锦涛基

---

① 《邓小平文选》第3卷，人民出版社1993年版，第372页。
② 习近平：《决胜全面建成小康社会 夺取新时代中国特色社会主义伟大胜利——在中国共产党第十九次全国代表大会上的报告》，人民出版社2017年版，第30页。
③ 《毛泽东文集》第7卷，人民出版社1999年版，第213页。
④ 《邓小平文选》第3卷，人民出版社1993年版，第364页。

于经济发展水平显著提升,社会主义建设取得巨大成就这个物质前提,进一步提出要让全体人民共享改革发展成果,朝着共同富裕的方向不断前进。新时代,习近平总书记强调"我们追求的发展是造福人民的发展,我们追求的富裕是全体人民的富裕"①,党的十九大报告更是多次提到实现全体人民的共同富裕。在公平正义价值引领下,党和政府提出了共享发展成果,增进人民福祉,促进社会公平,使中国实现从富起来到强起来的伟大飞跃。

收入分配制度是对马克思主义公平理论最直观、最生动的展现。党的十八大报告提出"初次分配和再分配都要兼顾效率和公平,再分配更加注重公平"的改革方向,指出了进一步调整和细化收入分配的原则。党的十九大报告提出"要坚持按劳分配原则,完善按要素分配的体制机制,促进收入分配更合理、更有序"②。当代中国基本公共服务均等化是完善收入分配调控体制机制,规范收入分配秩序,实现初次分配效率原则的公平性与再分配公平原则的效率性的具体举措。可见,深化分配制度改革就是对马克思主义公平理论的现实体现,改革的重心正是促进社会公平正义,实现共同富裕。

3. 制度维度——坚持和完善社会主义制度是促进社会公平的根本保障

中国共产党人不断汲取马克思主义科学智慧和理论,并运用到实践探索中,建立和完善了社会主义制度,形成了在党的领导下的经济、政治、文化、社会、生态文明等各方面制度,在国家治理和社会主义建设方面取得了历史性成就。主要体现在坚持和完善党的集中统一领导这一社会主义最本质的特征;坚持和完善人民当家作主制度,取得了从新民主主义革命胜利到改革开放等一系列伟大成就;坚持和完善法律制度,确保社会主义公平正义得到有效保障;坚持和完善社

---

① 习近平:《我们追求的富裕是全体人民共同富裕》,《人民日报》2015年10月31日第1版。

② 习近平:《决胜全面建成小康社会 夺取新时代中国特色社会主义伟大胜利——在中国共产党第十九次全国代表大会上的报告》,人民出版社2017年版,第46页。

会主义基本经济制度，实现了从建国时的一穷二白到成为世界第二大经济体的变迁；坚持和完善社会主义文化制度，实现了从扫除文盲时代的文化落后到新时代为世界贡献中国智慧的文化自信；坚持和完善社会保障制度，实现了从平均主义大锅饭时代下的保障基本温饱到不断满足人民群众日益增长的物质文化需求，让改革发展成果更多更公平地惠及全体人民，等等。

由此可见，马克思主义公平理论及其中国化的主要内容为推进京津冀基本公共服务均等化，促进社会公平正义提供了可供遵循的理论指引和方法论指导。

(三) 历史性、相对性和具体性是马克思主义公平理论中国化的重要特征

习近平总书记提出："在不同发展水平上，在不同历史时期，不同思想认识的人，不同阶层的人，对社会公平正义的认识和诉求也会不同。"[①] 习总书记运用辩证唯物主义阐释公平正义的重要论述，高度凝练和概括了社会公平正义的历史性、相对性、具体性特征，为新时代将公平正义作为坚持和发展中国特色社会主义的奋斗目标，为党和国家事业发展凝心聚力，奠定了坚实的思想基础。历史性表明在不同的历史时期，不同的历史条件下，不同认知主体对公平正义的认知程度、实现形式、实现标准不同；相对性表明在不同的经济社会发展水平下，如何实现相对意义的公平没有统一的标尺，公平会随着经济社会发展水平的变化而变化；具体性表明要将公平正义置于具体城乡、具体区域、具体群体中分析。因此，推进京津冀基本公共服务均等化，保障和改善民生，既要立足区域现实，与经济社会发展水平相适应，又要尽力而为、量力而行，逐步提升人民群众的获得感、公平感、安全感和幸福感。

综上所述，促进社会公平正义，实现人的全面自由发展是人类社

---

① 中共中央文献研究室编：《十八大以来重要文献选编》（上），中央文献出版社2014年版，第553页。

会文明发展的重要标志，是马克思主义的本质要求，更是马克思主义公平理论的核心内涵。新时代，习近平总书记在党的十九大报告和系列重要讲话中高度重视社会公平正义，将马克思主义与我国经济社会发展新变化、新要求有机结合，指导中国特色社会主义发展实践，将马克思主义公平理论价值定位贯穿于治国理政的全方位、全过程，尤其在推进基本公共服务均等化，保障和发展民生，实现社会公平正义方面，积极践行权利公平、机会公平和规则公平。当前，党和政府高度重视社会公平正义在党和国家事业中的重要地位和作用，鲜明地将公平正义作为"中国特色社会主义的内在要求"[①]，充分体现在"四个全面"战略布局中，体现在推动京津冀协同发展国家战略向广度和深度拓展、有序疏解北京非首都功能、扎实推进京津冀基本公共服务均等化的进程中，创造性地将马克思主义公平理论和实践提升到了新的高度。

---

① 《习近平谈治国理政》，外文出版社2014年版，第13页。

第三章 马克思主义公平理论与京津冀基本公共服务均等化的逻辑关系

马克思主义是指引人民不断改造客观世界的武器，中国共产党人充分运用其辩证唯物主义和历史唯物主义世界观和方法论指导中国实践，并不断产生新思想、新观点、新举措。马克思主义公平理论作为马克思主义的有机组成部分，为京津冀基本公共服务均等化提供了强有力的理论指引和方法论指导，阐明了大力发展生产力，加快发展区域经济是实现京津冀基本公共服务的物质基础；构建科学的制度体系，推动财政等制度创新是京津冀基本公共服务均等化的重要保障。同时，京津冀基本公共服务均等化是新时代以习近平同志为核心的党中央对马克思主义公平理论丰富、发展的具体实践，分别从权利公平、机会公平和规则公平的角度，以实际举措践行马克思主义公平理论的本质内涵，是探索提高国家治理体系和治理能力的积极实践。

第一节 马克思主义公平理论对京津冀基本公共服务均等化的理论指导

实践性是马克思主义理论区别于其他理论的显著特征。马克思主义公平理论作为马克思主义的有机组成部分，为我们阐明了京津冀基本公共服务的价值取向、发展理念和价值底线，指明了推进京津冀基本公共服务均等化的总体思路和实现路径，具有为实践提供理论指导和正确方法论的现实价值。党的十九大报告将基本公共服务均等化作为基本实现社会主义现代化的重要指标，京津冀基本公共服务均等化是我国基本公共服务均等化中的重要一环，如何提升京津冀基本公共服务的供给效能，促进京津冀基本公共服务均等化成为全面建成小康社会决胜时期的重点任务。

　　实践证明，马克思主义的科学性和真理性在中国得到了充分检验，因此，在实现京津冀基本公共服务均等化的进程中必须充分坚持以马克思主义为指导，积极践行马克思主义公平理论，推进京津冀基本公共服务均等化，促进京津冀协同发展走向深入，为我国全面建成小康社会贡献力量。党的十九大报告中明确指出"坚持在发展中保障和改善民生。增进民生福祉是发展的根本目的"，"保证全体人民在共建共享发展中有更多获得感，不断促进人的全面发展、全体人民共同富裕"[1]，是马克思主义政党人民性特征的鲜明体现。京津冀基本公共服务均等化事关民生大事，事关为人民谋幸福的前进方向，秉持何种价值立场、选择何种价值取向决定了京津冀三地政府制定和实施基本公共服务均等化政策措施和保障机制的最终走向。马克思主义公平理论为京津冀基本公共服务均等化指明了价值取向、原则遵循和实现路径，对构建以区域乃至全国基本公共服务均等化为基础的保障机制具有重要意义。

一　指明京津冀基本公共服务均等化的价值导向

（一）保障公民权利

　　京津冀基本公共服务均等化作为实现全面建成小康社会的重要内容，必须以保障公民权利作为价值导向。

　　一是要保障公民的生存权和发展权。公民的生存权和发展权主要

---

[1] 习近平：《决胜全面建成小康社会　夺取新时代中国特色社会主义伟大胜利——在中国共产党第十九次全国代表大会上的报告》，人民出版社2017年版，第23页。

包括"公民权、健康权、居住权、受教育权、工作权等社会成员安身立命的必备资格"①。《国家基本公共服务体系"十二五"规划》《"十三五"推进基本公共服务均等化规划》中都明确指出，基本公共服务是"由政府主导提供，与经济社会发展水平和阶段相适应，旨在保障全体公民生存和发展基本需求的公共服务"，是诸多公共服务中最基础、最核心、最有保障性的服务。京津冀三地政府在推进基本公共服务均等化进程中负有保障公民权利的职责和使命。

二是要满足公民生存和发展的需要。恩格斯指出："给所有的人提供健康而有益的工作，给所有的人提供充裕的物质生活和闲暇时间，给所有的人提供真正的充分的自由。"② 新时代，经济社会发展日新月异，人民生活水平不断提高，人民消费需要呈现出多样化、多层次的特点，提高公共服务供给质量和水平的要求更加紧迫。人们希望有更优质的教育资源、更高水平的医疗卫生服务、更稳定舒适的工作环境、更可观的收入、更加可靠的社会保障、更优美宜居的住房保障等。这说明，人民对公共服务的需求在质量上提高了，在重心上转移了。但是，作为拥有 11270.1 万人口［2018 年常住人口数据，来自《北京人口蓝皮书·北京人口发展研究报告（2019）》］的京津冀地区，经济社会发展的总体水平与长三角、珠三角等区域差距较大，基本公共服务供给能力和水平还有所欠缺，存在着诸多如区域内经济发展差距较大，城乡之间、群体之间、行业之间发展不平衡不充分等问题，政府既要尽力而为，满足区域内全体人民最基本的公共服务需要；又要量力而行，不断改善和提升公共服务供给能力，不断完善公共服务体系，满足人民群众日益增长的物质文化需求，发挥好基本公共服务兜底作用。

（二）促进社会公平

马克思主义公平理论的核心就是实现社会公平，马克思在《哥达

---

① 张贤明、薛洪生：《当代中国基本公共服务体系构建的基本思路》，《学习与探索》2012 年第 5 期。
② 《马克思恩格斯文集》第 8 卷，人民出版社 2009 年版，第 200 页。

纲领批判》对消费资料分配的论述中指出，在对总的消费品进行个人分配之前，要扣除"用来满足共同需要的部分，如学校、保健设施等"，以及"为丧失劳动能力的人等等设立的基金"，并且特别指出，到了共产主义社会，"这一部分一开始就会显著地增加，并随着新社会的发展而日益增长"[①]。由此可见，以社会公平作为推进基本公共服务均等化的价值导向是马克思主义公平理论的应有之义，也是中国共产党治国理政的行动指南。以上从理论角度分析了促进社会公平正义是推进京津冀基本公共服务均等化的价值导向。从必要性角度看，促进社会公平、增进人民福祉是党治国理政各项工作的出发点和落脚点。改革开放四十多年来，经济持续健康发展，人民生活质量持续改善，在取得一系列成就的同时也逐渐走向改革的深水区，到了爬坡过坎、滚石上山的关键时期，经济下行压力增大，社会矛盾逐渐凸显，社会主要矛盾也发生着变化，并成为影响社会稳定的重要因素。"人民对美好生活的需要与发展不平衡不充分之间的矛盾"关系国家发展全局，对党和国家工作提出了许多新要求。推进基本公共服务均等化是促进社会公平，准确把握社会主义初级阶段发展变化的科学认识和具体实践，也是化解社会主要矛盾的重要途径。深入推进基本公共服务均等化，补短板、强弱项、提质量是我国改革走向深入的必然要求，是回应党的十九大报告"在发展中补齐民生短板、促进社会公平正义"[②]的具体举措。因此，作为区域基本公共服务，京津冀三地在推进基本公共服务均等化的实践进程中，必须坚持以马克思主义公平理论为指导，以促进社会公平为目标，不断增强人民群众的获得感、幸福感和安全感。

（三）重视分配正义

马克思主义公平理论重视分配正义及其产生的前提条件等制约性

---

① 《马克思恩格斯文集》第1卷，人民出版社2009年版，第685页。
② 习近平：《决胜全面建成小康社会　夺取新时代中国特色社会主义伟大胜利——在中国共产党第十九次全国代表大会上的报告》，人民出版社2017年版，第23页。

因素。马克思、恩格斯对不同的社会阶段、不同的所有制形式进行分析得出"在无产者的占有制下,许多生产工具必定归属于每一个个人,而财产则归属于全体个人。现代的普遍交往,除了归属于全体个人,不可能归属于各个人"①。由此可知,在社会主义社会中,人民群众创造的财富归全体人民共同享有。值得欣喜的是,改革开放四十年来,我国以"中国模式"实现了经济快速增长,使经济总量跃居世界第二位,2019年人均国内生产总值约1万美元,综合国力大幅提升,可分配的蛋糕越来越大。但客观上相互掣肘的问题还很多,诸如社会财富分配与公共资源配置方面不均衡,区域发展差距加大,城乡收入差距依然较大,优质教育、医疗等资源主要集中在城市等问题。党的十八大以来,党中央高度重视保障和改善民生,确立了适合我国国情的分配正义原则,采取了一系列积极有效的措施,从根本上扭转了居民收入增速低于GDP增速的状况。习近平总书记多次强调:"必须始终把实现好、维护好、发展好最广大人民根本利益作为我们一切工作的出发点和落脚点。"这一重要论述指明,坚持分配正义,促进社会公平,保障和改善民生是推动经济社会发展的出发点和落脚点。民生不断改善,人民需求不断满足,社会预期逐步实现,增强了经济内生动力,推动我国经济形成了中高速增长、结构优化、动力转换的良好态势,使民生改善成为经济发展的恒久动力源。由此看来,京津冀三地政府同样要重视分配正义,要注重把"蛋糕"做大,大力发展生产力,从生产上解决分配问题的物质基础;更要注重把"蛋糕"分好,在政策导向、财政制度等方面加以保障,实现经济增长和民生改善的良性互动。

二 指明京津冀基本公共服务均等化的实现路径

马克思主义是实践的理论,指引着人民改造世界的行动,其公平

---

① 《马克思恩格斯文集》第1卷,人民出版社2009年版,第581页。

理论作为促进社会公平正义的重要理论，为现阶段推进京津冀基本公共服务均等化指明了根本途径和重点任务。

（一）发展生产力是推进京津冀基本公共服务均等化的物质基础

生产力是人类改造自然并获取物质资料的能力，是人类生存和发展的前提和基础。生产力的发展水平直接影响和制约着物质生活资料的生产水平。马克思主义公平理论在生产维度的主要内容指明了推进京津冀基本公共服务均等化的根本途径，即大力发展生产力，发展区域经济。马克思、恩格斯虽然对区域经济发展没有具体的论述，但是也为现阶段区域经济发展提供了资源配置、生产力空间布局等方面的理论参考。

新中国成立以来，我国生产力布局、区域经济发展重心经历过几次重大调整。

新中国成立初期，"以毛泽东同志为主要代表的中国共产党人"[1]，根据当时的经济发展状况，提出了区域经济平衡发展的指导思想。1956年4月，毛泽东同志在《论十大关系》中主张充分利用沿海地区的工业发展优势支持内地经济发展，提出了正确处理沿海工业和内地工业关系对当时经济发展的重要性。[2] 20世纪60年代初，中苏关系恶化，中国周边局势紧张，毛泽东提出开展"三线"建设，以备战为中心在中西部13个省区进行了一场大规模的国防和基础工业建设。"三线"战略提高了西部地区的生产力水平，改变了中国经济建设布局；新兴工业城市在西部地区拔地而起，带动了经济、社会和文化生活的繁荣发展；加强了备战和国防力量等；[3]缩小了东西部发展差距，为后续改革开放东部优先发展提供了经济战略上的物质保障。

---

[1] 中共中央宣传部编：《习近平新时代中国特色社会主义思想学习纲要》，学习出版社、人民出版社2019年版，第5页。
[2] 《毛泽东选集》第1卷，人民出版社1991年版，第57—58页。
[3] 张全景：《毛泽东与三线建设》，《世界社会主义研究》2016年第1期。

党的十一届三中全会后,"以邓小平为主要代表的中国共产党人"①,根据国家生产力发展水平等现实情况,抓住主要矛盾,实施优先发展战略,提出集中有限资源发展东部地区,"先富带动后富,最终实现共同富裕"的区域经济非均衡发展战略思想。改革开放之初,由于国家面临着缺少资金、技术、人才等资源的现实困难,不能选择均衡发展经济的战略,只能集中优势资源实施东部重点区域优先发展,实现效率的最大化。通过设立经济特区、保税区,开放沿海城市等一系列重大举措,使东部地区经济快速发展,以点带面,拉动全国经济全面提升。实践证明,邓小平的区域经济发展理论符合当时的国情,推动了国家事业的发展,使综合国力得到大幅增强,人民生活水平得到显著提升。②

从20世纪90年代中后期到1995年,"以江泽民同志为主要代表的中国共产党人"③,确立了"效率优先、兼顾公平"的区域协调发展理念,在继续鼓励东部地区带头发展的同时,实施"西部大开发"战略布局。通过西部大开发,解决由于优先发展东部地区而导致的东西部发展水平差距较大的问题,实现了西部地区经济实力快速增长,人民收入不断提升,国家经济持续向好发展。

党的十六大以来,"以胡锦涛同志为主要代表的中国共产党人"④,客观总结了国家在经济发展上的实践经验,确立了以科学发展观为指导的统筹区域发展理念,做出了振兴东北地区老工业基地、促进中部地区崛起等重大战略决策,既统筹区域经济发展,又统筹人、社会与自然和谐发展,继而推动国家区域经济和谐健康、平稳快速发展。

---

① 中共中央宣传部编:《习近平新时代中国特色社会主义思想学习纲要》,学习出版社、人民出版社2019年版,第6页。
② 《邓小平文集》第3卷,人民出版社1993年版,第85—89页。
③ 中共中央宣传部编:《习近平新时代中国特色社会主义思想学习纲要》,学习出版社、人民出版社2019年版,第6页。
④ 中共中央宣传部编:《习近平新时代中国特色社会主义思想学习纲要》,学习出版社、人民出版社2019年版,第6页。

党的十八大以来，以习近平同志为核心的党中央，坚持"创新、协调、绿色、开放、共享"的新理念，分别提出了京津冀协同发展、长江经济带发展、共建"一带一路"、粤港澳大湾区建设、长三角一体化发展、黄河流域生态保护等新的区域发展战略。区域协调发展的总体思路是按照客观经济规律调整和完善区域政策体系，"发挥各地区比较优势，促进各类要素合理流动和高效集聚，增强创新发展动力"，逐渐形成"优势互补、高质量发展的区域经济布局"[①]。

综上可知，一个时代有一个时代的经济发展战略，一个时代有一个时代需要着力解决的重要课题，但是实现社会主义的最终目标——共同富裕，始终未变；大力发展生产力，加快经济发展始终没有变。大力发展生产力，实现共同富裕，让全体人民共享改革发展成果是每个时代党和政府都在着力解决的重要问题。

京津冀协同发展作为新时代我国区域经济发展战略的重要部分，其深入发展势必为推进京津冀基本公共服务均等化提供强大的物质基础和保障力量。由此可见，马克思主义公平理论指明了推进京津冀基本公共服务均等化的根本途径。

(二) 制度正义是推进京津冀基本公共服务均等化的重要保障

马克思、恩格斯认为，建立在生产资料公有制基础上的共产主义制度才是公平正义的制度，才能为实现社会公平提供保证。正如马克思所强调的那样，公平正义总是与经济社会制度密切联系。以马克思主义为指导的中国共产党建立了社会主义制度，建立了以生产资料公有制为基础的经济制度和人民民主专政的政治制度，这些制度是实现社会公平的根本制度和重要保障。可以说，制度正义是实现人的价值的根本保证，马克思主义公平理论所倡导的制度正义为推进京津冀基本公共服务均等化提供了重要保障，只有将维护社会公平正义的经济政治制度转化为适应经济社会发展需要的具体制度，才能更好地维护

---

① 习近平：《推动形成优势互补高质量发展的区域经济布局》，中国政府网，http：//www.gov.cn/xinwen/2019-12/15/content_5461353.htm.

社会公平。因此，马克思主义公平理论在制度维度的内涵（制度正义为社会公平提供根本保障）指明了推进京津冀基本公共服务均等化的根本保障。

运用财政制度推进基本公共服务均等化也是世界上很多国家通用的做法。党的十九大报告指出"加快建立现代财政制度，建立权责清晰、财力协调、区域均衡的中央和地方财政关系"。由此可见，均衡的财政对基本公共服务均等化具有推动作用。缩小区域发展差距，均衡中央和地方财政关系是党和政府经济工作的主要目标之一，体现到财政分配制度上则是通过转移支付实现区域公共服务均等化，促进区域均衡发展。转移支付制度是国家为了解决上、下级政府之间财政收支不平衡以及各地区政府之间财政收支不平衡，促进社会各项事业平衡、协调发展而采取的财政政策，也是实现基本公共服务均等化的重要支柱。

转移支付制度作为再分配的调节机制之一，是明确中央与地方政府财权与事权的重要手段，是优化资源配置的必要措施。新中国成立以来，先后经历了"统收统支""分类分成""总额分成""收支包干"等财政体制，直至1993年党的十四届三中全会通过了《关于建立社会主义市场经济若干问题的决定》，同年，国务院出台了《关于实行分税制财政管理体制的决定》（国发〔1993〕85号），于1994年正式实行分税制。至此，中央政府和地方政府的财政关系得到重新确立，并一直延续至今。分税制改革后，针对各行政区域因经济发展水平、自然地理因素、生产要素配置等导致的地区间差距，国家能够根据中央经济战略将集中后的税收，通过强有力的宏观调控把资金适度转移给贫困地区、偏远山区及经济欠发达地区，从而缩小不同地区间的经济发展差距，缩小基本公共服务差异。

一是健全完善中央和地方政府的事权和支出责任制度。"如果中央与地方政府各自职能不能够清晰界定，将会导致各级政府在履行职能、提供服务的过程中相互推诿，使各项政策的执行与落实背离施策的良好意愿与功能预期。"① 鉴于此类问题的存在,党的十八届三中全会通过的《中共中央关于全面深化改革若干重大问题的决定》在建立事权和支出责任相适应的制度方面,提出了中央和地方按照事权划分相应承担和分担支出责任,进一步明确中央和地方政府的事权与支出责任是明确基本公共服务供给责任的前提和基础。有学者从文献研究的角度提出,受益范围②是划分财政事权的首要依据,具体来说就是按照基本公共服务的受益范围来确定该项公共服务的供给主体,从而确定属于哪一级政府的事权和支出责任。有学者认为"谁干活,谁负责花钱",事权与支出责任必须如影随形,③ 也有学者提出按照服务效率原则将贴近公众的基本公共服务供给事项交给地方政府承担。④ 可以看出,相关学者对中央和地方政府间事权和支出责任的划分大体相近,也有个别论点有分歧。直至2018年国务院印发了《基本公共服务领域中央与地方共同财政事权和支出责任划分改革方案的通知》对其作了进一步明确,为转移支付制度的完善提供了可能。

当前,我国经济由高速增长阶段转向高质量发展阶段,在经济发展新常态下,中央政府坚持在发展中保障和改善民生,不断加大转移支付力度,有效地推动了全国基本公共服务均等化。但是,现阶段中央和地方财政关系仍然存在事权与支出责任不够清晰的问题,鉴于此,应以马克思主义公平理论为指导,坚持完善政府事权和支出责任制度,平衡"三地四方"关系。

二是明确中央和地方的事权与财政能力。长期以来,为了缓解地方经济困难,党的十七大对分税制原则进行了一个大的改动,提出了

---

① 马雪松:《中央与地方关系的完善与发展——十六大以来的新探索》,《理论探索》2012年第5期。

② 黄凤羽、吴奇:《构建中央和地方财政关系:逻辑演绎与实证检验》,《江淮论坛》2019年第2期。

③ 薛菁:《刍议建立事权与支出责任相适应的财政体制》,《西安财经学院学报》2014年第6期。

④ 张贤明:《基本公共服务均等化研究》,经济科学出版社2017年版,第421页。

财力与事权相匹配的原则。因为基本公共服务均等化必须依赖政府间财力的均等化,如果没有相应的财政能力支持,就不可能实现对基本公共服务的兜底性保障,其保障和改善民生也不具可行性。但是,中央和地方财政关系还存在事权与财政财力匹配度不够高,出现地方政府财权不足和履行公共服务职责的自我财政能力低等问题。近些年来,中央对地方的财政支持力度不断加大,转移支付的规模和比重也不断增加。转移支付制度的不完善,也在一定程度上影响了财力与支出责任的匹配效果。

综上可知,中央政府和京津冀三地政府间的事权、支出责任、财权、财力是影响京津冀地区基本公共服务均等化的重要因素,势必要以马克思主义公平理论为指导,通过完善转移支付法律制度,确保财政转移支付的科学化和法治化;通过完善纵向的中央政府对京津冀三地的转移支付和横向的京津冀三地省(市)级及以下政府间的转移支付制度,构建纵横交错、路径清晰、转移高效的财政转移支付体系,加快平衡京津冀三地间财政能力,为实现京津冀基本公共服务均等化提供强劲的推动力量。

(三) 递进式推进是实现京津冀基本公共服务均等化的客观要求

马克思主义公平理论是建立在历史唯物主义方法论的基础上,以人类发展不同历史时期为研究基础,对社会公平理论进行的阶段性思考。在不同历史时期,公平随着生产力的发展而展现出不同的时代内涵。在马克思主义公平理论视域下,基本公共服务均等化也会随着生产力的发展而逐步提升,正如前面章节所界定的那样,均等化不是平均主义,更不是绝对无差距的平均化,而是在一定范围内的可控的均等化。此外,基本公共服务的均等化不是一下子实现的,而是一个分阶段递进式推进的过程。初级阶段侧重于区域内的基本公共服务水平逐渐缩小;中级阶段侧重于城乡之间基本公共服务均等化水平逐渐缩小;高级阶段则实现全民基本公共服务均等化,在区域之间、城乡之间、群体之间实现大体相当的基本公共服务水平。① 因此，在马克思主义公平理论历史性特征指引下，结合当前经济发展水平、自然历史条件、制度政策、公共资源配置等方面的差异，京津冀基本公共服务均等化势必是一个分阶段、分层次递进式推进的过程。既不可用力过猛，一蹴而就，陷入不切实际的误区；也不可消极懈怠，等靠观望，贻误共享发展的契机。随着各地经济发展水平的不断提高，应尽力而为、量力而行，向实现均等化的目标努力地逐步靠近。此外，从基本公共服务水平来讲，不同地区基本公共服务水平会有高低之分；从基本公共服务内容来讲，亦会有次序先后之别。因此，根据国家重大战略以及各地不同的经济社会等实际情况，在推进京津冀基本公共服务均等化的过程中，应分层次、分阶段逐步向全面均等化过渡。

三 指明京津冀基本公共服务均等化的责任归属

"建立民生政治新形态是推进基本公共服务均等化的目标取向"②，民生政治是影响实现社会公平正义的政治，马克思毕生深切关注人的生存、发展和解放问题，关注人的根本利益的实现，其公平理论充分体现"以人为本"的价值取向。国内外实践证明，任何政党、政府或组织，长期在民生方面没有作为，没有建树，没有为民谋利、为民解忧之举，则不可能长期获得人民支持，也不可能实现国家的长治久安。加快推进京津冀基本公共服务均等化是三地政府保障和改善民生的重要着力点，是加强民生建设的重要手段和途径。基本公共服务的公共性和普惠性要求政府在提供公共服务的过程中发挥不可替代的主导作用，承担相应的责任和义务。

马克思主义公平理论在我国社会主义建设和改革实践中不断丰富和发展，以人民为中心是其鲜明的时代特征。中国共产党作为马克思

---

① 贾康：《公共服务的均等化应积极推进，但不能急于求成》，《审计与理财》2007年第8期。

② 张贤明等：《基本公共服务均等化研究》，经济科学出版社2017年版，第57页。

主义政党,坚持把"人民立场"作为根本政治立场,把保障和改善民生作为义不容辞的责任。增进人民福祉、促进人的全面发展是马克思主义政党"人民性"的根本体现,是马克思主义公平理论指导民生发展,深化调整社会利益格局的现实价值意蕴。能否妥善解决民生问题,成为衡量各级政府执政能力和执政水平的重要评价标准。政府责任具体表现在以下七个方面。

(一)幼有所育与政府责任

梁启超先生曾说:"人生百年,立于幼学。"幼儿教育是教育事业的根基,对人的一生发展至关重要。2010年,国务院颁布《国家中长期教育改革和发展规划纲要(2010—2020年)》(以下简称《纲要》),提出"地方政府是发展学前教育,解决入园难问题的责任主体"。坚持政府主导,社会参与,公办民办并举,鼓励社会力量以多种形式举办幼儿园。2018年,国务院印发《关于学前教育深化改革规范发展的若干意见》(以下简称《意见》),明确提出"到2020年,全国学前三年毛入园率达到85%,普惠性幼儿园覆盖率达到80%",进一步扩大了公益性及普惠性幼儿园比例。上述《纲要》和《意见》夯实了幼儿教育的根基,明确了政府主导地位和"幼有所育"公共服务制度体系的改革发展方向。

每个孩子都是家庭的幸福寄托。"入园易",让城市和乡村的幼儿都能公平地享有高质量的学前教育,这是人民最关心最直接最现实的利益之一,是人民对美好生活的向往,是马克思主义政党的奋斗目标。全国学前教育毛入园率从党的十九大提出"幼有所育"之际的77.4%到2020年实现85%的目标,相差7%以上,无疑需要政府下大力气,用真功夫,补齐幼儿教育短板,啃下7%这块硬骨头;需要政府打好"组合拳",加大公共服务对幼儿教育领域的投入力度,协调好城市发展规模与幼儿园配置比例,尤其是注重在城镇新社区建设中将普惠性幼儿园建设纳入审批和验收条件;健全学前教育经费保障和教师扩充机制等。

(二) 学有所教与政府责任

受教育权是我国《宪法》赋予公民的一项基本权利。我国《宪法》第46条规定，我国"公民有受教育的权利和义务"。教育公共服务供给是政府的基本职能，政府负有提供教育设施，培养教师，为受教育者提供必要的物质基础和平等机会的职责。从实质上讲，教育公平是政府为公民提供平等开放的教育机会，均衡配置的教育资源，实质正义的教育制度。随着经济和社会的发展，人民对提高教育质量、促进教育公平的愿望更加强烈。因此，政府推进基本公共教育服务均等化的水平和能力也应逐步提高，投入教育的财政支出也应逐步增加。

政府作为提供公共教育服务的主体，应致力于创建促进公平和每个人终身学习发展的制度环境。首先，要划定学前教育、义务教育、职业教育、高等教育及继续教育等教育公共服务的标准和底线。确保人人都能生而平等地享受这些服务，并保证教育服务达到这个标准和底线。一方面需要发挥政府财政职能，不断加大对公共教育的财政投入，规范教育资源，确保义务教育推进中的均衡发展；确保教育处于地方财政经费投入的首要或重要位置，不断加大幼儿园、小学、初中的生均公用经费的投入力度。另一方面要运用财政调节机制，缩小城乡间、群体间教育资源分配差距。通过转移支付、专项拨款、对口支援等不同形式，加大对财政较为薄弱地区的县、乡、村教育扶持力度，进而缩小基本公共教育服务差距。其次，政府除了遵循马克思主义公平理论中的机会公平、制度公平，保障每个社会成员享有公平教育外，还要保障人民自由选择教育资源的权利，允许和支持社会成员选择教育资源配置更高、环境更好的私立学校进行学习。

(三) 劳有所获与政府责任

劳动权是我国《宪法》赋予公民的一项基本权利，《宪法》第42条规定，"公民有劳动的权利和义务"。此外，"人人有权工作"为

《世界人权宣言》第 23 条的规定，公民有选择职业和享受公正劳动报酬和适当工作环境的权利。保障公民劳动权是维护劳动者合法劳动并获得合理劳动报酬的权利。基本公共服务中的劳动就业权是劳动权的基本内容，政府当然的负有保障公民劳动权利、促进就业的职责，这是分配公平的基本要求。我国已经以较为完备的法律制度来保障劳动权，如《宪法》《劳动法》《就业促进法》《劳动争议调解仲裁法》等有力地保障了劳动者的合法权益。

就业是最大的民生，是政府确保社会稳定，实现有效社会治理、维持良好社会秩序的最大职责。政府首先要秉持就业优先原则，完善促进就业政策。如，积极推出鼓励吸纳高校毕业生和农民工就业的政策措施，破除抑制劳动力、人才等人力要素流动的体制，形成人人都可以通过劳动获取报酬，实现个人价值的良性就业机制；鼓励金融机构按市场化、法治化原则为中小微企业贷款提供便利；加大对个体工商户的扶持力度，等等。其次，要坚持马克思主义公平理论中的社会主义按劳分配原则，同时完善按生产要素分配的体制机制，使初次分配更公平、合理、有序。在经济学中，稳定且理想的收入分配是椭圆形的，这就要求政府发挥再分配的作用，扩大中等收入人群，保障低收入者生活水平，调节过高收入，不断拓宽劳动收入和财产性收入渠道，推进基本公共服务均等化，缩小收入分配差距，促进社会公平稳定。最后，政府在促进就业过程中扮演的不是"划桨者"而是"掌舵者"，除了调节经济，引导和鼓励市场发挥自主调节作用外，还要解决因"市场失灵"而带来的就业市场不稳定问题。

（四）病有所医与政府责任

健康权是公民生存权的重要内容，是人之为人应该自然享有的权利。1946 年的《世界卫生组织宪章》宗旨即是"使全世界人民获得可能的最高水平的健康"。1948 年《世界人权宣言》第 25 条规定，"人人有权享有为维持他本人和家属的健康和福利所需要的生活水准"。作为一项重要人权，即使我国"宪法没有明确加以规定，也应属于宪法保障的权利"①。宪法也在具体条款中指明党和政府负有保障公民健康的职责，《宪法》第 21 条规定，"国家发展医疗卫生事业，发展现代医药和我国传统医药"，鼓励和支持其他社会组织创办各种医疗卫生事业，"开展群众性的卫生活动，保护人民健康"。可见，从世界卫生组织到我国《宪法》，都格外重视人的健康权利。随着政治文明的进步，原本属于个人的健康事务以及危害公共安全的疾病逐渐被纳入公共福利范畴，国家负有维护人的健康，保护人民生命安全，保证公共卫生安全，发展医疗卫生事业，提供更优质和高水平的公共卫生及医疗服务的职责使命。

人民健康是国家富强的基础，保障人民健康权，实现"病有所医"是基本公共医疗卫生服务的内在要求。基本公共医疗卫生服务均等化是保障人民基本健康权利、提高人民健康水平的基础性民生保障，是健康中国战略的重要内容。长期以来，解决看病难、看病贵问题一直是党和政府进行医改的重要目标。党的十九大报告中提出"要完善国民健康政策，为人民群众提供全方位全周期健康服务"。政府在基本医疗服务方面的职责主要体现在将药价降下来，把质量升上去，保障人民治病用药的兜底性和持续性。严格依法依规，规范医药、医保、医疗联动改革，深化医药卫生体制改革。此外，还要充分发挥市场调节和政府宏观指导的作用，解决政府间协同、政策间衔接、体制障碍等问题，并使市场发挥"看不见的手"的作用。2019 年，国家卫生健康委、国家发展改革委、科技部等十部委联合下发了《关于促进社会办医持续健康规范发展的意见》，支持社会办医，发展健康产业。

(五) 老有所养与政府责任

"老吾老以及人之老"，尊老敬老是中华民族的传统美德。当前时期是我国人口老龄化加速发展的时期，党中央着眼于未来发展，积极

---

① 焦洪昌：《论作为基本权利的健康权》，《中国政法大学学报》2010 年第 1 期。

谋划，提出了"医养结合""居家养老""互助养老"等新思路、新举措，加大了对养老服务的就业培训、医疗健康、环境改善等配套政策的改革，一系列配套养老政策相继修订完善并实施，如《中华人民共和国老年人权益保障法》《国务院办公厅关于印发老年教育发展规划（2016—2020年）的通知》《"十三五"国家老龄事业发展和养老体系建设规划的通知》《养老机构服务质量基本规范》《关于推进医疗卫生与养老服务相结合的指导意见》《关于鼓励民间资本参与养老服务业发展的实施意见》等，为应对和缓解居民养老问题提供了相应的政策支持，尤其是加大了对留守、高龄、独居、贫困、失能等特殊老年人的政策关照，在一定程度上缓解了养老难、看护难、托管少、老人无人照料的社会难题。

当前，政府推进养老基本公共服务均等化事关两亿多老年人口特别是四千多万失能、半失能老年人的晚年幸福，事关老年人子女工作、生活，更事关国家发展大局。国家统计局2019年统计情况显示，2018年年末，我国60周岁及以上人口共24949万，占总人口的17.9%。实施全面二孩政策以来，家庭陆续呈现"422"模式，更加重了中青年子女养老的责任。此外，很多父母居住地与子女工作地不同，单纯依靠子女养老越来越不现实。因此，完善养老制度，推行多样化、多元化养老政策措施，构建养老、孝老、敬老的政策体系和社会环境，不断完善居家养老、社区养老、村集体养老等网络化养老新模式，提升养老服务质量水平，是政府推进养老基本公共服务均等化的重要职责。

（六）住有所居与政府责任

住有所居是指人有安身立命之所。居住权是指"以居住为目的，对他人的住房及其附属设施所享有的占有、使用的权利"[①]，是体现居者有其屋的法律措施，对现实生活中政府推行住房制度改革、以房养

---

① 王利明：《论民法典物权编中居住权的若干问题》，《学术月刊》2019年第7期。

老措施等方面发挥着作用。党的十九大报告指出,"加快建立多主体供给、多渠道保障、租购并举的住房制度,让全体人民住有所居"。人们对"有所居"的理解往往是享有房屋的所有权。然而,现实国情告诉我们,无论是全款购房还是贷款买房,在人口多、土地红线控制严格的现实基础上,实现中国14亿人口,人人都有一套享有所有权的房屋是不现实的。根据这个客观实际,这里的"有所居"是指有长期或稳定的居所。

近些年,随着房价上涨,低收入群体受经济收入所限而无力购房。面对这一社会问题,国家有责任保证人民普遍实现居住权。政府采取经济适用房和廉租房等保障措施,既能确保国家享有房屋所有权,又能满足低收入家庭长期居住权的权利和生活需要。此外,政府还通过建立和完善多主体供给、多渠道保障、租购并举的住房制度,加强对总量和结构平衡的宏观控制,最终落实并体现"房子是用来住的,不是用来炒的",从而实现人人有所居,人民安居乐业,社会和谐稳定的良好局面。

(七)弱有所扶与政府责任

"弱有所扶"是党的十九大报告中的新提法。报告中增加幼有所育、弱有所扶两项,丰富了保障和改善民生的内涵,全面、系统地补齐了民生"短板",更是对"多谋民生之利、多解民生之忧"人民情怀的具体实践。改革开放四十多年来,经济的快速增长,使得中国几亿人摆脱贫困,取得了举世瞩目的成绩。坚决打赢扶贫攻坚战,决胜全面建成小康社会过程中,"弱有所扶"涵盖的不仅有经济困难群众,还有社会中各类生活窘迫和处于发展困境的群体。最近5年来,困难残疾人生活补贴和重度残疾人护理补贴制度惠及两千多万残疾人,一千五百多万人次残疾人得到康复服务。政府对弱势群体基本公共服务的供给保障制度不断完善,制定了救济保障制度,提升了救济精准度,规范了救助保障工作;帮扶救助形式也逐渐多样化和专业化,让越来越多的弱势群体获得了有尊严的、幸福的生活,让共享改革成果体现在每个人的生活指数提升中。

综上所述,马克思主义公平理论指出改善民生与政府的职责密切相关。现实中,推进京津冀基本公共服务均等化是保障和改善民生的具体举措,需要充分发挥政府主导作用,构建由三地政府主导,市场有序运作,社会组织积极参与,公办民办共同承担的协同治理模式,通过完善基本公共服务体系,保障群众基本生活,形成社会治理有力,社会秩序良好,人民幸福感、获得感、安全感得到有效保障的社会景象。

第二节 马克思主义公平理论对京津冀基本公共服务均等化的方法论指导

在纪念马克思诞辰200周年大会上,习近平总书记作出重要表述:"我们要全面掌握辩证唯物主义和历史唯物主义的世界观和方法论,深刻认识实现共产主义是由一个一个阶段性目标逐步达成的历史过程,把共产主义远大理想同中国特色社会主义共同理想统一起来、同我们正在做的事情统一起来。"[1] 众所周知,世界观是人们对整个世界的总体看法和根本观点。这种观点是源于自身实践,自发形成的;是有关"世界是什么,世界怎么样"的观点。方法论是指引人们认识世界和改造世界的理论。恩格斯指出,"马克思的整个世界观不是教义,而是方法"[2]。世界观和方法论是一致的,有什么样的世界观,就有什么样的方法论指导实践。中国共产党人不断提升马克思主义公平理论新高度,形成新理论、开创新境界、指导新实践。

---

[1] 中国社会科学院习近平新时代中国特色社会主义思想研究中心:《坚持和运用马克思主义世界观和方法论》,《光明日报》2018年6月25日第6版。
[2] 《马克思恩格斯选集》第4卷,人民出版社2012年版,第664页。

一 辩证唯物主义方法论指导京津冀基本公共服务均等化

辩证唯物主义的基本问题是物质和意识（存在和思维）二者的关系问题。运用马克思唯物史观可以在推进京津冀基本公共服务均等化过程中"把握现象和本质、形式和内容、原因和结果、偶然和必然、可能和现实、内因和外因、共性和个性的关系，增强辩证思维、战略思维能力，把各项工作做得更好"[①]。

第一，运用"世界统一于物质、物质决定意识"的原理，坚持从客观实际出发，制定相关政策，加快构建标准化体系下的《京津冀基本公共服务一体化规划》，推动京津冀基本公共服务均等化。面对京津冀三地较大的地区发展差距，要客观分析基本公共服务"非均等"的现状、原因及制约因素，认真研究京津冀地区生产要素流动、产业转移、疏解非首都核心功能等关键性影响因素，准确把握北京、天津、河北各自的比较优势，根据实际情况，实施合理分工、优势互补的协同发展思路，依据国家《关于建立健全基本公共服务标准体系的指导意见》，结合京津冀三地实际情况，建立健全基本公共服务标准体系，构建符合三地客观实际情况的《京津冀基本公共服务一体化规划》。同时，客观实际也不是一成不变的，而是在不断变化发展的。京津冀三地要根据经济发展状况进行不断调整，即使制定了《京津冀基本公共服务一体化规划》，也只是作为均衡性、兜底性规定，保障人民的基本公共服务需求。随着经济社会发展水平的不断提高，基本公共服务的水平也要随之提高。

此外，辩证唯物主义强调世界是物质的，但是也指出了意识对物质具有反作用。人的需要是物质生产的推动力，需要的满足也内在地推动了生产力的发展，是经济发展的不竭动力。"没有需要，就没有

[①] 习近平：《辩证唯物主义是中国共产党人的世界观和方法论》，《前线》2019年第1期。

生产。"① 基本公共服务均等化满足了人们对物质生活和精神生活的需求，人们又会通过不断进行生产实践来满足新的需要，这样往复，既能促进劳动创造出新的生产力，又能够迸发出"革命理想高于天"的精气神，有利于形成富有时代气息的中国精神。人民群众干事创业的精神会更加振奋，只争朝夕为创造美好生活而努力奋斗的精神也会不断被激发，凝聚成为实现中国梦而努力奋斗的力量，为实现区域经济高质量发展提供动力源。

第二，运用事物矛盾运动的原理，增强解决问题、化解矛盾的能力。矛盾是普遍存在的，也是事物发展的根本动力。抓住这个关键，就有了攀登基本公共服务均等化这座高峰的阶梯。人的认识和实践活动，就是为了不断攀登高峰，不断解决问题、化解矛盾。京津冀基本公共服务均等化作为实现京津冀协同发展的基本内容，面临诸如基本公共服务差距大，地方人均财力差距大，法治化、标准化亟待健全完善等一系列难题。这个时期，既要讲两点论，又要讲重点论，在分清主要矛盾和次要矛盾，矛盾的主要方面和次要方面的基础上，分重点、分层次，精准施策，逐项解决，不能眉毛胡子一把抓。本书在第六章提出的构建京津冀"一体化"利益格局，重点区域优先发展、辐射带动其他区域"递进式"发展的实现路径，就是辩证唯物主义方法论指引的成果。

二 历史唯物主义方法论指导京津冀基本公共服务均等化

"系统掌握马克思主义基本原理，学会用马克思主义立场、观点、方法观察问题、分析问题、解决问题，特别是要聚焦现实问题，不断深化对共产党执政规律、社会主义建设规律、人类社会发展规律的认识"②，马克思主义公平理论作为马克思主义理论的重要内容，坚持在

---

① 《马克思恩格斯选集》第 2 卷，人民出版社 2012 年版，第 691 页。
② 《关于新形势下党内政治生活的若干准则》，人民出版社 2016 年版，第 7 页。

历史唯物主义的立场上解除实现社会公平的桎梏,解决京津冀基本公共服务"非均等"的现实问题。

第一,运用经济和社会发展规律指导实践。最为重要的经济规律之一就是市场经济的一般规律,党的十八届三中全会指出"市场决定资源配置是市场经济的一般规律",需要加大政府的宏观调控职能,有效监督市场,推动资源配置依据市场规则、市场价格、市场竞争实现效益最大化和效率最优化。区域经济发展作为推动京津冀基本公共服务均等化的物质基础,正是通过改革打破地区封锁和利益藩篱,全面提高资源配置效率,促进全国经济高质量发展。因此,推动京津冀协同发展是加快京津冀区域经济高质量发展的重大战略部署,同样要遵循"市场决定资源配置"这条规律。

法者,治之端也。社会主义法治建设规律是社会发展规律中尤为重要的一个。党的十八大报告提出"法治是治国理政的基本方式"[①]。我国学术界对推进基本公共服务均等化过程中的法制建设尚处于初步探索阶段,但是在实践中,京津冀区域协同发展,需要有一个良好的法治环境。法律是去除利益藩篱、平衡利益矛盾、消除区域内利益竞争的有力武器。党的十八届四中全会指出,要"依法全面履行政府职能,推进机构、职能、权限、程序、责任法定化"。基本公共服务供给依赖政府,为了确保权力运行的制度化、规范化、有序化,促进社会公平,需要加强服务型政府、法治政府建设。因此,加强基本公共服务法治建设,加快京津冀协同立法势在必行。京津冀三地要加快完善区域协调发展的法律制度,促进产业结构优化、生产要素合理流动。要加强重点领域立法,拓展人民有序参与立法途径。还要构建一种"块状"和"条状"相结合的、取长补短、互为补充的基本公共服务均等化法律体系,[②] 清晰地界定政府间基本公共服务事权责任;完

---

① 胡锦涛:《在中国共产党第十八次全国代表大会上的报告》,中国政府网,http://www.gov.cn/ldhd/2012-11/17/content_ 2268826.htm。
② 曾宝根:《基本公共服务均等化立法的三个理论向度》,《广东行政学院学报》2013年第1期。

善公共财政制度，如转移支付法律制度；健全基本公共服务政府绩效考核制度及问责制度等。

第二，运用社会基本矛盾分析法加快推进区域发展。社会基本矛盾即生产力与生产关系之间的矛盾、经济基础与上层建筑之间的矛盾。要全面把握整个社会的基本面貌和发展方向就必须把生产力和生产关系的矛盾运动同经济基础和上层建筑的矛盾运动结合起来，把社会基本矛盾作为一个整体来观察。当前，中国经济进入新常态，经济下行压力大，国内外环境复杂，区域经济发展面临一些新情况、新问题，在迈向第二个百年目标之际，势必要战略性考量，走区域协调发展之路，加快构建全国高质量发展的动力系统。京津冀协同发展作为带动京津冀城市群崛起的动力引擎，正是全国经济高质量发展的动力系统之一。现实中，实现京津冀基本公共服务均等化，基础设施通达程度比较均衡又是区域协调发展，区域经济高质量发展的基本要求。因此，应运用社会基本矛盾分析法，紧紧抓住这对矛盾，着重推动京津冀基本公共服务均等化建设。

第三，运用人民群众是历史创造者的观点激发创新活力。人在社会历史发展中具有特别重要的地位，既是社会财富的创造者，又是社会财富的拥有者，对推动社会发展起着决定性作用。在我国革命、建设、改革各个历史时期，都坚持人民至上，紧紧依靠人民。我国改革开放四十多年，取得举世瞩目的成就，再一次证明，人民是推动改革发展的重要力量；京津冀协同发展国家战略实施近六年来取得的实质性进步再一次证明，各项事业加速发展都是人民撸起袖子加油干出来的，是奋斗者挥洒智慧与汗水拼出来的。治国有常，利民为本。在推进基本公共服务均等化过程中，应以《京津冀协同发展规划纲要》为蓝图，充分发挥广大人民群众的积极性、主动性和创造性，激发创新活力，不断将以人民为中心、促进社会公平、增进人民福祉践行到深化京津冀协同发展、推进基本公共服务均等化的具体实践中。

第三节 京津冀基本公共服务均等化是对马克思主义公平理论的具体实践

马克思、恩格斯毕生追求人的生存、发展、自由和解放,关注人的物质需要、精神需要及个人自我价值的满足,其经典著作中蕴含着丰富的社会公平思想。基本公共服务均等化正是实现社会公平的重要内容。我国现行的《"十三五"推进基本公共服务均等化规划》明确指出,基本公共服务即"政府主导、保障全体公民生存和发展基本需要、与经济社会发展水平相适应的公共服务"①,正是对马克思主义公平理论的深入认识和积极实践。京津冀基本公共服务均等化作为当代中国基本公共服务均等化的有机组成部分,既是对马克思主义公平理论的践行,也在一定程度上丰富和发展了马克思主义公平理论。

基本公共服务的"均等化"是对马克思"公平"理论的当代演绎。从马克思、恩格斯的经典著作中可以看出,马克思、恩格斯批判资本主义社会不公平分配的现象,揭示了合理分配劳动成果是工人阶级争取经济解放、实现公正待遇的有效办法。基本公共服务作为社会再分配的重要手段和途径,对社会公平的实现具有重要的现实意义。马克思认为,政府必须从总收入中划拨出一部分,专门为劳动者提供公共产品和公共福利,让社会民众公平地享受创造出的成果,从而保障社会民众的基本生活,通过社会福利的分配,尽可能缩小贫富差距,保障人民的生存权和发展权得以实现。

马克思主义公平理论中蕴含着"公平"的三项核心价值追求,即权利公平、机会公平、规则公平。京津冀三地政府把保障和改善民生、促进社会公平作为各项工作的着力点和落脚点,推动区域经济发展,不断将财政等公共资源向民生领域倾斜,尤其是突出重点领域,

---

① 国务院《关于印发"十三五"推进基本公共服务均等化规划的通知》,中国政府网,http://www.gov.cn/xinwen/2017-03/01/content_5172248.htm.

针对人民最关切的教育、医疗、住房、养老、脱贫等问题发力。在经济下行压力不断加大、社会主要矛盾变化的情况下，切实履行保基本、兜底线、保民生的责任，努力保障京津冀三地人民享有基本公共服务的权利公平、机会公平和规则公平。当前，党和政府高度重视基本公共服务均等化，体现出中国共产党人对马克思主义公平理论的学习和实践提升到了新高度。

一 京津冀基本公共服务均等化践行权利公平

权利公平是实现社会公平的逻辑基础，是每个社会成员平等享有公平待遇的基本要求，是宪法和法律赋予人民的一项最基本的权利，不因身份、性别、民族、地位的不同而产生差异。基本公共服务均等化是让每位社会成员普遍地享有生存与发展权利的关键。正如前面所述，宪法中对公民受教育权、劳动权等基本生存和发展权利予以明确规定和保障。党和政府坚持以人民为中心，制定《"十三五"推进基本公共服务均等化规划》，努力让每个社会成员尤其是社会贫困、弱势群体能够共享公共资源，实现享受基本公共服务的机会均等，充分体现了对权利公平的践行。京津冀三地以此规划为蓝本，分别制定了《北京市"十三五"时期社会基本公共服务发展规划》《天津市基本公共服务体系"十三五"规划》《河北省"十三五"推进基本公共服务均等化规划》。三地规划都是为了解决基本公共服务发展各领域较为突出的基础性、共性问题，推动教育、医疗、就业、社会保障、文化体育等多个领域实现公平权利，是对权利公平的有力诠释。

二 京津冀基本公共服务均等化践行机会公平

机会公平是实现社会公平的核心要求，是社会为每个成员提供享受资源、服务、利益等社会成果再分配的机会均等。基本公共服务均等化的实质是保基本、兜底线，确保的是社会成员享受基本公共服的机会均等，水平相当。现实情况是，京津冀三地在经济发展水平上差距悬殊，北京、天津经济优势明显，同时积聚着大量的优质资源；在城镇化发展程度上，北京、天津城市体量和城市化水平也远远超过全国绝大多数城市；在公共服务供给能力方面，河北处于明显弱势。因此，在区域内部发展不平衡、公共服务资源配置不均衡的情况下，必须通过顶层设计，实施区域发展精准定位，区域功能优化重组，发挥各地相对优势，构建共建共享、协同发展的利益格局，才能实现机会公平。京津冀协同发展，是为了有序疏解北京非首都功能，通过跨行政区划促进区域协调发展的国家重大战略部署，是对促进社会公平、实现三地基本公共服务机会均等的战略性、全局性的制度构建。京津冀基本公共服务均等化正是通过对三地进行资源再分配、供给体制重组，使三地社会公众享受到基本公共服务的机会均等，水平大体相当。由此可见，京津冀基本公共服务均等化是对机会公平的积极践行。

三 京津冀基本公共服务均等化践行规则公平

规则公平是社会公平的重要保障，是指任何社会成员在规则面前一律平等。没有规矩，不成方圆。权利公平、机会公平的有效实现，必须靠规则公平来保障。我国《宪法》明确规定"法律面前一律平等"。规则公平是通过法律制度、规则规范来体现的，是靠法治来"保驾护航"的。只有运用公开透明可供遵循的良法善治，才能确保权利公平、机会公平的有效价值，最终实现结果公平。法律制度是实现基本公共服务公平供给和高效供给的必要手段，涉及诸如公共财政、转移支付、绩效考核等许多复杂问题。此外，基本公共服务均等化践行较好的国家，一般都制定了相应的法律法规。[①] 法律是保障公民生存权、发展权等基本人权的有力武器，"《宪法》对公民基本权利

---

① 曾保根：《基本公共服务均等化立法的三个理论向度》，《广东行政学院学报》2013年第1期。

的规定构成推进基本公共服务均等化主要的法理基础"[①]。《宪法》中列明了养老保障、医疗保障、社会救助、基础教育、就业等都是公民享有的基本权利,如第42条规定,"中华人民共和国公民有劳动的权利和义务"。然而,《宪法》在宏观上对基本权利的认可,不足以指导和保障推进基本公共服务均等化这一具体实践,"需要整合现有基本公共服务的法律、法规和部门规章条例,为逐步实现基本公共服务均等化奠定坚实的法律基础"[②]。

徒善不足以为政,徒法不能以自行。在马克思主义理论指导下,京津冀各地政府要坚持以人民为中心,满足人民群众对美好生活的向往,不断完善服务型政府、法治政府建设,把促进社会公平,实现人的自由全面发展作为一切工作的出发点和落脚点,加快推进区域基本公共服务相关领域立法,为区域经济、社会、文化、生态建设提供法律制度保障,以实际行动践行马克思主义公平理论的精神内涵。这既是促进社会公平正义的客观要求,也是对完善国家治理体系和提高国家治理能力的积极实践。

[①] 中国(海南)改革发展研究院:《百姓·民生——共享基本公共服务100题》,中国经济出版社2008年版,第152页。

[②] 中国(海南)改革发展研究院编著:《中国基本公共服务建设路线图》,世界知识出版社2010年版,第34—54页。

第四章　京津冀基本公共服务均等化的现状

京津冀地区是我国北方重要的经济增长极,整体经济发展水平较高,但区域间发展差距较大,基本公共服务水平差距明显。随着 2014 年京津冀协同发展上升为国家战略,促进基本公共服务均等化的重要性日益凸显。《京津冀协同发展规划纲要》指出,"促进基本公共服务均等化是有序疏解北京非首都功能的重要前提和京津冀协同发展的本质要求"。促进京津冀基本公共服务均等化,既对缩小京津冀区域发展差距、实现区域协同发展具有重要意义,也有利于探索基本公共服务区域均衡、城乡统筹和全民共享的经验模式,积累形成可在全国复制推广的制度创新成果,为丰富和发展马克思主义公平理论提供实践探索和鲜活素材。在马克思主义公平理论视域下,明确界定基本公共服务均等化的科学内涵和目标要求,系统回顾京津冀基本公共服务均等化的发展历程,客观梳理京津冀基本公共服务均等化的最新进展,归纳总结京津冀基本公共服务均等化存在的问题,准确把握京津冀基本公共服务均等化的问题和困难,前瞻性地分析京津冀基本公共服务均等化的战略举措,可以为中央和地方政府科学决策提供理论依据和实践参考。既然权利公平、规则公平作为马克思主义公平理论中国化的时代内涵,那么在推进京津冀基本公共服务均等化进程中,必然既需要依托国家顶层设计及政策支持,又需要一系列法律、行政法规、地方法规等为实现区域基本公共服务均等化提供坚实的法治保障。

第一节 基本公共服务均等化的科学内涵和目标要求

学术界基于不同的研究内容和视角，对基本公共服务均等化做出了各种各样的定义。准确把握京津冀基本公共服务均等化的前提是明确基本公共服务均等化的科学内涵和目标要求，充分认识到政府有责任为社会成员提供基本的、与经济社会发展水平相适应的、体现社会公平正义的、大致相当的公共产品和服务。

一 基本公共服务均等化的科学内涵

2012年国务院颁布的《国家基本公共服务体系"十二五"规划》中明确提出，"基本公共服务均等化，指全体公民都能公平可及地获得大致均等的基本公共服务，其核心是机会均等，而不是简单的平均化和无差异化"。2017年国务院颁布的《"十三五"推进基本公共服务均等化规划》中再次强调，"基本公共服务均等化是指全体公民都能公平可及地获得大致均等的基本公共服务，其核心是促进机会均等，重点是保障人民群众得到基本公共服务的机会，而不是简单的平均化"。至此，从公共政策层面给出了原则性、指导性、权威性的科学界定。准确把握基本公共服务均等化的科学内涵应注重以下三方面内容。

第一，基本公共服务的供给主体和均等化是由政府主导推动的。基本公共服务具有非竞争性和非排他性的公共产品属性，依靠市场机制难以满足广大人民需求，必须由政府主导。享有基本公共服务是公民的基本权利，提供基本公共服务是政府职能的核心和实质，公共服务均等化是全面建成小康社会的内在要求。政府必须运用公共资源和财政资金，为整个社会提供与经济社会发展水平相适应的均等化、可及性的基本公共服务，保障人民基本的生存和发展需要，促进社会公平正义。然而需要说明的是，政府是基本公共服务最主要的提供者，但不是唯一的提供者。基本公共服务还可以由市场和社会组织等来提供，从而最高效、最大限度地满足广大社会成员的服务需求。

第二，基本公共服务均等化是改革成果共享的实践举措。本书第二章已经对基本公共服务均等化的价值导向进行了相关论证，此处不予赘述，而是重点论述共享与均等的关系。共享发展成果是基本公共服务均等化的根本任务和重要目标，旨在使社会成员的基本生存和发展需求得到满足，生活质量能够随着经济发展水平的提升而不断改善。从价值理念上讲，共享是某种程度上的均等，均等是大致相当的共享。

第三，基本公共服务均等化是区域协调发展的重要内容。由于区域财力各不相同，导致区域间公共服务水平存在明显差距。受"财政分权"和"行政区经济"的限制，地方政府致力于各自辖区内的经济发展和公共服务供给，对周边落后地区的公共服务缺乏转移支付的内在动力。实施区域协调发展战略，就是要在马克思主义公平理论指导下，打破"一亩三分地"的思维惯性和"行政区经济"的束缚，实现发展成果共享，促进区域协同发展。但这绝非简单的"吃大锅饭"和"平均化"，而是要把重点放在促进区域"机会公平"上。虽然每个地区的资源条件各异，发展路径不尽相同，但都应享受平等的发展权利。以京津冀地区为例，张承生态功能区作为京津冀地区的水源涵养地和生态屏障，被限制大规模工业化和城镇化开发。由此导致张家口和承德地区财政收入有限，进而导致两地公共服务供给不足，出现"环京津贫困带"和"大树底下不长草"的现象。因此，对于限制开发和禁止开发地区，中央政府势必进行一些纵向转移支付，京津冀区域的优化开发区和重点开发区等受益较大地区的地方政府也应该给予一定的横向转移支付。

二 基本公共服务均等化的目标要求

自新中国成立以来，党和政府始终坚持以人民为中心，促进社会公平正义,将人民最关心、最直接、最现实的利益问题作为一切工作的出发点和落脚点,不断保障和改善民生,让改革发展成果更公平地惠及全体人民。2006年以来,党和政府全面深化改革,整合公平、正义等现代价值,正式将"基本公共服务均等化"融入执政兴国的社会事业发展蓝图。党的十九大报告提出到2035年"基本公共服务均等化基本实现"的远期目标,党的十九届四中全会提出"必须健全幼有所育、学有所教、劳有所得、病有所医、老有所养、住有所居、弱有所扶等方面国家基本公共服务制度体系"。具体到京津冀地区,《京津冀协同发展规划纲要》明确提出京津冀基本公共服务均等化的中期和远期目标,中期目标是到2020年"公共服务共建共享取得积极成效",远期目标是到2030年"公共服务水平趋于均衡"。在马克思主义公平理论视域下,促进基本公共服务均等化,关键是促进区域城乡均衡协调发展,核心是促进区域省际、城市间权利公平、机会公平和规则公平。

一是缩小区域经济差距。根据非均衡发展理论,先发地区取得一定产业集聚和经济发展优势后,会形成累积循环的"正反馈作用机制",在市场自发作用下进一步拉大与后发地区的发展差距。政府公共政策介入有利于扭转区域非均衡发展态势,促进区域协调发展。区域协调发展不是要缩小区域之间经济发展的绝对差距,而是要缩小区域之间的人均GDP差距,让各地区都能享受到基本公共服务。实现路径包括通过产业分工合作实现区域城乡优势互补,共同发展;通过对口支援帮助后发地区加快发展;通过财政转移支付提高后发地区公共服务支出水平;通过引导后发地区人口向先发地区转移实现人均公共服务资源差距缩小,等等。

二是推进城乡协调发展。户籍制度改革打破了城乡二元分割,推动了农业转移人口市民化。创新公共服务供给模式,建立以居住证为载体的流动人口公共服务供给制度,为进城务工人员及其家属提供与户籍人口相当的教育、医疗、养老等基本公共服务。发挥城市经济集聚规模优势，引导农村人口向城市集聚，提高农村剩余人口人均公共服务资源占用量。深入实施乡村振兴战略，深化农村土地制度改革，盘活农村资产，保障农民权益。扩大农村公共服务财政支出，实现教育、医疗、养老等的城乡一体化。

三是促进机会公平、权利公平和规则公平。不同地区的资源禀赋和发展阶段不同，发展模式和发展路径各异，导致经济发展差距、财政收入差距和基本公共服务差距明显。对于限制开发的农产品主产区和重点生态功能区，以及禁止开发的重点保护区，要加大转移支付力度，弥补因缺失发展机会和发展权而蒙受的损失，使这些地区的人口也能享受到基本公共服务。要建立完善基本公共服务供给制度和财政转移支付制度，健全相关法律法规，为机会公平和权利公平提供制度保障。

综上所述，要实现基本公共服务均等化，机会公平是核心，权利公平是基础，规则公平是保障。习近平总书记指出："要在全体人民共同奋斗、经济社会发展的基础上，加紧建设对保障社会公平正义具有重大作用的制度，逐步建立以权利公平、机会公平、规则公平为主要内容的社会公平保障体系。"京津冀基本公共服务均等化及其法治建设是对习近平总书记"三大公平"的积极实践，是对马克思主义公平理论指导新时代中国特色社会主义建设发展的时代检验。京津冀基本公共服务法治体系是对京津冀基本公共服务均等化的法治保障，是践行马克思主义公平理论中的权利公平和规则公平的具体实践。因此，下文将从机会公平、权利公平与规则公平方面分析京津冀基本公共服务均等化及其法治建设的发展历程和进展成效。

第二节　京津冀基本公共服务均等化的发展历程

党的十八大以后，习近平总书记高度重视京津冀区域发展问题，2014年2月26日发表重要讲话，提出"七个着力"要求，标志着京津冀协同发展正式上升为重大国家战略；2015年4月，《京津冀协同发展规划纲要》中指出："促进基本公共服务均等化是有序疏解北京非首都功能的重要前提和京津冀协同发展的本质要求；要发挥政府引导作用，引入市场机制，促进优质公共服务资源均衡配置，合力推进社会事业发展，逐步提高公共服务均等化水平。"至此，京津冀基本公共服务均等化正式提到国家战略规划层面统筹推进。回顾京津冀区域协同及基本公共服务发展历程，可以看出京津冀基本公共服务均等化经历了从低水平均衡、有限协同到共建共享的发展过程。

一 计划经济和低水平均衡阶段

京津冀地区在明清时期同属"京畿地区"，被称为"直隶省"。从新中国成立到改革开放之前，京津冀地区的行政区划经历了频繁调整。北京市成为首都所在地，河北省的很多市县被划入北京市的行政版图。天津市曾经是河北省的省会，河北省唯一一所"211工程"高校——河北工业大学至今仍位于天津市。但天津市在1967年重新成为直辖市，由此形成目前京津冀地区2个直辖市和11个地级市的"2+11"城市群格局。这一时期的京津冀区域格局被区域行政分割的态势所主导，受到计划经济管理体制束缚。

在计划经济时代，政府占主导地位，公共服务由国家包办。这一时期由于处于新中国成立初期，加上均衡经济增长模式自身存在的弊端，导致经济增长缓慢，资源匮乏，公共服务供给不足。京津冀地区靠中央行政配置资源，尽管公共服务水平差距不大，但普遍水平偏低，是一种典型的低水平均衡。

二 碎片化和有限协同阶段

改革开放之后，京津冀地区合作逐步深化。1981年，京津冀三省市与山西省和内蒙古自治区共同成立了华北经济技术协作区，拉开了区域协作的大幕。1988年，北京市与环北京市的河北6个城市成立了环京经济协作区。1992年，河北省提出环京津和环渤海的"两环开放带动战略"。1996年，《北京市经济发展战略研究报告》中首次提出京津2个直辖市加河北7个地级市的"2+7"首都经济圈。2001年，吴良镛教授主持的《京津冀北城乡空间发展规划研究》提出包括"京津唐"和"京津保"两个三角区在内的"大北京"概念。2004年，京津冀"2+11"城市达成"廊坊共识"。2011年，国家"十二五"规划提出"打造首都经济圈"。2013年，习近平总书记提出京津要"谱写新时期社会主义现代化的京津'双城记'"。

这一时期，京津冀地区采取的是非均衡发展战略。其中，北京市和天津市依靠直辖市特有的政策和资源优势，吸引周边地区要素资源流入，形成京津冀地区的经济增长极。而河北省受到京津两地的"虹吸效应"和"极化效应"影响，要素资源呈现向京津地区单向流动态势，与京津两地的发展差距越拉越大。与此同时，河北省还是首都的"政治护城河"，张承地区是"首都水源涵养功能区"和"生态环境支撑区"，对工业化项目和城镇化发展有一些特殊的限制措施。这些都导致河北省与京津两地相比，无论是在财政收入上，还是在公共服务支出上，都与京津地区差距明显。在GDP导向和财政激励约束下，地方政府相对重视经济增长，但提供公共服务的动力不足。在条块分割的情况下，地方政府根据行政边界和户籍边界来选择性地提供公共服务，京津地区的公共服务供给呈现碎片化和差异化的结构形态。

三 共建共享和协同发展深化阶段

（一）协同发展促进基本公共服务均等化

2014年2月26日习近平总书记发表重要讲话，京津冀协同发展上升为国家战略。党的十八大以来，随着京津冀协同发展重大国家战略的实施，习近平总书记多次到京津冀考察调研和主持召开相关会议，就推进京津冀协同发展作出一系列重要指示，其中不乏涉及推进京津冀基本公共服务方面的重要论述。从中央对京津冀基本公共服务的定位可以看出，京津冀协同发展是基本公共服务资源合理流动的坚实基础，是京津冀基本公共服务均等化的上位战略部署。这一时期，京津冀基本公共服务均等化的顶层设计基本完成。京津冀基本公共服务均等化的顶层设计以《京津冀协同发展规划纲要》为纲，由中央统筹谋划，三地协同设计并一体推进。京津冀基本公共服务合作的领域、层次和规模都有了很大程度的提升。比如，雄安新区作为北京"非首都功能疏解集中承载地"和"首都功能拓展区"，由北京出资援建"三校一院"交钥匙项目，着力提升雄安新区在教育、医疗领域的公共服务水平，确保北京疏解到雄安新区的功能和产业"转得出、留得住、发展得好"。在京津冀协同发展重大国家战略的推动下，京津冀基本公共服务呈现出整体性治理推动共建共享和协同发展的新特征，为全国其他区域推进基本公共服务均等化提供了可借鉴的经验模式和制度创新成果。

（二）法治建设保障基本公共服务均等化

良法是善治之前提。构建和完善基本公共服务的法治体系是保障基本公共服务均等化实现的制度基础，是保障民生底线、促进人的全面自由发展的价值体现和时代要求，也是对权利公平和规则公平的积极实践。

"通过法治化的协作机制和利益协调机制来突破行政边界刚性约束的分割、冲破地方政府利益固化的藩篱，消解三地协同发展的阻力，稳步推进京津冀协同向纵深化发展。"[①] 当前，我国基本公共服务均等化法治体系构建尚在初步探索阶段。京津冀基本公共服

---

① 孟庆瑜：《论京津冀协同发展的立法保障》，《学习与探索》2017年第10期。

均等化法治体系构建要从京津冀协同立法开始。三地协同立法是统筹区域内法治建设的重要基础，是三地基本公共服务均等化实现的重要保障。京津冀协同发展既需要"自然资源环境、区位环境、基础设施环境等硬环境，更需要法治环境、人文环境这种软环境"[①]。区域法治环境建设的逻辑起点是科学、有效的区域协同立法。京津冀协同发展近六年来，京津冀三地人大及其常委会认真履行立法职责，初步建立了三地协同立法机制，取得了一批阶段性立法成果。利益是立法的原生动力，任何立法的动议，包括某种立法方式的产生，都是利益诉求的产物。[②] 区域协同立法就是通过法律规范打破市场壁垒、利益藩篱，打破"一亩三分地"的行政关隘，协调各方，探索共同利益诉求的结果。京津冀协同发展根本上要解决的是资源整合配置、利益再平衡问题，而法律制度则是平衡和再分配的有力保障。因此，优化京津冀区域法治环境，消除省际利益冲突，促进京津冀协同发展需要法治保障，推动京津冀基本公共服务均等化更需要法治保障。积极搭建法治平台是京津冀三地完善法治建设的前提和基础。实施京津冀协同发展战略以来，京津冀三地通过建立工作机制，不断完善协同立法的顶层设计，搭建起京津冀协同立法的"四梁八柱"，先后以联席会议机制，召开六次协同立法座谈会，见表4.1，搭建起三地人大协同立法沟通平台。京津冀人大立法工作协同座谈会和京津冀法制工作机构联席会议，成为三地法治建设的重要平台。在这个平台的推动下，京津冀立法协同工作经历了从正式启动到实质性起步，再到突破性进展阶段，为京津冀基本公共服务中的重大利益关系协调和体制机制创新提供了有力的机制保障。同时，协同立法工作机制相关文件的陆续出台，实现了从苗芽破土到茁壮成长，由松散独立到抱团合作，可以说取得了协同立法的阶段性成果。

[①] 夏锦文：《区域法治发展的基础理论研究架构》，法律出版社2014年版，第44页。
[②] 王腊生：《地方立法协助重大问题探讨》，《立法研究》2008年第3期。

表 4.1　　　　　　　　京津冀人大立法工作协同座谈会

会议	地点及次数	内　容
2015 年 3 月	天津人大主持召开 　第一次京津冀人大立法工作协同座谈会(以下简称"协同立法会")	专题研究了《关于加强京津冀人大协同立法的若干意见》
2016 年 2 月	北京市人大主持召开 　第二次京津冀"协同立法会"	专题研究了《推进京津冀协同发展首都城市立法问题研究》
2017 年 2 月	河北省人大主持召开 　第三次京津冀"协同立法会"	专题研究了《关于京津冀人大立法项目协同办法》和 2017 年立法项目
2017 年 9 月	天津市人大主持召开 　第四次京津冀"协同立法会"	专题研究了《京津冀协同发展立法引领与保障研究报告》和《京津冀人大法制工作机构联系办法》
2018 年 7 月	北京市人大主持召开 　第五次京津冀"协同立法会"	专题研讨了三地人大立法规划和年度立法计划编制情况、《京津冀人大立法项目协同实施细则(讨论稿)》及环保条例、机动车污染防治条例立法协同工作初步方案
2019 年 8 月	河北省人大主持召开 　第六次京津冀"协同立法会"	专题研讨了机动车和非道路移动机械排放污染防治条例协同项目;总结了 2014 年以来三地人大常委会开展立法工作协同的情况

资料来源:作者根据京津冀三地政府官网整理汇总。

党的十九届四中全会明确提出,"坚持和完善中国特色社会主义法治体系,提高党依法治国、依法执政能力","完善以宪法为核心的中国特色社会主义法律体系,加强重要领域立法,加快我国法域外适用的法律体系建设，以良法保障善治"①。可以看到，依法治国、依法执政是国家治理现代化的根本保障。放眼京津冀区域，作为京津冀协同发展的重要因素，基本公共服务均等化必须坚持法治先行，通过不断完善公共服务法治建设，凝聚协同发展、一体化建设共识，化解深层次、多层面发展矛盾，保障协同发展，深入融合秩序，最终实现京津冀协同发展规划目标。

第三节 京津冀基本公共服务均等化的进展成效②

京津冀协同发展近六年来，三地在基本公共服务均等化方面形成了初步的合作机制，在教育、医疗、社会保障、交通等基本公共服务方面取得了新突破，具体表现在以下领域。

一 京津冀基本公共教育服务融合不断深入

近六年来，京津冀三地教育部门间的常态化联络机制逐步形成。为全面呈现三地在教育服务协同发展、缩小教育水平差距上取得的进展成效，本书将高职和高等教育一并纳入考察范围。2014年至今，三地教育部门互动频繁，考察、回访、调研频次显著增强。省、市、学校等层级共签署各类合作协议四百余项，《教育合作框架协议》《教育督导协作机制框架协议》《京津冀高校毕业生就业创业协同发展框架协议》《关于雄安教育发展全面合作协议》《"十三五"时期京津冀教育协同发展专项工作计划》等协议规划相继签署，确定十大合作项目和对口帮扶"一十百千"工程，基础教育、

---

① 《中共中央关于坚持和完善中国特色社会主义制度 推进国家治理体系和治理能力现代化若干重大问题的决定》，人民出版社2019年版，第14页。
② 本节数据来源于2007—2017年《中国城市统计年鉴》《中国统计年鉴》《北京统计年鉴》《天津统计年鉴》《河北经济年鉴》以及各市政府网站公布的年度统计公报，部分城市个别年份数据缺失，采用插值法和灰色关联预测法进行了补齐处理。

职业教育、高等教育"三驾马车"齐头并进，初步形成京津冀教育协同发展的良好局面。

一是在基础教育方面。近年来，河北与京津基础教育教师互派交流项目超过 500 个，培训教师超 11 万人次。为不断创新合作模式，2016 年 1 月，北京市大兴区、天津市北辰区与河北省廊坊市政府联合成立三区市教育联盟，共同签署三地推进基础教育合作协议。北京陆续向天津和河北等地市开放"数字学校"云课堂等，受益师生数量逐年递增。石家庄市谈固小学、保定市前卫路小学、承德兴隆县六道河中学与京津名校合作共建，在管理提升、科研带动、资源共享、教师交流等方面进行合作，引进京津优质教育资源。首个北京市教育援助雄安项目启动，北京市朝阳区实验小学、北京市第八十中学、北京市六一幼儿园、北京市海淀区中关村第三小学等四所优质学校的雄安校区正式挂牌成立。该项目涉及班级设置、课程设置、师资培训、校园硬件设施改善等多个方面。截至 2019 年第三季度，已有 53 所新区学校与京津冀优质学校建立了各种形式的帮扶合作关系。

二是在职业教育方面。京津冀三地 22 家企业、26 所职业学校组建"京津冀一体化现代服务业与职业教育产教融合校企合作联盟"，着力构建协同发展的现代职教体系。建成艺术、互联网+、现代模具、城市建设与管理等 10 个跨区域职业教育集团以及 5 个职业教育区域协作平台，河北省 60 所职业学校与京津两市二百多家企业开展校企合作。

三是在高等教育方面。京津冀三地先后组建京津冀工业院校、师范院校、农林院校、医科院校等 12 个创新发展联盟。2015 年 9 月，由北京大学牵头，南开大学、清华大学、河北经贸大学和首都经济贸易大学联合组建京津冀协同发展创新中心；2016 年 6 月，由首都师范大学牵头，联合三地部分教育科研单位，以及北京师范大学、北京大学、清华大学、天津师范大学、河北大学、河北师范大学等高等院校，共同成立京津冀教育协同发展研究院。联合机构的组建为三地教育协同联动共享创新，提供智力支持。

2019年1月，随着京津冀三地教育部门联合发布《京津冀教育协同发展行动计划（2018—2020年）》，三地教育基本公共服务进入深度融合时期。该计划明确指出今后在基础教育、职业教育和高等教育三个层级的协同发展行动计划，具体包括优化首都教育功能、完善津冀教育承接平台、加快优质基础教育资源共享等16条措施。同年9月，京冀两地联合印发《北京市支持河北雄安新区"交钥匙"项目实施暂行办法》，以"交钥匙"的方式支持雄安新区"三校一院"建设，即在雄安新区建立3所学校和1所综合性医院。[①] 上述教育方面取得的积极进展，推动了京津冀教育基本公共服务均等化的步伐，为吸引人才和企事业单位从北京分流，疏解北京非首都功能，促进京津冀协同发展取得显著成绩。

二 京津冀基本医疗卫生服务合作日趋紧密

近六年来，京津冀三地医疗卫生协作持续深入，实施临床检验结果医疗机构互认、医学影像检查资料共享、异地医疗联盟、医疗保险接续等，尤其在重点医疗项目合作方面推进有力。

从协同深度上看，由单纯的医务人员进修、专家交流坐诊扩展到医疗联合体、整院托管、专科协作、远程诊疗、派驻专家等形式；从协同广度上看，截至2018年年底，河北四百多家二级以上医疗卫生机构与京津医院展开合作，合作项目突破500个。[②] 其中，北京17家医院与河北20家医院建立合作关系，33项临床检验结果在京津冀296家医疗机构实现互认，20项医学影像检查资料在155家医疗机构

---

① 中共河北雄安新区工作委员会：《雄安新区对接北京优质教育资源》，中国雄安网，http://www.xiongan.gov.cn/2019-07/15/c_1210197050.htm.
② 武义青：《织密京津冀协同发展的民生保障网》，河北新闻长城网，http://report.hebei.com.cn/system/2019/03/02/019486034.shtml.

试行共享。① 在重点医疗项目合作方面，2014年，河北燕达医院与北京朝阳医院开展合作，成为首家异地医疗联盟医院；2017年，河北燕达医院与北京医保系统对接，率先成为北京医保异地结算单位；京冀医疗领域先后启动和实施了北京—曹妃甸、北京—燕达、北京—张家口、北京—承德、北京—保定等多个重点医疗卫生合作项目。

近两三年，北京市663家医疗机构、天津市196家医疗机构已先后纳入跨省异地就医住院费用直接结算范围。这些医疗卫生领域的突出成绩，提高了北京周边的河北省内城市和地区的医疗服务水平，为缓解北京"大城市病"，推进京津冀医疗基本公共服务均等化提交了出色答卷。疏解北京的优质医疗资源，是推进京津冀社会保障领域共建共享，推进基本公共服务均等化的关键环节。2019年6月，随着《京津冀医疗保障协同发展合作协议》的签署，标志着三地医疗破除了合作障碍，协同发展走向深入，推动了三地医保定点信息互认、医疗资源共享、异地就医直接结算、医药产品集中采购、医疗保障协同监管等方面深入开展。该协议的签署有效缓解了北京、天津医疗机构的压力，同时为河北患者异地就医提供了便捷，加快了京津冀医疗保障同城化、信息化、一体化进程，让三地公众享受到更多获得感、幸福感。

三 京津冀基本社会保障服务协作日益深化

京津冀协同发展战略实施近六年来，人社部、民政部等具有社会保障职能的国家部委牵头指导推动京津冀三地相关部门主动作为，深度对接，因地制宜，创新创制，推动建立社会保障领域协同发展规划体系，支持雄安新区建设，有序推进北京非首都功能疏解，推动京津冀基本公共服务均等化实现进程。

一方面，人社部和京津冀三地人社部门扎实推动人力资源和社会

---

① 《京津冀协同发展5周年系列观察之二——"共享"提速》，新华网，http://www.xinhuanet.com/fortune/2019-02/28/c_1210069141.htm。

保障工作，三地人社部门先后签署了《京冀推动人力资源和社会保障工作协同发展合作协议》《津冀推动人力资源和社会保障工作协同发展合作协议》《京冀发展家庭服务业合作框架协议》《京冀医保合作备忘录》《共建津冀异地就医结算平台工作备忘录》《津冀技工教育合作协议》等近40项合作协议，特别是2017年人社部印发《关于推进京津冀人力资源和社会保障事业协同发展的实施意见》以来，京津冀三地人社领域协同发展的广度和深度进一步拓展，在服务国家战略大局、支持雄安新区和北京副中心建设、推进京津冀基本公共服务均等化等方面取得了明显成效。

另一方面，民政部和京津冀三地民政部门稳步推动养老等公共服务共建共享。2016年，京津冀三地签订《京津冀养老服务协同发展合作协议》，出台了《京津冀养老服务协同发展试点方案》，确定了三家试点机构，叠加享受老年人户籍所在地民政部门床位运营补贴。2017年，出台了《京津冀区域养老服务协同发展实施方案》，把叠加享受老年人户籍所在地床位运营补贴的区域拓展到了京津冀行政区全域，确定了当地养老机构收住京籍老年人享受北京养老机构运营补贴、购买服务等六项扶持政策。2019年以来的数据显示，"三河市、香河县、大厂回族自治县（北三县）的燕达、大爱城等养老机构收住北京老人增加到三千三百多人"[①]。通过创新三地"协同养老模式"，开展养老服务工作深度合作，逐步实现养老政策衔接有序，养老需求平台建设不断完善等，才能将北京老龄人口多，养老需求大的问题有效化解给地域资源、人力资源丰沛的周边河北地区，同时，带动河北提升养老服务水平，促使京津冀基本公共服务逐渐趋向均衡。

此外，保障人口顺畅流动是京津冀基本公共服务的重要任务，也是疏解北京非首都功能，解决"大城市病"问题，促进京津冀协同发

---

① 民政部：《对"关于立足京津冀协同发展，让三地老人异地养老就医无障碍的建议"的答复》，中国政府网，http://www.mca.gov.cn/article/gk/jytabljggk/rddbjy/201911/20191100021094.shtml。

展的着力点。三地通过加强人力资源和社会保障工作，吸引北京产业、人才和高端创新要素不断外溢给北京城市副中心、雄安新区及周边河北地区，逐步实现"劳务协作的规模效应和支撑效应更加突出，人力资源服务业发展的区域协同水平不断提高，社会保险关系转移接续更加顺畅，高端紧缺人才的共引共育共享成效明显，技能培训的区域合作与技能人才的联合培养机制不断深化，劳动关系协同发展顶层设计更加完善"[1]，为北京人才的有序流动和养老提供可能性。

四 京津冀基本公共环境服务改善较为明显

党的十九大报告中提出："要坚决打好防范化解重大风险、精准脱贫、污染防治的攻坚战，使全面建成小康社会得到人民认可、经得起历史检验。"[2] 可以说，打好污染防治攻坚战是对全面建成小康社会胜利成果的检验，也是对京津冀三地在生态环境领域协同共治重要成果的检验。京津冀三地以绿色理念为引领，加强生态环境联建联防联治，编制《京津冀战略环境评价报告》，出台了《关于促进京津冀地区经济社会与生态环境保护协调发展的指导意见》，印发了《京津冀协同发展生态环境保护规划》，大力推进大气治理、水污染治理和植树造林，生态环境协同保护力度和协同治理深度都有很大进展。

（一）基本公共环境服务协同成效显著

一是在大气污染治理方面，建立了京津冀地区大气污染联防联控机制，出台了《京津冀及周边地区大气污染防治中长期规划》，签署了《京津冀区域环境保护率先突破合作框架协议》，实施大气污染综合治理攻坚行动方案和打赢蓝天保卫战行动计划，关停、减退落后产能企业，发展清洁能源，通过实施控制燃煤、扬尘、机动车及工业大

---

[1] 人社部：《人力资源社会保障部召开京津冀人社事业协同发展第三次部省（市）联席会》，人社部网，http://www.mohrss.gov.cn/SYrlzyhshbzb/dongtaixinwen/buneiyaowen/201910/t20191018_337234.html。

[2] 习近平：《决胜全面建成小康社会 夺取新时代中国特色社会主义伟大胜利——在中国共产党第十九次全国代表大会上的报告》，人民出版社2017年版，第28页。

气污染等一列措施,使得京津冀的大气质量进一步改善。2018年京津冀区域内13个主要城市PM2.5平均浓度下降到55微克/立方米,比2013年下降48.1%。2019年,北京市大气环境中细颗粒物等四项主要污染物含量同比均明显降低,其中PM2.5年平均浓度为42微克/立方米,比2018年下降17.6%①;天津市PM2.5平均浓度总体保持稳定②;河北省PM2.5年平均浓度50.2微克/立方米,比2018年PM2.5平均浓度下降5.8%,大气质量为6年来最好水平③,第三季度大气质量为2013年以来的历史同期最好水平。

二是在水污染治理方面,建立并完善了生态补偿机制。三地严格执行《生态文明体制改革总体方案》,水源地水质达标率明显提高。北京市与河北省开展水源涵养区生态环境保护补偿机制建立工作,切实保护密云水库上游流域水环境,保障首都居民饮用水水源安全。津冀两市政府共同签订了《关于引滦入津上下游横向生态补偿的协议》,建立生态补偿资金,加强滦河流域污染治理、改善潘家口—大黑汀水库水质,对引滦入津水域进行污染治理,确保了水质达标并稳步提升;加强衡水湖、大运河综合整治,白洋淀和衡水湖等流域的生态治理和修复保护。

三是在植树造林方面,京津冀三省市开展大规模植树造林活动,完成植树造林3200万亩以上。2019年,北京市完成城市绿心8000亩绿化造林,新增各类树木114种9万余株、灌木41万余株。④河北加快张承生态功能区的生态修复,构建丰宁风沙防护生态屏障,建设首都水源涵养功能区和京津冀生态环境支撑区,全省完成营造林770万

---

① 《北京晒2019年蓝天成绩单》,中国青年网,https://baijiahao.baidu.com/s?id=1654698310884507572&wfr=spider&for=pc.
② 张国清:《在天津市第十七届人民代表大会第三次会议上的政府工作报告》,中国经济网,http://district.ce.cn/newarea/roll/202001/21/t20200121_34170581.shtml.
③ 许勤:《在河北省十三届人大三次会议上的政府工作报告》,人民网,http://he.people.com.cn/n2/2020/0108/c192235-33698704.html.
④ 《"城市绿心"十一前对市民开放》,人民网,http://bj.people.com.cn/n2/2020/0110/c82840-33704081.html.

亩,森林覆盖率将达到35%。其中,作为防沙治沙重点区域的张家口、承德两市,森林覆盖率分别达到39%和56.7%[①],由沙尘暴加强区变为阻滞区。雄安新区建设"千年秀林",截至2019年年底,总造林面积扩展至31万亩,树种达200种,植树1400万棵。

(二) 生态环境领域协同立法动力强劲

京津冀生态环境保护领域治理重点在于三方面。一是风沙、雾霾等空气污染严重,跨省域联防联控依赖于法律保障机制;二是水质与水环境问题突出,协调跨界水源地污染治理与水土保持机制;三是京津地区自产水资源供需不平衡,缺口大,跨界水源地保护与跨省流域上下游合作协调亟待加强和完善工作机制。[②] 可以看到,在京津冀协同发展之路上横亘着如此严峻的生态环境问题,阻碍推进速度和进展成效。京津冀三地必须协同立法,联防联控,协同共治才能打赢生态环境保卫战。

首先,开展大气污染协同治理立法协作。三地人大法制工作机构和三地人大及其常委会达成协同立法共识,并先后于2014—2016年间,各省(市)的人民代表大会会议审议了《大气污染防治条例》等地方性法规,各地先后根据具体污染防治需要对该条例进行了修订。同时,在三地的地方性法规中均以单条或者专章的形式规定了协同治理大气污染的制度措施,建立了区域大气污染治理联合执法机制等,切实为区域大气污染治理走向深入发挥了重要的法治保障作用。除了《大气污染防治条例》外,三地人大立法机关还针对露天焚烧秸秆、机动车污染等开展了立法项目协同,充分体现了三地联防共治、打赢蓝天保卫战的坚定决心。

除了三地协同立法外,中央立法机关就事关京津冀协同发展及全

---

① 《河北大力弘扬塞罕坝精神构筑京津生态屏障纪实》,人民网,http://he.people.com.cn/n2/2017/0710/c192235-30445912.html。
② 文魁、祝尔娟:《京津冀发展报告(2015)》,社会科学文献出版社2015年版,第80—83页。

国范围内的战略性、原则性问题做出立法或政策性规定。2018年7月,"将京津冀及周边地区大气污染防治协作小组调整为京津冀及周边地区大气污染防治领导小组"①,组长由时任国务院副总理韩正担任,副组长分别由国务院生态环境部副部长和三地政府负责人担任;领导小组负责组织推进区域大气污染联防联控工作,统筹研究解决区域大气环境突出问题等。中央和三地政府充分发挥"三地四方"各自优势,既有对京津冀区域全局的政策指引,又有三地各自的地方性法规、条例作为制度保障,取得了大气污染防治的阶段性成果。

其次,开展水污染协同治理立法协作。2015年4月,国务院印发的《水污染防治行动计划》明确要求"提升监管水平。京津冀区域要于2015年底前建立水污染防治联动协作机制"②,确立了协同治理水环境最严格的制度保障,统一水污染治理标准,实现区域水资源协同管理和联合监测、联合治理机制。例如,在《天津市水污染防治条例》的修订过程中,天津市人大立法机关与京冀两地人大及其常委会互动频繁,互相征求意见,并对具体条例提出修订意见。河北省人大常委会充分发挥立法机关"立、改、废、释"职能,对与京津冀协同发展不适应、不合拍、相冲突的法规及时予以清理,避免了长期以来各地立法因闭门造车、各管一段而导致的盲目立法、重复立法等问题。

第四节 京津冀基本公共服务非均等化的现实表现

改革开放四十多年来,经济社会发生了翻天覆地的变化,物质财富日益丰富,改变日新月异。尤其是近些年,基础设施、居住环境、医疗卫生、教育就业等各项基本公共服务水平逐年提升。尽管生产力快速发展,经济总量大幅攀升,但是还存在着改革发展成果共享程度

---

① 《国务院办公厅关于成立京津冀及周边地区大气污染防治领导小组的通知》,中国政府网,http://www.xinhuanet.com/politics/2015-04/16/c_1114990453_3.htm.
② 《国务院关于印发水污染防治行动计划的通知》,中国政府网,http://www.gov.cn/zhengce/content/2015-04/16/content_9613.htm.

不够，惠及范围不广，受益群体有待扩充，区域发展水平和收入分配差距较大，民生领域有短板，基本公共服务立法体系不健全，社会不公平现象较为复杂等问题，具体表现为区域基本公共服务水平呈现地区失衡状态和区域基本公共服务立法体系不完善两个方面。

一 区域基本公共服务水平呈现地区失衡状态

京津冀协同发展国家战略实施以来，京津冀基本公共服务水平有了显著提升，但是基本公共服务非均等现象依然明显，部分领域呈现"断崖式"差距。从京津冀省际（三地）和城市间（"2+11"市）两个维度定性分析并考察基本公共服务在公共教育、医疗卫生、社会保障、公共环境四个领域非均等的现状。

（一）省际间基本公共服务非均等

1. 基本公共教育服务

教育不均等具体表现为京津两地优质教育资源富集，河北教育资源量大、质低且人均经费投入与京津差距大，绝大多数指标均低于京津。在学前教育方面，根据2016年相关数据可知，河北省的"生均教育经费"仅占北京的1/7，占天津的1/4；生均数字资源为北京的1/4。[①] 但近七年来，与北京和天津相比，河北省的"每10万人口幼儿园数""生均学校面积""生均图书数量"以及"生均教育经费"指标相对比重均有提高。

义务教育是基本公共服务均等化的一个重要方面。2017年数据见表4.2，北京、天津、河北三地的"中小学专任师生比"分别为0.09，0.08，0.06，表明河北省的专任中小学教师教学任务量高于京津。"万人中小学学校数"京津冀分别为0.61，0.77，1.87，可见河北省中小学学校数量是巨大的。三地"人均教育财政支出"分别为7096.97元，4138.99元，1697.54元，河北省在教育经费投入上为北

---

① 赵宁：《京津冀基本公共服务均等化状况评价研究》，《经济研究参考》2018年第58期。

京和天津的24%和41%，河北省在教育经费投入上与京津两地差距较大。"人均公共图书馆藏书量"北京为6.80册，天津为1.58册，河北仅为0.38册。

表4.2　　　　2017年京津冀地区公共文化教育服务供给水平

分类	北京	天津	河北
中小学专任师生比(%)	0.09	0.08	0.06
万人中小学学校数	0.61	0.77	1.87
人均教育财政支出(元)	7096.97	4138.99	1697.54
人均公共图书馆藏书量(册)	6.80	1.58	0.38

尽管基本公共教育中仅包括义务教育，但由于京津特殊的行政地位，三地招生比例、高考分数线差异巨大，尤其是京冀、津冀之间，因此必须将"高考指挥棒"纳入考察视线。当前，京津冀三地基础教育协同发展困难重重，最大的阻碍是三地高等院校入学机会非均等，表现为招生政策不统一。

数据统计见表4.3，2019年北京高考报名人数为5.90万，天津为5.50万，河北为55.96万。三地的一本院校上线率分别为北京36.29%，天津29.90%，河北19.10%；"985"高校录取率（以理科为例）北京为15.73%，天津为13.85%，河北为3.39%。由此可知，河北省的高考压力远大于北京和天津，尤其是考入"985"高校的概率远低于北京和天津。2018年北京、天津、河北高考总分均为750分，以清华大学2018年理科招生为例，在北京地区招生的最低分为683分，在天津招生的最低分为693分，在河北招生的最低分为704分。除清华大学外，其他优质高校在河北省录取的分数线也均大幅高于京津，分数线的设置表现出京津地区优质高校对本地保护主义严重。由此看出，京津冀三地教育资源分布差距较大，河北省不管是在教育投入方面还是在人才产出方面都远逊于北京、天津两地。

表 4.3　　　　2019 年京津冀地区高考报名人数及录取率

分类	北京	天津	河北
高考报名人数(万)	5.90	5.50	55.96
一本院校上线率(%)	36.29	29.90	19.10
"985"高校录取率(%)	15.73	13.85	3.39

2. 基本医疗卫生服务

医疗卫生协同发展是京津冀协同发展顺利推进，疏解北京非首都功能的重要保障。医疗卫生服务是政府为社会公众提供的保障生存和健康的基本福利医疗服务。地方政府的医疗卫生财政支出在一定程度上能够反映地区医疗卫生服务情况。

2017 年京津冀地区医疗卫生服务供给水平见表 4.4。从医疗卫生财政总支出来看，2017 年北京、天津、河北的医疗卫生总支出分别为：427.87 亿元、182.10 亿元、605.10 亿元，从总量上看，河北省的医疗卫生支出高于京津。但是京津冀人均医疗卫生支出分别为 1970.84 元、1169.56 元、804.65 元，河北处于最末位。京津冀三地医疗卫生服务资源配置不均衡是三地医疗卫生水平不均等的主要表现之一。

表 4.4　　　　2017 年京津冀地区医疗卫生服务供给水平

分类	北京	天津	河北
医疗卫生总支出(亿元)	427.87	182.10	605.10
人均医疗卫生支出(元)	1970.84	1169.56	804.65
万人均医师数(人)	40.95	24.79	19.93
医疗机构数(家)	9976	5539	80912
三甲医院数量(家)	78	49	50
百万人均三甲医院数量(家)	3.59	3.90	0.66

此外，2017年京津冀常住人口分别为2171万，1557万，7520万。三地"万人均医师数"，北京为40.95人，天津为24.79人，河北为19.93人。但是，同年河北省的医疗机构数为80912个，北京为9976个，天津为5539个，河北省医疗卫生机构数约为北京的8倍，天津的14倍。由此可见，北京和天津的卫生技术人员数量远高于河北。北京与河北医疗卫生资源呈现"供需"不对等状态，数据显示河北省的卫生医疗机构总数约为北京的8倍，万人医师数也比北京少约21人，可知河北省的卫生医疗服务供大于求，医疗卫生资源没有得到充分利用，造成资源浪费；同时北京医疗卫生压力较大，进而出现"看病难"的问题。从医院数量上来看，北京地区三甲医院有78家，天津49家，河北50家，北京远超天津和河北。每百万人拥有三甲医院数量中，北京为3.59家，天津为3.9家，河北仅为0.66家，河北省在医疗卫生服务资源方面与京津差距较大，优质的医疗卫生资源分布不均衡导致京津冀地区间基本医疗卫生服务不均等。

3. 基本社会保障服务

社会保障是国民收入的再分配，是为保障社会成员的基本生活而设立的。尽管我国在努力构建合理的社会保障体系，但是由于经济发展水平差异，我国城市地区社会保障体系优于农村地区，发达地区社会保障体系相对来说更加完善。京津冀三地人均财政收入和消费支出存在较大差距，三地的社会保障标准落差较大，社会保障系统尚未联网运行。

第一，京津冀三地社会保障标准不统一。以企业退休人员基础养老金为例，见表4.5。2018年北京地区企业退休人员基础养老金平均提至4000元/月，天津约为3220元/月，河北为2639元/月，可以看出，河北省的基础养老金在三省市中最低。城乡居民基础养老金，北京为710元，天津为307元，河北省为108元，三地城乡居民基础养老金差距较大。基础养老金的较大差距限制了人力资源在三地间的自由流动，阻碍了河北省承接京津养老服务的进程。疏解到河北省的京津养老产业,面临相同的消费水平,但是京津的基础养老金水平远高于河北,河北居民会在一定程度上产生心理失衡。如果将转移到河北的京津养老人群的基础养老金调至与河北同一水平,则会引起京津居民的强烈不满。因此,社会保障标准统一是实现京津冀社会保障协同发展的基础。

表 4.5 2018 年京津冀地区养老金标准

分 类	北京	天津	河北
企业退休人员基础养老金(元/月)	4000	3220	2639
城乡居民基础养老金(元/月)	710	307	108

第二,京津冀社会保险标准不统一。京津冀三地在保险缴费基数、缴费比例等方面存在较大差异。2018 年,北京市社保缴费基数由上一年本市社会职工平均工资计算而来。养老保险公司缴 19%,个人缴 8%;失业保险公司缴 0.8%,个人缴 0.2%;工伤保险公司缴 0.5%,个人不缴;生育保险公司缴 0.8%,个人不缴;医疗保险公司缴 10%,个人缴 2%。天津市同样以上一年职工平均工资为基础计算得出,养老保险公司缴 17%,个人缴 8%;失业保险公司缴 0.5%,个人缴 0.5%;工伤保险公司缴 0.2%,个人不缴;生育保险公司缴 0.5%,个人不缴;医疗保险公司缴 10%,个人缴 2%。河北省 11 个城市之间社会保险缴费比例不统一,例如:石家庄市企业职工社会保险缴费比例为,养老保险公司缴 20%,个人缴 8%;失业保险公司缴 0.7%,个人缴 0.3%;工伤保险根据行业公司缴,个人不缴;生育保险公司缴 1%,个人不缴;医疗保险公司缴 8%,个人缴 2%。而沧州市则为,生育保险公司缴 0.8%,个人不缴;医疗保险公司缴 7.5%,个人缴 2%。可以看出,京津冀之间社会保险缴费比例不一致情况,一定程度上阻碍了三地社保一体化的进程。

第三,最低生活保障标准不统一。最新资料显示,2018 年北京市城乡居民最低生活保障为 1000 元/月;天津市为 860 元/月;河北省城市居民最低生活保障为550元/月，农村居民为300元/月；最低生活保障的差异表明京津冀三地经济社会发展水平差距较大，河北省公共服务供给能力相对京津较弱。

4. 基本公共环境服务

与北京相比，河北省2017年的污水日处理能力为587.3万立方米，低于北京的687.6万立方米；生活垃圾无害化处理率与北京持平；建成区绿化覆盖率为41.8%，北京为48.4%；市辖区人均公园绿地面积为14.52平方米，北京为16.2平方米；空气质量优良天数为202天，北京为226天。与天津相比，河北省污水日处理能力、生活垃圾无害化处理率、建成区绿化覆盖率、市辖区人均公园绿地面积四项指标均优于天津，空气质量优良天数比天津少7天。此外，水土流失、草原退化、沙尘暴的频发使得京津冀区域生态退化等问题日益严重。京津冀的风沙带主要位于北京西北之外的河北北部和内蒙古自治区南部。近些年，河北张家口坝上地区和承德塞罕坝地区的防护林对阻滞风沙入京津起到了关键作用。北京、天津和保定中心区生态过渡带多为城镇和农田，受人类活动影响较大，以平原为主，生态建设载体（山地等）较张家口和承德地区少。河北省个别地区森林覆盖率依然较低，邢台市2017年森林覆盖率为30.6%，沧州市2017年森林覆盖率为30.2%，虽然河北省致力于退耕还林、植树造林，但效果不太明显。2017年河北省各地区累计水土流失治理面积达到了5379.2千公顷。严重的水土流失不仅导致土地利用率下降，而且影响着农作物的产量和生态系统的失衡。综上，由于地理位置和经济发展等原因，京津冀地区的生态环境事实上已经形成一个命运相关的共同体，即"你中有我，我中有你，谁也离不开谁"的局面。京津冀三地在生态环境的协同治理上已然意识到了重要性，但是存在很多制约京津冀生态环境协同治理的因素。

（二）城市间基本公共服务非均等

对京津冀城市群（"2+11"市）基本公共服务进行历史和比较

分析。由于考察对象多、数据相差较大，选取柱状图能更直观地呈现京津冀城市群基本公共服务非均等程度。

1. 基本公共教育服务

通过人均财政教育支出的规模以及公共图书馆的馆藏书册数、中小学专任教师数，可以从辖区政府的供给水平和供给质量双方面考察各个辖区的公共教育及文化服务供给水平情况。① 图4.1（左侧坐标轴为教育财政支出，右侧坐标轴为万人中小学教师数、公共图书馆藏书册数）所示为京津冀"2+11"市2007年与2017年的公共教育文化服务供给水平的数据情况。可以看出，在人均财政教育支出方面，2007年北京市显著高于天津市和河北省11市。图形直观呈现了河北省11市的人均财政教育支出相对于北京、天津呈断崖式差距。同期

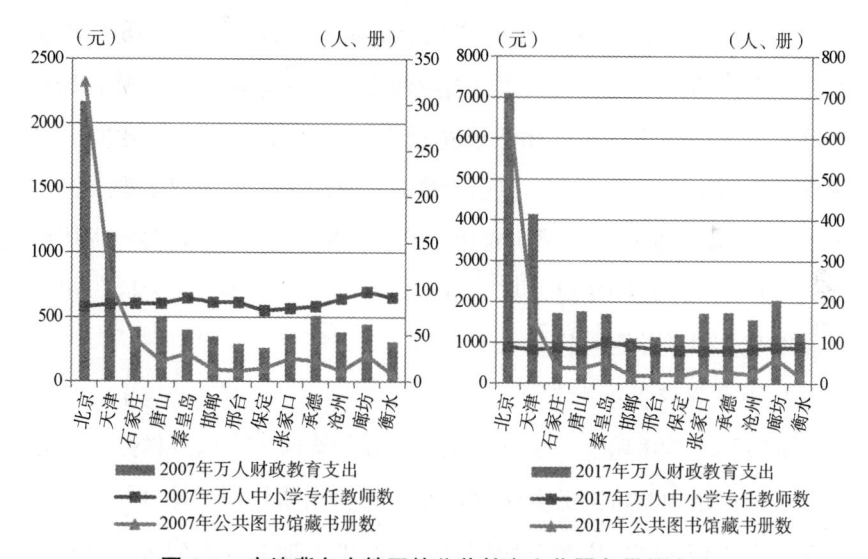

图4.1 京津冀各个辖区的公共教育文化服务供给水平

注：图中的图书馆藏书册数为每百万人的拥有量。

资料来源：历年《中国城市统计年鉴》。

---

① 基础教育和公共文化的资金支持主要来源于财政的投入，人均财政教育支出可以体现出在教育和文化方面的财政支持力度，人均化之后平抑了城市规模大小，缩小了支出的数量级差距，更能体现该辖区的实际财政投入情况。为了消除价格对于财政支出的影响，所有人均财政支出均以2007年为基期做了GDP平减。

体现教育支出力度的为北京公共图书馆藏书册数，明显占据突出的高位，位居京津冀三地之首。指标中"万人中小学专任教师数"三地水平相近，北京市的万人中小学专任教师数与财政支出没有呈现正向关系。2017年，人均财政教育支出三地基本延续了2007年的走势，但三地财政经济对教育的财政支出都有了大幅的提升。2017年，图书馆藏书册数的走势也基本上与2007年相似。可以看到，京津冀"2＋11"市的公共教育文化服务总体供给水平都有绝对较大幅度提升，但天津和河北省11市基本公共教育文化服务财政投入水平和服务质量都不能与北京市相提并论。

此外，图4.2展示了2007—2017年京津冀各市的万人均财政科技支出的变化情况。从左图中可以看到河北省11市与北京市、天津市相比，财政科技支出11年间一直处于低水平，投入上升幅度相较于北京、天津两市不显著；北京、天津两市基本呈逐渐上升趋势，2017年北京万人均财政科技支出已经接近2700元，天津则接近1200元，河北各市与京津两市的差距在逐年拉大。右图更为直观地呈现了河北省11市财政科技支出情况，省内最高万人均财政科技支出的廊坊市仅约160元，不足同年度北京的10%。可见，京津冀"2＋11"市在科技财政支出上差距悬殊。

2. 基本医疗卫生服务

通过万人均医院、卫生院床位数、万人均医生数以及医疗保险覆盖率，可以展现辖区的公共医疗卫生服务供给水平。图4.3（左侧坐标轴为万人均医院、卫生院床位数，右侧坐标轴为万人均医生数和医疗保险覆盖率）所示为京津冀各个辖区的公共医疗卫生服务供给水平情况，可以直观地看到，万人均床位数、万人均医生数及医疗保险覆盖率三项指标，2007年北京、天津与河北省11市都存在一定的差距。其中，在万人均医疗机构床位数方面，北京的为66个，而河北省内最高的唐山也仅为35个，最低的保定只有19.7个，仅为北京的29.8%；在万人均医生数方面，北京为45.3人，天津为27.3人，而

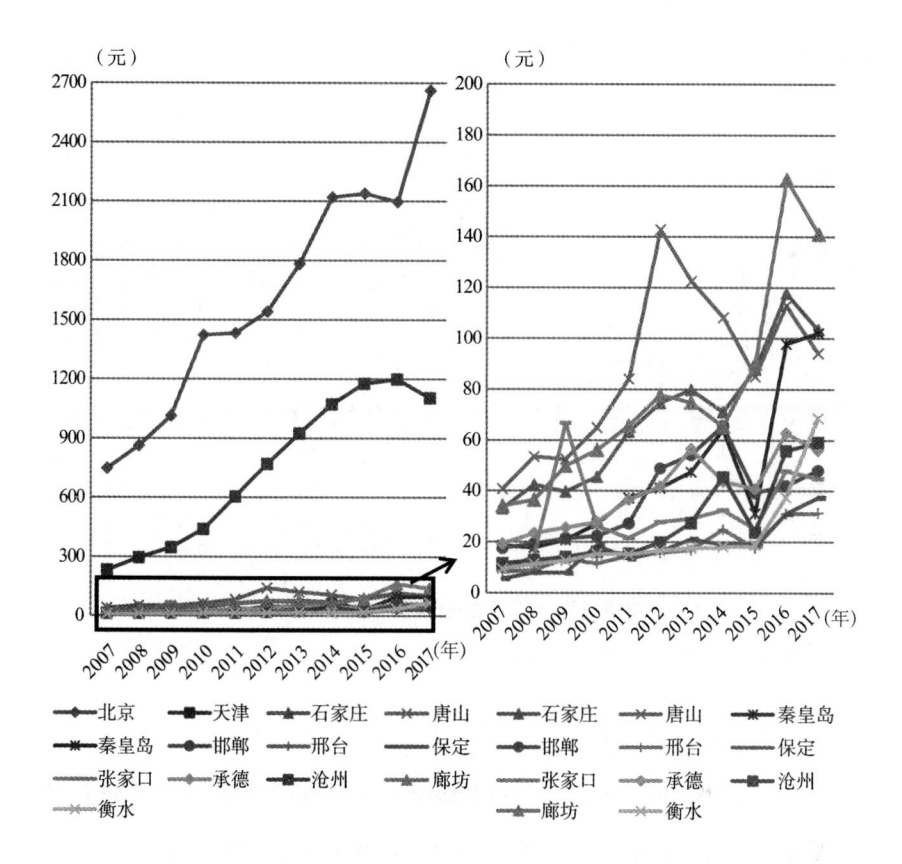

图 4.2　京津冀各个辖区的万人均财政科技支出

资料来源：历年《中国城市统计年鉴》。

河北最高的秦皇岛为 21.5 人；在医疗保险覆盖率方面，北京为 76.6%，天津为 42.1%，而河北省内最高的唐山也仅为 13.3%，差距明显；情况比较乐观的是，2017 年，京津冀各个辖区在万人均医生数、床位数以及医疗保险覆盖率方面均有明显的上涨。在万人均医疗机构床位数方面，北京增长至 83.6 个，天津增至 61.2 个，尽管河北省 11 市仍较两直辖市有差距，但是差距已显现出缩小势头，较 2007 年数值大有改观。由此表明，在公共医疗卫生服务供给水平方面，京津冀各个辖区的差距缩小进程较快，在基本公共医疗卫生服务方面，三地协同合作成效显著。

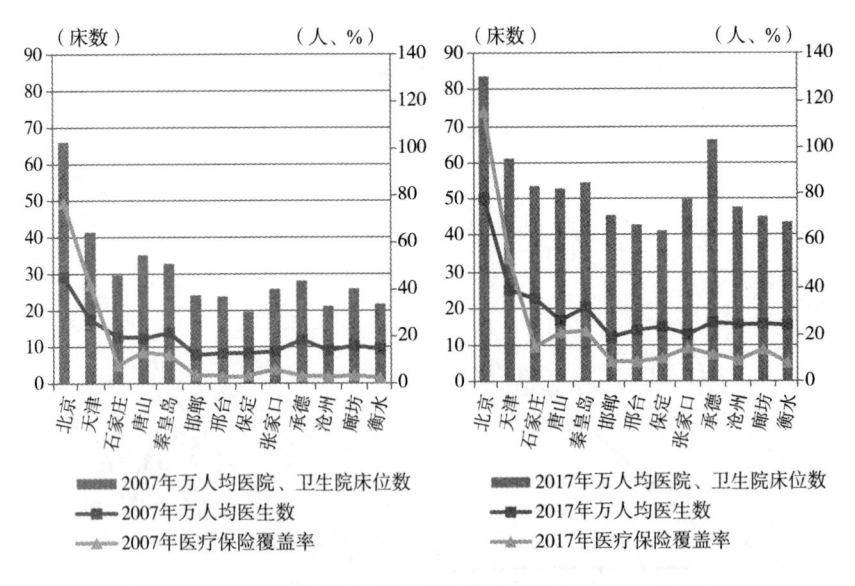

图 4.3 京津冀各个辖区的公共医疗卫生服务供给水平

资料来源：历年《中国城市统计年鉴》。

3. 基本社会保障服务

社会保障服务水平、社会养老保险和失业保险的衔接问题是人口流动时较为关注的基本公共服务项目。以疏解北京非首都功能为"牛鼻子"的京津冀协同发展，势必涉及大量的产业转移升级所带来的人才、劳动人口的流动，因此，三地各市社会保障服务供给水平非均等程度将会对人口流动带来一定程度的影响。图4.4（左侧纵坐标表示养老保险覆盖率，右侧表示失业保险覆盖率）通过养老保险覆盖率和失业保险覆盖率两项指标呈现京津冀13个市社会保障服务供给水平情况。如图4.4所示，2007年北京的养老保险覆盖率为54.4%，远远高于天津以及河北省11市（河北省内最高的为秦皇岛市，但仅为14.6%），而失业保险覆盖率京津冀"2+11"市之间的差距相对小一些；但是到了2017年，北京和天津的失业覆盖率有了较大的提升（北京为86.1%，天津为29.6%），河北省内各市的提升幅度均不大（河北省内最高的秦皇岛市仅为12.1%）。由此可以判断，京津冀区域内社会保障服务供给水平差距依然较大,并且差距呈现拉大趋势,需要通过各个辖区间的政策沟通和财力合作,共同促进社会保障服务水平差距尽快缩小。

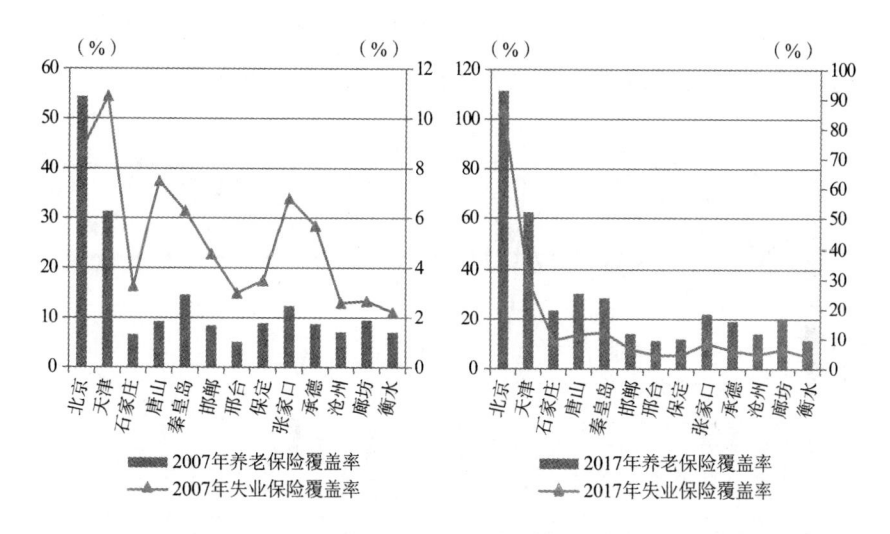

图4.4 京津冀各个辖区的社会保障服务供给水平

资料来源:历年《中国城市统计年鉴》。

4. 基本公共环境服务

随着社会的发展,公众对于生活环境、生态环境的要求也越来越高,基础生活环境服务水平高低已经受到公众越来越多的关注。图4.5(左侧坐标轴为人均绿地面积,右侧坐标轴为生活污水处理率、生活垃圾无害化处理率)通过建成区人均绿地面积、生活污水处理率以及生活垃圾无害化处理率三个指标反映了京津冀各个辖区的生态环境质量。由图4.5可以看出,2007年北京的人均绿地面积最大,有38.2m²,天津次之,而河北沧州却只有1.6m²,不足北京的5%,各区域之间差距相当大;而从生活污水处理率这项指标可以看出,京津冀区域内各个辖区的污水处理水平差距不大;对于生活垃圾无害化处理率来说,除张家口、衡水、沧州和承德外,其余各市水平相当。2017年,各市人均绿地面积分布趋势变化不大,在绝对数值方面除廊坊外均有所增长；在生活污水处理率和生活垃圾无害化处理率方面，京津冀各市与2007年相比均有提高，市域之间差距明显缩小，尤其是张家口和衡水进步巨大。由此可以看出，京津冀区域内各个辖区在生活污水处理率和生活垃圾无害化处理率方面协同发展效果初步显现，但是在人均绿地面积方面差距较大，需要进一步改善。

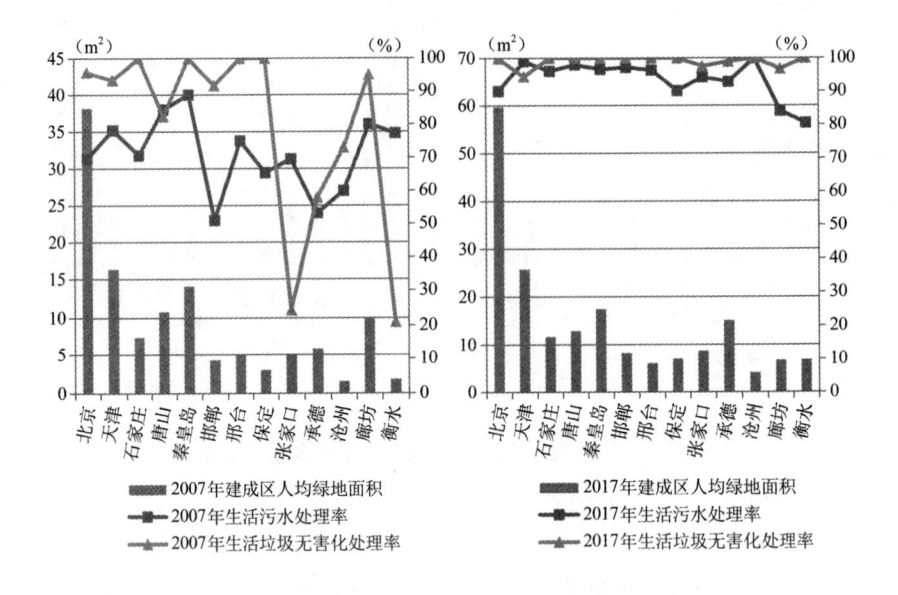

图 4.5　京津冀各个辖区生态环境服务供给水平

资料来源：历年《中国区域统计年鉴》和《中国城市统计年鉴》。

二　区域基本公共服务立法体系不完善

京津冀基本公共服务均等化法治建设是践行马克思主义公平理论中国化本质内涵中权利公平和规则公平的重要举措。区域立法在中央立法和地方单独立法之间，成为一种立法新形态。[①] "其存在的合理性首先指向如何调谐中央与地方立法关系，为区域合作与发展提供更为

---

① 冯汝：《京津冀区域环境保护立法协同性评估体系的构建》，《社会科学家》2018年第7期。

系统而有效的法制保障。"① 党的十八届四中全会指出，法律是治国之重器，良法是善治之前提。促进京津冀协同发展，推进基本公共服务均等化势必坚持立法先行，充分发挥立法的引领和推动作用，实现立法和区域基本公共服务均等化的决策相衔接，做到重大政策调整、深化改革于法有据，基本公共服务均等化法治体系构建主动适应经济社会发展和深化改革、推进区域协同发展的需要。

当前，京津冀区域基本公共服务均等化法治体系构建仍处在初步摸索阶段，对基本公共服务均等化的法治保障仍然存在"法治精神、法律制度、效率效能和社会参与机制的缺位"② 问题。回顾京津冀协同发展的近六年，区域协同立法总体框架、立法机制、程序规范等方面已经初见成效。实践中，三地党委、政府及人大立法机关互动频繁，吸纳彼此意见、照顾彼此关切，已经对大气污染防治、水污染防治、科技成果转化等十几部法规进行立法协同。但是，从京津冀协同发展战略的总体规划和统一部署来看，区域内基本公共服务各个领域的协同立法距离真正意义上的"协同发展"要求还有很大差距，在深度融合，协同立法，依法保障人民群众获得公平、普遍的基本公共服务，保障公共服务连续性，履行听证等公众参与程序方面还有很多亟待解决的问题。

（一）地区间利益博弈未消失

利益是立法的原生动力，任何立法的动议，包括某种立法方式的产生，都是利益诉求的产物。③ 协同立法正是破除京津冀三地旧利益格局，建立科学合理的新利益格局的有力武器。区域协同立法通过法律规范打破市场壁垒、利益藩篱，打破"一亩三分地"的行政关隘，协调各方，探索并寻求共同的利益诉求。"京津冀协同发展的核心是

---

① 陈光：《区域立法协调机制的理论建构》，人民出版社2014年版，第29页。
② 孙旭宁：《基本公共服务均等化法治体系建构与民生底线保障》，《中国行政管理》2014年第8期。
③ 王腊生：《地方立法协作重大问题探讨》，《法治论丛》2008年第3期。

利益问题，而对利益进行平衡以及取舍，是一个法制问题。"① 优化京津冀区域法治环境必然需要三地通过法治平台，消除省际利益冲突，从而促进京津冀协同发展，推动基本公共服务均等化。然而，现实的经济社会发展状况是立法的基础，是不能回避的客观事实。审视京津冀三地协同发展的现实基础，一是长期以来京津冀三地在政治、经济、文化、社会和生态领域获得的国家政策支持、财政倾斜力度等方面各不相同；二是长期的行政区划分割治理体制下，存在着市场竞争、市场分割、地方保护、政绩竞争等不协同因素，区域协同立法需要破解的正是这些现实存在的地方利益博弈和长期不平衡的利益格局。在实施中，各地"一亩三分地"的旧思维难以立即消除，区域协同立法要想打破利益格局，必然会涉及立法主体的切身利益，导致新生利益主体和原有利益主体的矛盾冲突，势必需要相关主体做出利益取舍。对于利益一致的，诸如京津冀三地诞生的首部协同立法《机动车和非道路移动机械排放污染防治条例》，在题目、框架结构、监管措施、行政处罚等方面，三地标准、内容一致，可以说为三地联手打赢蓝天保卫战提供了有力的法治保障，同样，对于生态环境、交通、养老等这类涉及利益趋同、冲突较少的基本公共服务领域，推进协同立法较快。但是随着京津冀协同发展的深入，硬骨头、险滩势必增多，涉及重大利益分割的领域时，三地各自站位的高度、坚持的原则、执行的标准、自身的发展定位均不相同，形成协同法规的质量和效率自然会受影响。这些都是横亘在协同立法进程中，需要三地协力才能破解的难题。

（二）重点领域立法尚待突破

当前，京津冀协同发展到了爬坡过坎、滚石上山的关键阶段，一些深层次矛盾和棘手问题都会显现，跨省域的、超越地方立法权限的立法事项则会日益凸显。涉及国家层面立法的，诸如区域功能定位、

---

① 焦洪昌、席志文：《京津冀人大协同立法的路径》，《法学》2016年第3期。

产业转型升级、产业集群转移、公共服务均等化等，需要全国人大立法机关及时统筹协调，比如，考虑制定《京津冀区域规划法》《京津冀基本公共服务一体化规划条例》等包括区域宏观性、整体性利益格局的制度性规范；涉及区域协同立法的，诸如生态环境保护、教育文化、医疗卫生、养老保障等领域，三地立法机关也要同制定《机动车和非道路移动机械排放污染防治条例》一样，站在协同发展，共建利益共同体的战略高度，继续充分沟通、求同存异，积极推行共同利益格局的地方性法规，增强立法合力；涉及本地区具体事务的，各地自行立法。目前，前两种形式的立法较少，随着协同发展的深入，对重点领域中深层次的资源调整、社会统筹、利益分割的立法需求会越来越多，协同立法尚待发力。

（三）法律位阶和效力尚不高

从我国《宪法》和《立法法》中的法律规定来看，没有给予区域协同立法相关的法理依据，"没有授权区域机构以及地方人大或政府联合立法的权限"[①]；同时，也没有明确区域立法的法律地位是高于地方性法规、规章还是与国家法律比肩。但是，也没有限制中央和地方立法机关结合经济社会发展需要，根据区域特点和区域共同利益需要，制定不违背宪法、法律、行政法规等法律制度的地方性立法。推进京津冀协同立法近六年来，三地立法机关既没有止步于"因没有相关法理依据而不进行区域性立法"，也没有拘泥于必须由中央或者地方某一个立法机关进行专门的区域立法，而是通过发挥三地人大立法机关的主动性和创新性，根据共同利益需要，构建协同发展的地方性法规，从而使三地同一标准、同步执行。但是，在推进三地重点领域率先突破、其他领域不断跟进的过程中，多是以国务院及其部委和三地政府及其部门发布的规范性文件作为依据，相对成熟稳定的转化为法律法规等的规范性法律文件较少。例如，我国目前实行的养老保

---

① 张瑞萍：《京津冀法制一体化及协同立法》，《北京理工大学学报》（社会科学版）2016年第4期。

障、医疗保险等制度大都出自部门规章或行政法规，并没有太高的法律位阶，在实际执行过程中缺乏刚性约束力。另外，"国家层面的法律尚处在立法研究阶段，没有制定出成型的法律文本"①。由此可见，京津冀协同立法的法律位阶和权威性不高，彰显出的法治合力仍显不足。

（四）公众参与机制尚不健全

我国《立法法》规定："立法应当体现人民的意志，发扬社会主义民主，坚持立法公开，保障人民通过多种途径参与立法活动。"目的是确保人民群众能依法与立法机关共同参与社会治理。公众参与立法的主体主要包括人大代表、专家、执法人员、群众、非政府组织以及其他相关利益主体等。②京津冀协同立法同样要听取公众的意见。因为，从本质上讲，基本公共服务是为人民增福祉，促进社会公平正义的社会再分配。京津冀协同立法不仅需要自上而下地制定法律制度，还需要自下而上地收集民意、凝聚共识。然而，在当前的京津冀协同立法中，"立法项目主要源于人大、政府及其部门等，公众相对缺位，且对与公众密切相关的事项的关注和调研论证不很充分"③。此外，公众参与立法的方式具有多样性，听证会、座谈会、论证会等不同形式，以及开通网络征求意见通道、发放调查问卷、视频听证等公开透明度高、及时互动性强的新形式，在健全公众参与机制时也要充分考虑。

（五）立法评估机制有待完善

京津冀协同发展近六年来，三地基本公共服务在教育、医疗、交通、生态、产业等领域的协同立法取得了阶段性的成效，制定了三地

---

① 熊菁华：《京津冀立法协同的阶段性总结与分析》，《人大研究》2019年第5期。
② 冯汝：《京津冀区域环境保护立法协同性评估体系的构建》，《社会科学家》2018年第7期。
③ 梁平、律磊：《京津冀协同立法：立法技术、机制构建与模式创新》，《河北大学学报》（哲学社会科学版）2019年第2期。

协同的地方性法规，签署了政府间合作协议、框架协议等，尤其在具有整体性、公共性、流动性的生态环境领域优先立法、率先突破。但立法后是否实现了预期的立法目的，如何运用实证研究的方法对区域立法进行分析评价等立法评估机制仍待完善。如北京通州区和河北廊坊北三县推进协同发展制定了《通州区和廊坊北三县地区整合规划》，在区域污染联防联控、公共服务合作等方面取得明显进展，但是，由于环境治理标准、执法处罚力度不同，导致对跨行政区域的河流污染防治效果不理想。因此，对区域政策文件的效果评估也要加强。区域性政策与区域立法是软硬相兼的法治要素，互为补充，相互吸纳，交叉并行。因此，在对协同立法进行立法后评估时，还应同时评估区域立法与政策的协同性和相适性。协同立法与区域政策的目标、理念、准则是否一致；方案、步骤和措施是否互补等问题，都应该在协同立法评估机制中予以完善。

第五章　京津冀基本公共服务均等化水平测度及时空演化特征

京津冀协同发展是建设世界级城市群的战略需要。[1] 基本公共服务在京津冀区域之间发展不均衡、不充分等问题严重制约京津冀协同发展的进程和世界级城市群的建设进度。为深入把握京津冀基本公共服务均等化程度，找出制约基本公共服务的因素，势必要深入分析地级市层面基本公共服务均等化水平，即京津冀城市群（"2+11"市）基本公共服务水平。通过熵权法、综合指数得分和多元回归分析等实证方法，分析京津冀城市群基本公共服务均等化水平在时间序列与空间格局演化特征，为深入挖掘京津冀基本公共服务均等化影响因素提供客观准确的定量分析，为探究京津冀基本公共服务均等化的制约因素提供精准的问题靶向。

第一节　京津冀基本公共服务均等化水平测度的指标体系构建

一　选择方法的标准

目前，指标评价方法主要有层次分析法、熵值法、模糊综合评

---

[1] 杨开忠:《京津冀协同发展的探索历程与战略选择》，《北京联合大学学报》（人文社会科学版）2015年第4期。

价法、德尔菲评价法和 DEA（Data Envelopment Analysis）数据包络评价法等。每种方法都有其各自的适用范围和局限性，因此，对评价方法的选择尤为重要，选择恰当的方法进行实证分析，才能得出科学且客观的结论，这样的分析结果才具有现实价值和意义。将上述方法进行归类可分为主观评价法和客观评价法两种。其中，层次分析法、模糊综合评价法、德尔菲评价法等为主观评价方法。这类评价法受评价主体影响较大，依赖于权威人士及相关领域研究专家的打分结果。然而，不同专家可能对同一指标的重要程度存在分歧和争议，这就会使得打分结果具有一定的主观随意性，尤其在设定权重的时候，主观因素甚至起决定性作用，这必然会导致评价结果具有极强的主观色彩，使得评价结果可能脱离现实。而熵值法、主成分分析法以及 DEA 数据包络评价法等属于客观评价法，这类方法依赖于足够多的客观样本数据，相对于主观评价方法，客观评价方法中各指标权重是通过客观真实数据计算而来的，可以有效避免主观因素的影响，其计算结果往往也是客观真实的，具有一定的科学性和代表性。

综上所述，考虑到本书评价对象为京津冀基本公共服务均等化水平，其中含有多项评价指标，评价范围具有一定的宽泛性。为得到客观真实的评价结果，结合不同评价方法的适用范围和局限性，本书决定采用客观评价法中的熵值法进行实证分析。熵值法来自信息论，是一种客观评价法，是根据多项指标所提供的信息量，以及指标变量间的信息重叠性，在甄别系统的无序程度和指标变异程度的基础上，测定各项指标所占权重和评价值的方法。这种方法被广泛应用于经济、社会等领域的研究与测评。熵值法的优点在于可以根据各指标所提供信息量的大小来决定相应指标权重的系数，且其数据来源于客观环境，较适合时间序列长且数据较多的类型，同时聚类分析方法能够满足分析京津冀基本公共服务均等化时间序列和空间格局的需求。

二 选择方法的运用

对京津冀基本公共服务均等化水平进行测度，需要对指标数据进行标准化处理以消除数据量纲的影响。本书采用极值标准化方法对原始数据进行处理，采用客观赋权评价法中的熵值法来计算指标的权重系数，以此避免主观赋权法的随机性和臆断性。在对数据进行标准化处理及熵值法赋权基础上，运用多目标加权平均求和的方法计算出京津冀城市群基本公共服务水平数值。具体计算方法如下。

（一）数据的标准化处理

由于指标数据单位和量纲的差异，需要对各指标数据进行标准化处理。采用min – max（规范化）方式对原始数据进行线性变换，具体公式如下。

正指标：

$$X'_{ij} = (X_{ij} - X_{ij\min})/(X_{ij\max} - X_{ij\min})$$

负指标：

$$X'_{ij} = (X_{ij\max} - X_{ij})/(X_{ij\max} - X_{ij\min})$$

其中，X'_{ij} 表示第 i 个城市第 j 项指标标准化后的数值；X_{ij} 为第 i 个城市第 j 项指标的初始数值；$X_{ij\max}$ 为第 j 项指标的最大值；$X_{ij\min}$ 为第 j 项指标的最小值。

（二）指标权重的计算

① 计算第 j 项指标下第 i 个城市占该指标的比重：

$$P_{ij} = X'_{ij} \Big/ \sum_{i=1}^{n} X'_{ij}$$

② 计算第 j 项指标的信息熵：

$$e_j = -k \sum_{i=1}^{n} P_{ij} \ln P_{ij}$$

③ 计算第 j 项指标的差异化系数：

$$h_j = 1 - e_j$$

④ 计算第 j 项指标权重：

$$w_j = h_j / \sum_{i=1}^{m} h_j$$

(三) 计算基本公共服务水平数值

$$F_i = \frac{\sum_{j=1}^{n}(w_j \times X_{ij}^{'})}{n}$$

三 数据来源

数据的真实性和可靠性是实证分析方法能够科学进行的生命线，如果所选取的数据不能客观真实地再现事实，那么接下来的计算、分析和结论部分也将没有丝毫价值。因此，为保证研究数据的真实性和可靠性，书中所有数据均取自《中国城市统计年鉴 2008—2018》《中国文化文物统计年鉴 2008—2018》《河北经济年鉴 2008—2018》，以及京津冀城市群政府网站公布的年度统计公报，并对个别年份缺失数据进行修正和补充处理。此外，为了降低城市规模大小所带来的差异影响，对原始数据进行了一定程度的人均化处理。

四 评价指标

基本公共服务指标评价体系所包含的范围要适中，具有一定的代表性，需要结合京津冀城市群的发展情况，以动态视角对基本公共服务指标体系进行构建。具体而言，考虑到公共教育服务发展情况受教育经费的影响程度较大，而其经费主要来源于政府财政支出，这些财政支出费用在一定程度上影响学校数量、专任教师人数等方面。类似地，科技财政支出以及公共图书馆藏书册数较适合代表公共文化服务和人民对文化的需求。所以，在教育文化服务一级指标体系下，分设万人财政教育支出、万人高校数、万人中小学专任教师数、万人财政科技支出和百人公共图书馆藏书册数等5个人均量化二级指标，以避免因总量和人口的不同对评价结果造成不良影响，下述二级评价指标均采用人均数据，其目的与之相同。在公共医疗卫生发展水平方面，作为基础数据的医院数、卫生院数、床位数和医生人数可以衡量公共医疗卫生服务的发展情况，具有一定的代表性。结合我国社会保障服务的三大领域：养老保险、医疗保险和失业保险，所以在医疗卫生和社会保障服务一级指标下分设"万人均医院、卫生院数""万人均医院、卫生院床位数""万人均医生数""医疗保险覆盖率""养老保险覆盖率""失业保险覆盖率"6个二级指标。基础设施服务方面则主要选取与人民生产生活息息相关的指标结合数据的可获得性和连续性，故在其一级指标下设"市辖区万人拥有公交车辆""市辖区人均道路面积""人均供水量"和"人均城乡居民用电量"4个二级指标。在公共环境领域，采用直接与民生相关的"生活污水处理率""生活垃圾无害化处理率""建成区绿化覆盖率"和"建成区人均绿地面积"4个指标作为评价公共环境领域的二级指标。伴随着经济的发展和科技的进步，信息化服务也越来越受到重视，邮局、固定电话、手机和互联网与人们显著相关，故本书在公共信息化服务一级指标下分设"万人邮局数""万人固定电话用户数""万人移动电话用户数""万人互联网宽带接入用户数"4个二级指标来衡量。

综上所述，在指标体系构建方面，参考"十三五"规划规定的基本公共服务内容和相关研究成果，本着科学性、可比性以及可操作性的原则，依据基本公共服务的内涵，构建了涵盖教育、医疗卫生和社会保障、基础设施、生活环境和信息化服务这5个方面的京津冀城市群基本公共服务发展评价指标体系。该体系包含5个一级指标，23个二级指标。具体指标情况见表5.1。

表 5.1　京津冀城市群基本公共服务发展评价指标体系

目标层一级指标	二级指标	单位	权重
教育文化服务	万人财政教育支出	万元	0.06
	万人高校数	所	0.04
	万人中小学专任教师数	人	0.01
	万人财政科技支出	万元	0.10
	百人公共图书馆藏书册数	册	0.08
医疗卫生和社会保障服务	万人均医院、卫生院数	个	0.03
	万人均医院、卫生院床位数	张	0.03
	万人均医生数	人	0.04
	医疗保险覆盖率	%	0.07
	养老保险覆盖率	%	0.06
	失业保险覆盖率	%	0.06
基础设施服务	市辖区万人拥有公交车辆	辆	0.02
	市辖区人均道路面积	m^2	0.02
	人均供水量	t	0.05
	人均城乡居民用电量	kW·h	0.07
生活环境服务	生活污水处理率	%	0.01
	生活垃圾无害化处理率	%	0.01
	建成区绿化覆盖率	%	0.02
	建成区人均绿地面积	m^2	0.04
信息化服务	万人邮局数	所	0.04
	万人固定电话用户数	万户	0.04
	万人移动电话用户数	万户	0.04
	万人互联网宽带接入用户数	万户	0.05

资料来源：2008—2018 年《中国城市年鉴》《中国文化文物统计年鉴》《河北经济年鉴》以及各市政府网站公布的年度统计公报。

第二节 京津冀基本公共服务均等化水平的时间序列演化特征

由于京津冀城市群之间的基本公共服务水平差距较为悬殊，计算的基本公共服务水平数值受极差影响较大，因此，按照上述方法，通过熵值法计算各个指标的权重，结合京津冀城市群基本公共服务水平源数据，对原始数据加权平均，得到2007—2017年京津冀城市群基本公共服务水平计算结果，见表5.2。

表5.2 2007—2017年京津冀城市群基本公共服务水平计算结果

城市	2007	2008	2009	2010	2011	2012	2013	2014	2015	2016	2017
北京	20.40	23.46	27.56	31.41	30.55	33.28	35.19	37.28	38.33	34.60	38.76
天津	12.93	20.64	23.96	15.25	17.11	19.88	23.12	25.68	26.00	22.62	20.37
石家庄	5.74	4.99	5.48	6.02	6.82	7.63	8.09	7.99	7.98	7.56	8.62
唐山	3.34	4.42	5.21	5.89	6.71	7.88	8.40	8.09	7.99	7.06	8.00
秦皇岛	4.64	5.64	6.61	6.22	7.04	8.15	8.45	8.24	8.76	8.01	8.71
邯郸	3.34	4.42	4.75	3.49	3.92	4.90	4.88	4.79	4.71	4.94	5.17
邢台	1.90	2.45	3.01	3.44	3.80	4.17	4.46	4.39	4.84	4.48	5.36
保定	1.85	2.67	3.05	3.65	3.98	4.42	4.87	4.74	5.31	4.87	6.02
张家口	2.66	3.04	3.99	4.17	4.55	5.43	5.67	5.68	6.16	6.07	7.28
承德	2.93	3.64	3.81	4.29	5.03	6.07	6.50	5.99	6.52	6.12	6.90
沧州	2.11	2.93	3.39	3.84	3.96	4.72	5.13	5.21	5.88	5.61	6.74
廊坊	3.33	4.40	5.26	5.91	6.82	7.85	8.41	7.56	8.38	7.59	10.33
衡水	2.28	2.72	3.53	3.77	4.29	4.91	5.00	4.95	5.16	5.00	6.20

此外，为了进一步分析京津冀城市群基本公共服务均等化水平的区域差异特征，以各市基本公共服务均等化指数为样本，计算得出基本公共服务发展差距变化结果。其中，极差反映的是京津冀城市群中基本公共服务配置水平最高的城市和最低城市之间的差距，标准偏差反映的是地区之间的绝对差距，变异系数反映的是地区间的相对差距。京津冀城市群基本公共服务水平差距变化测量结果见表5.3。

表5.3 京津冀城市群基本公共服务水平差距变化的测量结果

年份	最小值	最大值	均值	极差	标准偏差	变异系数
2007	1.85	20.40	5.19	18.55	5.43	1.05
2008	2.45	23.46	6.57	21.01	6.96	1.06
2009	3.01	27.56	7.66	24.55	8.14	1.06
2010	3.44	31.41	7.49	27.97	7.84	1.05
2011	3.80	30.55	8.04	26.75	7.63	0.95
2012	4.17	33.28	9.18	29.11	8.32	0.91
2013	4.46	35.19	9.86	30.73	9.04	0.92
2014	4.39	37.28	10.05	32.89	9.90	0.99
2015	4.71	38.33	10.46	33.62	10.05	0.96
2016	4.48	34.60	9.81	30.12	8.78	0.89
2017	5.17	38.76	10.65	33.59	9.31	0.87

一 宏观时间序列演化特征分析

根据表5.2和表5.3的计算结果可以看出，京津冀城市群整体基本公共服务水平的平均值由2007年的5.19上升至2017年的10.65，提高2.05倍；京津冀城市群整体基本公共服务水平变异系数由2007年的1.05下降至2017年的0.87，降幅约17%。整体而言，京津冀城市群基本公共服务水平最小值、最大值、均值、极差逐年上升，基本公共服务数值的变异系数呈现不断下降的良好趋势。这一趋势说明，自2007年以来京津冀城市群基本公共服务水平均有不同程度的提高，京津冀城市群之间基本公共服务不均等程度也在不断下降，地区之间基本公共服务水平差距逐步缩小，基本公共服务配置趋向平衡，但值得注意的是，虽然京津冀城市群基本公共服务水平差异程度降幅较小，但内部差距仍较为悬殊。原因在于近年来河北省积极承接北京市和天津市部分产业转移，使经济得到快速发展，特别是河北的沿海地区发展规划的实施，河北省部分市区财政实力不断加强，带动基本公共服务水平进一步提高。但省内另外一些市域则发展较慢，使得内部基本公共服务水平差距仍然明显。

二 微观时间序列演化特征分析

从微观来看，北京市基本公共服务水平数值由2007年的20.40增长至2017年的38.76，提高1.90倍；天津市基本公共服务水平数值由2007年的12.93增长至2017年的20.37，提高近1.58倍；石家庄市基本公共服务水平数值由2007年的5.74增长至2017年的8.62，提高近1.50倍；唐山市基本公共服务水平数值由2007年的3.34增长至2017年的8.00，提高近2.40倍；秦皇岛市基本公共服务水平数值由2007年的4.64增长至2017年的8.71，提高近1.88倍；邯郸市基本公共服务水平数值由2007年的3.34增长至2017年的5.17，提高近1.55倍；邢台市基本公共服务水平数值由2007年的1.90增长至2017年的5.36，提高近2.82倍；保定市基本公共服务水平数值由2007年的1.85增长至2017年的6.02，提高近3.25倍；张家口市基本公共服务水平数值由2007年的2.66增长至2017年的7.28，提高近2.74倍；承德市基本公共服务水平数值由2007年的2.93增长至2017年的6.90，提高近2.35倍；沧州市基本公共服务水平数值由2007年的2.11增长至2017年的6.74，提高近3.19倍；廊坊市基本公共服务水平数值由2007年的3.33增长至2017年的10.33，提高近3.10倍；衡水市基本公共服务水平数值由2007年的2.28增长至2017年的6.20，提高近2.72倍。由此可以看出，京津冀城市群之间基本公共服务水平发展速度不同，按年均增长速度由快到慢排序依次为廊坊市、沧州市、邢台市、保定市、张家口市、衡水市、承德市、唐山市、秦皇岛市、北京市、天津市、石家庄市和邯郸市。年均增长速度较快的往往是基本公共服务水平较低的城市。由于这些地区基础总量较低，故其基本公共服务水平数值与水平较高的城市相比差距仍较为悬殊。

三 阶段性演化特征分析

为进一步明确京津冀城市群基本公共服务空间演化特征，本书通过SPSS 25.0软件，进行系统聚类分析，并采用欧式平均距离方法将京津冀城市群基本公共服务水平分为五个等级，分别是低水平、较低水平、中等水平、较高水平、高水平。根据表5.2和表5.3可以看出数据具有明显的阶段性特征，主要表现在以下三个阶段。

第一个阶段为2007—2010年的低水平主导阶段，此阶段京津冀城市群中年均约有7个城市处于低水平状态，超过总城市数量的一半。

第二个阶段为2011—2012年的快速上升阶段，在该阶段中多数城市从低水平阶段发展至较低水平阶段，低水平逐渐失去主导地位。在此阶段，河北省的张家口市、承德市和廊坊市纷纷列入较低水平行列；此外，北京市由原来的中等水平、较高水平阶段进入高水平阶段；天津市由原来中等水平阶段发展至较高水平阶段。

第三个阶段为2013—2017年的以较低水平为主导，中等水平城市数量逐渐增加的阶段。在该阶段，经历了快速上升阶段的城市逐渐摆脱了基本公共服务低水平的困境，纷纷提升为基本公共服务较低水平城市。

综上所述，京津冀城市群中年均约有9个城市处于较低水平状态，超过了总城市数量的一半。此外，部分发展较快的城市出现了由低水平向中等水平转换的良好态势，河北省地区的秦皇岛市、石家庄市及廊坊市分别在2015年、2017年及2017年成为基本公共服务中等水平城市。这说明京津冀城市群基本公共服务水平虽然有所提升，但各地区仍然存在水平不均的情况，具有明显的阶段性特征。2007年以来，京津冀城市群基本公共服务水平大体上呈现波浪式上升趋势，均值由2007年的5.19上升为2017年的10.65。此外，2017年京津冀城市群基本公共服务水平为高水平的城市1个，较高水平城市1个，3个中等水平城市以及8个较低水平城市。高水平和较高水平城市数量占比各达7.7%，中等水平城市数量占比30.8%，而较低等水平城市数量占比达61.5%。

第三节　京津冀基本公共服务均等化水平的空间演化特征及回归分析

由表5.4"京津冀城市群基本公共服务水平的空间演化特征"可知，2007年以来，京津冀基本公共服务整体水平有所提升，呈现良好态势，但仍然存在整体均等化程度不高的区域空间格局。北京、天津基本公共服务水平明显高于河北地区的11个城市，河北省内的石家庄市、秦皇岛市、唐山市公共服务水平高于河北省内其他城市。石家庄市作为河北省省会，聚集了医疗、教育、文化等优质资源；秦皇岛市和唐山市地理位置优越，具有产业优势和港口优势，使得当地经济发展较快，财政实力雄厚，基本公共服务体系较为完备，从而基本公共服务水平较高。衡水市、沧州市、邢台市、承德市等地，处于河北腹地，引进高端要素困难，使得经济发展缓慢，财政收入较差，综合导致基本公共服务水平低于其他几座城市。总体来说，经济发展水平与基本公共服务水平显著相关，区域之间经济发展不平衡导致在基本公共服务水平上的差距。具体表现特征如下。

表 5.4　京津冀城市群基本公共服务水平的空间演化特征

等级划分	2007 年	2010 年	2015 年	2017 年
高水平		北京市	北京市	北京市
较高水平	北京市		天津市	天津市
中等水平	天津市	天津市	秦皇岛市	石家庄市、秦皇岛市、廊坊市
较低水平		石家庄市、唐山市、秦皇岛市、廊坊市	石家庄市、唐山市、邯郸市、邢台市、保定市、张家口市、承德市、沧州市、廊坊市、衡水市	唐山市、邯郸市、邢台市、保定市、张家口市、承德市、沧州市、衡水市
低水平	石家庄市、唐山市、秦皇岛市、邯郸市、邢台市、保定市、张家口市、承德市、沧州市、廊坊市、衡水市	邯郸市、邢台市、保定市、张家口市、承德市、沧州市、衡水市		

一　京津冀基本公共服务水平的双核心—圈层状特征

根据京津冀基本公共服务水平数值在空间上的整体分布特点可以看出，其呈现双核心—圈层状扩散的特点。首先，北京市作为首都，其政治、文化、国际交往、科技创新中心的定位决定了其拥有其他任何城市无法比拟的独特的发展条件，而天津市作为经济特区，临海对外开放程度较高，地方政府在基本公共服务发展上的投入能力较强，从而形成京津冀城市群以北京市和天津市为双核心的分布特征。其次，河北省11市与北京、天津两市相比多为经济发展水平较低地区，政策扶持较少，地方政府对基本公共服务的供给能力不足。其中，与京津两市较近的城市，受其辐射带动作用影响，基本公共服务水平相对高一些。因此，以京津两市为核心呈现出圈层状扩散的特点。具体而言，2017年北京市和天津市基本公共服务水平分别处于高水平和较高水平，且两者基本公共服务水平数值在其他年份也占有绝对优势。相比而言，河北省绝大多数城市基本公共服务水平处于较低水平，其中，距离京津较近的城市基本公共服务水平数值相对高一些，例如廊坊市距京津较近，其基本公共服务水平处于中等水平。

二 京津冀基本公共服务水平的南北分异特征

随着时间的演进，从京津冀城市群基本公共服务微观空间分布来看，呈现出"南北分异"特征，具体表现为，北部以"京津"两市为核心，南部以河北省"省会石家庄"为核心，构成两个基本公共服务发展水平较高的高值中心。根据京津冀基本公共服务水平计算结果及京津冀基本公共服务水平空间演化特征可以得出，京津两市周边的河北省内城市的基本公共服务水平受溢出效应影响，比河北省内其他城市略高，而另一个较高值核心石家庄市周边的城市受到外溢效应影响较弱。此外，从南北分布结构上看，相对于北部城市，南部城市基本公共服务水平数值较低。例如2017年基本公共服务水平数值在6以下的两个城市都在京津冀南部地区，为河北省的邢台市和邯郸市。

三 京津冀基本公共服务水平的东西分异特征

京津冀城市群以北京为中心分界线，北京以西为京津冀西部地区，北京以东则为京津冀东部地区。由京津冀基本公共服务水平计算结果及空间演化特征可以看出，京津冀东部地区基本公共服务水平普遍高于西部地区，沿海地区基本公共服务水平高于内陆地区，随着时间的演进，差距呈现扩大趋势。京津冀西部内陆城市经济发展方式较为粗放，受资源环境制约，发展空间有限；而东部沿海城市相对于西部城市，资源环境承载力尚有较大空间，但带动作用尚未显现。2017年河北省沿海地区经济总量仅占全省的34.3%。具体而言，东部地区的秦皇岛市、唐山市、天津市及廊坊市等城市基本公共服务水平普遍高于西部地区的邯郸市、邢台市、保定市等地区。以天津、邯郸两市水平测算结果为例，2017年两市差距比2007年两市差距增长了58%；以秦皇岛、邯郸两市水平测算结果为例，2017年两市差距比2007年两市差距拉大近一倍。

综上所述，京津冀基本公共服务水平空间分布具有以下三个特征。一是以京津为核心，呈圈层状扩散；二是具有南北分异特征；三是具有东西分异特征。从京津冀基本公共服务空间分布特征可以看出，京津冀基本公共服务水平有了整体上的提升，各城市基本公共服务水平都有不同程度的提高，但非均等问题仍较为突出，且差距在不断扩大。主要体现在核心区域与非核心区域、京津冀北部地区与南部地区，以及京津冀东部地区与西部地区，尤其是京津冀南部和西部一些城市的基本公共服务水平较低，应引起政府及有关部门的重视。

四 京津冀基本公共服务水平的多元回归分析

京津冀基本公共服务均等化水平在时间序列和空间序列上存在明显的分异特征，为进一步明确京津冀基本公共服务水平的影响因素与驱动机理，参考相关研究成果，赵林等2015年发表在《经济地理》上的《东北地区基本公共服务失配度时空格局演化与形成机理》，结合京津冀三地实际情况，本书认为影响基本公共服务资源均等化水平的因素包括地区经济发展水平、地方财政支出能力、工业化水平、产业结构水平、对外开放程度、交通发展水平等。为定量分析基本公共服务水平与影响因素间的关系，选取人均地区生产总值（X_1）、人均固定资产投资（X_2）、人均财政支出（X_3）、工业产值占 GDP 比重（X_4）、非农产值占 GDP 比重（X_5）、人均实际利用外资（X_6）、客运量（X_7）、货运量（X_8）、城镇化率（X_9），共计 9 个指标为自变量，同期的基本公共服务水平为因变量，利用 SPSS 25.0 对京津冀基本公共服务水平做多元回归分析，具体结果见表 5.5。

表 5.5　　2007—2017 年京津冀城市群基本公共服务水平影响因素多元回归分析

年份	序号	模型因子	标准系数	T 统计量	双尾显著性概率
2007	X_3	人均财政支出	0.709	5.734	0.000***
	X_9	城镇化率	0.358	3.335	0.009***
	X_4	工业产值占 GDP 比重	0.104	2.161	0.059*
2008	X_3	人均财政支出	0.611	9.278	0.000***
	X_6	人均实际利用外资	0.429	6.504	0.000***
2009	X_3	人均财政支出	0.350	2.334	0.044**
	X_6	人均实际利用外资	0.506	6.959	0.000***
	X_7	客运量	0.242	2.284	0.048**
2010	X_3	人均财政支出	0.669	11.114	0.000***
	X_7	客运量	0.354	5.885	0.000***
2011	X_3	人均财政支出	0.745	11.055	0.000***
	X_7	客运量	0.280	4.150	0.002***
2012	X_3	人均财政支出	0.750	12.677	0.000***
	X_7	客运量	0.279	4.713	0.001***
2013	X_3	人均财政支出	0.774	10.548	0.000***
	X_5	非农产值占 GDP 比重	0.243	3.314	0.008***

续 表

年份	序号	模型因子	标准系数	T统计量	双尾显著性概率
2014	X_3	人均财政支出	0.584	8.794	0.000***
	X_5	非农产值占GDP比重	0.155	3.755	0.007***
	X_7	客运量	0.174	4.257	0.004***
2015	X_1	人均地区生产总值	0.129	2.435	0.045**
	X_3	人均财政支出	0.875	15.349	0.000***
	X_7	客运量	0.136	2.384	0.038**
2016	X_3	人均财政支出	0.764	9.167	0.000***
	X_7	客运量	0.254	3.051	0.014**
	X_2	人均固定资产投资	0.731	5.801	0.001***
2017	X_3	人均财政支出	0.745	8.908	0.000***
	X_5	非农产值占GDP比重	0.219	5.462	0.001***
	X_1	人均地区生产总值	0.121	3.696	0.008***
	X_7	客运量	0.122	2.706	0.030**

注：***、**、*分别表示变量在1%、5%和10%以上的显著性。

2007—2017年间的早期阶段，京津冀"2+11"市基本公共服务整体发展水平较低，经济发展主要依靠第二产业推动，服务业发展水平较为低下，而城市化进程为基本公共服务的发展提供了良好契机。同时，2008年北京奥运会的成功举办也为京津冀基本公共服务水平的提升带来了丰厚的外资资源。因此，2008—2009年人均实际利用外资在京津冀基本公共服务的发展中发挥了较大作用。之后，随着经济的发展、对外开放程度的提高，以及基本公共交通设施的发展，客运量逐渐发挥了带动作用。换句话说，交通通达程度逐渐发挥重要作用，呈现出与经济的良性互动。在众多影响因素中，经济因素对基本公共服务水平的提高至关重要，贯穿始终。在所研究的11年间，人均财政支出出现频率最高，而伴随交通运输服务业发展的客运量又与经济的发展密不可分，究其原因在于，随着地区经济发展水平和人均收入水平提高，人民对公共资源需求也就越高，相应地也会优化和发展公共服务。

由表5.5回归结果可以看出，2007—2017年京津冀基本公共服务水平仅货运量（X_8）与被解释变量关系呈现不显著，表明京津冀城市群货运量对基本公共服务均等化水平无显著影响，其余8项均与基本公共服务水平数值呈现较为显著的正相关性。其中，人均地区生产总值（X_1）、人均固定资产投资（X_2）、人均财政支出（X_3）、工业产值占 GDP 比重（X_4）、非农产值占 GDP 比重（X_5）、人均实际利用外资（X_6）、客运量（X_7）、城镇化率（X_9）正相关性较为显著，对基本公共服务水平影响较大。因为各地区经济发展水平和人均收入水平越高，人民对公共资源的需求度也就越高，需要相应优化公共资源配置，从而促使基本公共服务资源配置进一步提高。尤其是，人均财政支出和客运量出现频率较高，说明这两种因素在影响京津冀基本公共服务水平的众多因素中影响力度较大。

综上所述，早期京津冀"2+11"市基本公共服务整体发展水平较低，此时经济发展主要依靠第二产业推动，服务业发展水平较为低下。随着城市化进程的加快，为基本公共服务的发展提供了良好契机。2008年北京奥运会的成功举办也为京津冀基本公共服务水平的提升带来了丰厚的外资资源。从数据分析可以看出2008—2009年人均实际利用外资在京津冀基本公共服务的发展中发挥了较大作用。之后，随着经济的发展、对外开放程度的提高，以及基本公共交通设施的发展，客运量逐渐发挥了带动作用，呈现出良性互动局面。在众多影响因素中，经济因素对基本公共服务水平的提高至关重要，贯穿始终。在所研究的11年间，人均财政支出出现频率最高，而伴随交通服务发展的客运量也与经济的发展密不可分。从本质上说，地方政府的财政支出、地区的经济发展水平及其结构,以及地区生产总值等众多因素共同影响着基本公共服务水平,同时基本公共服务的发展又反作用于这些影响因素。

本章参考"十三五"规划规定的基本公共服务内容和相关研究成果,利用熵值法等分析方法对京津冀基本公共服务水平的时空格局进行了实证研究,阐释了影响基本公共服务资源配置水平的基本因素,为有针对性地探讨京津冀基本公共服务均等化的制约因素打下坚实基础。

第六章 京津冀基本公共服务均等化的制约因素

通过考察京津冀基本公共服务均等化的发展历程、进展成效和非均等化的现实表现,在定性和定量分析的基础上,京津冀省际和城市间基本公共服务水平存在着较大差距,在基本公共服务的个别领域甚至存在"断崖式"落差,实现"均等化"任重而道远。纵观我国经济社会发展历程可知,任何一项国家战略的成功推行都不是独立的,为实现京津冀基本公共服务均等化,除了《京津冀协同发展规划纲要》外,还需要一系列配套政策、法律、制度和完善的体制机制来保障。从马克思主义公平理论视角入手,将京津冀基本公共服务均等化的制约因素分为三大类,分别从生产维度上的经济发展水平,分配维度上的公共资源配置,制度维度上的公共财政制度、法律制度等方面深入论证制约京津冀基本公共服务均等化的问题根源。

第一节 经济发展不平衡是制约基本公共服务均等化的根本因素

马克思主义公平理论关于生产维度的主要内容论证了生产力是促进社会公平的物质基础和决定力量。由此可知,京津冀区域的经济发展水平是保障和改善民生,促进社会公平正义,影响基本公共服务均等化的物质基础。基本公共服务发展水平、质量好坏皆与国家、地方的经济发展水平直接挂钩。当前京津冀省际、城市间发展差距悬殊，尤其是京津与其周边城乡之间，京津冀城市间及城市内部发展不平衡、市场化程度不高、科技创新资源分布不均衡等问题，增加了京津冀协同发展战略向广度和深度拓展的难度，经济发展不平衡是制约基本公共服务均等化的根本因素。改革开放四十多年来，我国经济发展水平显著提高，国内生产总值由改革开放初期的3678.7亿元增长到2017年的827121.7亿元，提高了两百多倍，综合国力大幅提高，为推进基本公共服务均等化奠定了坚实的物质基础。然而，在经济快速发展的同时，我国区域间贫富差距不断拉大，京津冀区域经济发展不均衡问题则尤为严重。表6.1统计了2014—2017年京津冀地区人均生产总值。

表6.1　2014—2017年京津冀地区人均生产总值（元/人）

	2014	2015	2016	2017
北京市	99995	106497	118198	128994
天津市	105231	107960	115053	118944
河北省	39984	40255	43062	45387

资料来源：国家统计局网站。

从表6.1中可以看到河北省人均生产总值虽然呈现逐年上升的态势，但是增长幅度有限，2017年人均生产总值为45387元/人，与2014年相比增幅为13.5%；而北京市为128994元/人，与2014年相比增幅为29.0%；天津市为118944元/人，与2014年相比增幅为13.0%。北京市和天津市基本处于同一水平，而河北省人均生产总值则不足京津两市的一半，经济发展明显落后。通过本书第五章京津冀基本公共服务均等化水平测度及时空演化特征的分析可以看出，产业结构和布局、科技创新资源分布和投入力度、交通一体化程度是影响经济发展水平的关键要素,对京津冀协同发展战略的深入推进,形成三地功能明显、优势互补、高质量发展的京津冀区域经济具有较大影响。

一 产业结构和产业布局差异化

京津冀区域内的产业结构布局对该区域的经济发展有直接的影响。[①] 在产业结构和产业布局方面,对国家统计局发布的国家统计年鉴数据进行整理可以得到京津冀地区第二、第三产业法人单位数及其占比情况,见表6.2。其中,第二产业是指采矿业,制造业,电力、热力、燃气及水生产和供应业,建筑业;第三产业包括流通和服务两大部门,具体分为三个层次。一是流通部门,包括交通运输业、邮电通信业、商业饮食业、物资供销和仓储业;二是为生产和生活服务的部门,包括金融业、保险业、地质普查业、房地产管理业、公用事业、居民服务业、旅游业、信息咨询服务业和各类技术服务业;三是为提高科学文化水平和居民素质服务的部门。从产业分类可以看出,加快发展第三产业有利于建立和完善社会主义市场经济体制,有利于加快经济发展。

长期以来,京津冀地区产业分工相对独立,北京、天津同质化竞争比较明显,京津冀三地产业协作水平较低,尚未形成合理的产业梯度和紧密联系的产业链。河北省产业结构层次落差大,产业和产品较多处于产业链的中低端,与京津产业发展相比差距较大。根据国家第四次全国经济普查结果可以看出,产业定位与产业分工在三地间开始显现,融合水平正在逐步提高。当前,在产业结构转型升级方面,京津冀城市群整体第一、第二产业比重明显下降,第三产业显现增长势头。表6.2统计了2014—2017年京津冀地区第二、第三产业法人单位数及占比情况。

---

① 吴家舟:《产业结构布局对区域经济的影响分析》,《知识经济》2010年第4期。

表 6.2　2014—2017 年京津冀地区第二、第三产业法人单位数及占比情况

年份		2014	2015	2016	2017
北京	第二产业法人单位数量(个)	53433	54574	55250	55793
	占比(%)	7.60	7.80	7.90	7.90
	第三产业法人单位数量(个)	646874	641029	646874	654823
	占比(%)	92.40	92.20	92.10	92.10
天津	第二产业法人单位数量(个)	77536	69642	77536	84250
	占比(%)	20.30	22.20	20.30	19.50
	第三产业法人单位数量(个)	303998	243372	303998	347974
	占比(%)	79.70	77.80	79.70	71.50
河北	第二产业法人单位数量(个)	198384	158300	198382	290629
	占比(%)	27.40	27.10	27.40	27.50
	第三产业法人单位数量(个)	524464	424996	524463	766725
	占比(%)	72.60	72.90	72.60	72.50

资料来源：2015—2018 年《中国统计年鉴》。

此外，表 6.2 数据还显示了四年间京津冀地区内从事第二产业和第三产业活动的法人单位数量迅速增加，2017 年年末北京、天津和河北地区比 2014 年分别增长 40309 个、50690 个、334506 个。2017 年年末，河北省第二、第三产业法人单位总数达到 1057354，其中高技术制造业迅速发展，采矿及传统制造业聚集态势相对减弱；而天津地区最低为 432224 个；同时，北京市 2017 年年末第三产业法人单位数占第二、第三产业法人单位总数的比例为 92.10%，且高端的技术服

务业和文化产业集聚度日益增强。伴随着产业转移的推进，批发、零售业及租赁等传统服务业占比下降，北京市产业结构趋于高端化。由此可以看出，产业结构和布局的差异化导致经济发展水平的不均衡，进而制约基本公共服务均等化。

二 科技创新资源分布不均衡

研究与试验发展（R&D）经费是指在统计年度内实际用于基础研究、应用研究和试验发展的经费支出。该经费的投入可以直接反映国家和地区对科技创新的资源分配。根据全国科技经费投入统计公报，表6.3统计了京津冀地区和全国的科学研究与试验发展（R&D）经费情况。

表6.3 京津冀地区和全国的科学研究与试验发展（R&D）经费情况

年份		2014	2015	2016	2017
北京	R&D经费（亿元）	1268.80	1384.00	1484.60	1579.70
	R&D经费投入强度(%)	5.95	6.01	5.96	5.64
天津	R&D经费（亿元）	464.70	510.20	537.30	458.70
	R&D经费投入强度(%)	2.96	3.08	3.00	2.47
河北	R&D经费（亿元）	313.10	350.90	383.40	452.00
	R&D经费投入强度(%)	1.06	1.18	1.20	1.33
全国	R&D经费（亿元）	13015.60	14169.90	15676.70	17606.10
	R&D经费投入强度(%)	2.05	2.07	2.11	2.13

资料来源：2014—2017年《全国科技经费投入统计公报》。

从表 6.3 中可以看出，北京市研究与试验发展（R&D）经费常年在 1200 亿元以上，且逐年增加 100 亿元左右；天津市则经常在 500 亿元的水平上，增长幅度不大，2017 年甚至出现下降情况；而河北省经费最低，虽然 2017 年实现了快速增加，但仍低于天津市，更是不足北京市经费的三分之一。经费投入的不均衡，也势必导致科技创新资源的分布不均衡。此外，表 6.2 也给出了京津冀各地区以及全国平均的 R&D 经费投入强度。该项指标定义为 R&D 经费支出与 GDP（该地区生产总值）之比，是国际上用于衡量一国或一个地区在科技创新方面投入程度的重要指标。可以看到，北京市的 R&D 经费投入强度常年处于 6% 的水平，是全国平均水平的 3 倍左右，科技创新投入强度很高，而天津市 2017 年 R&D 经费投入强度为 2.47%，同样高于全国的 2.13%；而河北省则只有 1.33%，明显低于全国水平，和北京、天津的差距则更大。

科技兴则民族兴，科技强则国家强。科学技术是第一生产力，科技创新投入和重视程度直接影响地区的经济发展水平，进而影响基本公共服务水平。以上数据说明，河北省在科技创新方面投入不足，重视程度有待提升。

第二节 公共资源配置不均衡是制约基本公共服务均等化的历史因素

人类社会的健康运行和持续发展离不开公平正义的分配体系。[①] 马克思主义公平理论认为，公平分配的根源在于生产资料所有制，关键在于分配方式和分配原则。新中国成立以来，在如何处理公平与效率关系上发生过几次转变。历史原因带来的公共资源配置不均衡成为影响基本公共服务均等化的历史因素。

[①] 熊建生、张振华：《马克思的分配正义观及其现实启示》，《马克思主义研究》2014 年第 5 期。

一 国家梯度推进的区域发展政策

以公平视角纵观我国社会主义市场经济分配原则的推进历程大致表现为：效率优先，兼顾公平—注重社会公平—更加注重社会公平—保障社会公平正义—促进社会公平正义。这一发展历程可以概括为：改革开放初期，我国急于摆脱分配领域的平均主义"大锅饭"、生产力发展缓慢的困局，因此实行了多年效率导向型发展政策。1993年在确立社会主义市场经济体制文件中提出"效率优先、兼顾公平"的政策导向。随着改革开放的不断深入，贫富差距拉大、基尼系数超过国际警戒线等问题引起党和政府的高度重视以及学术界的普遍关注。党的十六届四中全会提出"注重社会公平"。党的十六届五中全会提出"更加注重社会公平"。党的十六届六中全会提出"保障社会公平正义"。党的十八大、十九大报告中均提出"促进社会公平正义"。中国共产党对社会主义市场经济分配原则由"效率优先、兼顾公平"到"促进社会公平正义"的发展历程，反映了我国社会主义市场经济分配体制和机制改革实践的渐进历程，更反映出中国共产党对马克思主义公平理论中公平与效率关系理论是在持续探索中不断发展完善的。

在特殊历史时期、特定历史条件下，政府为了更好地解决经济社会发展水平低下等现实问题，加快我国经济增长速度、缩小与发达国家之间的差距而采取这种"效率优先"梯度推进式的不平衡发展战略。不平衡发展战略是处理公平与效率关系的政策选择，鼓励各地政府竞相发展经济，秉持"效率优先、兼顾公平"的发展原则，这一原则指引下，使得各地政府更加关注经济增长、增速，对京津冀乃至全国经济快速增长起到强劲的推动作用，有效促进GDP增长，创造了经济高速增长的发展时期。梯度推进发展战略的实施大大改善了沿海地区的投资环境，有力地推动了沿海地区经济的快速发展，但同时也拉大了地区差距，特别是直辖市与省级行政区各城市间，沿海与内地城市间的差距快速扩大。梯度推进的区域发展政策带来的弊端日益显现，京津冀沿海和内地等地区间的经济发展水平差距不断拉大，公共资源配置不均衡等问题不断衍生；过度追求经济效益而忽视基本公共服务建设，京津冀乃至全国在区域之间、城乡之间、群体之间的差距逐渐拉大。该政策成为制约京津冀基本公共服务均等化的历史性因素。

二 国家城市偏向的城乡发展政策

城乡平衡发展是社会发展必须重视的现实问题，是实现基本公共服务均等化的关键环节。然而，长期以来的城市偏向发展政策严重制约了城乡经济发展和城乡基本公共服务均等化，具体原因如下。

（一）城乡二元经济结构

第一，从新中国成立到改革开放前，为了实现经济快速发展的目标，实行"先城市后农村""先工业后农业"的经济社会发展战略，将大部分资源和资金，重点用于城市建设和发展地方工业。一是通过工农业产品价格"剪刀差"的方式，以行政手段降低重工业生产成本；二是通过户籍制度将农民限制在农业领域，农民的农业活动既要生产满足自身生活需要的物质资源，还要提供城市和工业发展所需的生产资料等；三是通过农业税等形式不断汲取农村资源，为确保国家工业和城市发展提供了大量的农业剩余和财政资源。因此，在城乡二元经济结构作用下，形成了资金单向流动和农村发展资金匮乏的现象。

第二，改革开放后，我国发展重心从以阶级斗争转向经济发展，尤其是实行家庭联产承包责任制后，农民生产积极性显著增强，一定程度上促进了农业发展和农村经济发展水平。但是，随着人民公社逐渐解体，在"统分结合，双层经营"体制下，村委会供给公共产品的实力在一定程度上减弱，与此同时国家财政对农村、农业投入严重不足，乡镇政府财力低下且更多地投入地方经济发展，造成了农村基本公共服务供给不足。党的十四大以后，分税制改革划分了中央和地方财权，并且明确政府间转移支付制度，使得政府间财政能力严重失衡。与此同时，经济政策下"城市偏向"的制度安排只增未减，农村公共服务供给持续性不足。

第三，党的十六大报告中指出"城乡二元经济结构还没有改变"，将统筹城乡经济社会发展正式作为全面建设小康社会的重大任务。以2003年为分水岭，将"让公共财政的阳光逐步照耀农村"作为新时期财政支持"三农"的基本指导思想。2006年，党的十六届六中全会提出了"逐步推进基本公共服务均等化"，农业税等税费陆续取消，公共财政体制不断完善，缓解了财政不足导致基本公共服务供给缺失的问题。自此，重视并推进城乡基本公共服务均等化的政策陆续出台，投入逐渐向农村倾斜。然而，长期以来城乡分治、城市偏向的历史政策已经使城乡基本公共服务供给水平形成了一段时间内较难追平的差距。此外，与京津地区相比，河北省农村集体数量庞大。因此，城乡二元经济结构成为制约三地基本公共服务均等化的历史因素。

(二) 城乡二元户籍制度

新中国成立初期，国家颁布《中华人民共和国户口登记条例》，实行严格的户籍管理制度，将全国居民户口划分为非农业和农业两类。在城市和农村、市民与农民之间，架起来一面不可逾越的户籍制度之墙。户籍制度的壁垒造成了城乡对立的二元格局，阻碍了人口、资源、技术等生产要素在城乡之间的自由流动，拉大了城乡之间的经济差距，导致城乡基本公共服务水平失衡。

三 基本公共服务供给主体权力配置不均衡

基本公共服务均等化进程是一个宏大的系统工程，目标的实现有赖于多元主体均衡发展，政府、市场和社会组织权责的合理分配。新中国成立以来，我国基本公共服务协同供给的发展历程可以分为三个阶段。第一，计划经济时期，国家垄断供给；第二，改革开放后，市场经济体制确立，放活市场主体和社会组织在基本公共服务供给的空间；第三，新时代，全面深化改革推动了政府、市场、社会组织多元主体协同供给的新模式。针对基本公共服务供给的多样性需求，诸如幼有所育、学有所教、劳有所得、病有所医、老有所养、住有所居等多方面公民基本生存和发展需要，仅靠政府是不可能面面俱到、全部提供的，更多的是依靠市场、社会组织等供给主体。多元供给主体在提高供给质量和供给效率方面发挥着重要作用。

但是，长期以来多元协同供给实践中存在制约均等化发展的因素，一是供给主体的地位不平等，其他供给主体话语权相对于政府明显较弱，不能充分发挥不同主体的比较优势；二是供给主体的权力和资源配置的不均衡。"世界发达国家、发展中国家每万人拥有社会组织数一般分别超过50个和10个"①，然而，截至2017年年底，我国社会组织80.3万个，当年中国每万人拥有社会组织数量仅为5.7个，这些数据充分表明社会组织力量依然薄弱，很大程度上影响了多元主体利益表达；三是政府机构及职能设置等因素带来供给碎片化问题。长期以来，供给主体部门分散、主体功能分割、协同不够、条块分割，造成供给碎片化、效率低等问题，导致基本公共服务供给主体多元协同困难。因此，长期以来京津冀基本公共服务供给主体权力和资源配置的不均衡是三地基本公共服务供给失衡的历史因素，一定程度上制约均等化的推进。

四 京津冀区域资源配置行政色彩浓厚

京津冀区域资源配置行政色彩浓厚是历史性影响因素。京津冀区域与长三角、珠三角两个区域最大的区别在于政治上的圈定因素要大于并重于经济上的因素，京津冀区域协同发展策略是在政府主

---

① 岳金柱：《解决制约培育和发展社会组织"瓶颈"对策的思考》，《社团管理研究》2009年第11期。

导下以行政规划的方式孕育而生。长期以来，北京在其经济发展历程中，获得了国家较多的优惠政策和政策倾斜及周边资源的倾力支持。北京既是首都，又是政治中心、文化中心、国际交往中心，汇聚了众多高端企业与集团机构的总部。无论是从宏观角度还是从微观角度，北京都带有浓郁的"行政色彩"，承载着重要的政治经济功能。北京在经济、科技、人才等方面优质资源集聚，处于领先地位，天津次之，而河北省长期服务京津，输送各类优质资源，既做后勤服务大队长，又做护城河，但未得到更多的利益补偿和财政政策倾斜。长期的资源输送挤占了河北财政支出，影响了经济发展和民生改善，形成三地间资源配置的差异化，以及基本公共服务水平"两强一弱"的不均衡现状。京津冀协同发展战略是优化区域发展布局和社会生产力空间结构，平衡区域发展差距的关键之策。对基本公共服务水平差距较大的河北而言，要借京津冀协同发展这一重要战略的有力推进，抓住发展机遇，抓紧优化区域生产力结构和空间布局，以弥补发展差距，贯通产业链条，重组区域资源为行动方向，依靠创新驱动力将京津冀协同发展推向深入，实现经济发展水平的大幅提升，进而推动基本公共服务水平的不断提升，打破制约均等化的历史瓶颈。

第三节　城镇化结构失衡是制约基本公共服务均等化的现实因素

城镇化是保持经济健康发展的重要引擎和促进城乡经济社会一体化发展的重要策略。当前，京津冀地区城镇化结构失衡成为制约区域和城乡基本公共服务均等化的现实因素。

一　京津冀城市群规模结构待优化

区域空间结构是各种经济组织在区域内的空间分布状态及空间组

合形式。① 区域空间结构优化是区域经济社会发展的重要动力。② 从第五章京津冀基本公共服务均等化空间演化格局可以看出，长期以来受京津冀区域内基础设施、公共资源在各地区间分配不均衡导致"京津"极化发展，区域空间结构呈现双核心—圈层状特征。这一特征与城市行政等级、规模等级密切相关。同时，"京津"极化发展导致大城市病以及城市群规模结构的断层，进一步扩大了基本公共服务水平差距。

按照中国城市等级划分标准，可以将京津冀城市群中的城市按其行政等级分为四个层级，分别是直辖市、副省级、地级市、县级市。表 6.4 展示了京津冀区域县级以上城市的行政区域等级。③

表 6.4　　　　京津冀区域县级以上城市的行政区域等级

层级	行政等级	城市数量(个)	城市名称
1	直辖市	2	北京市、天津市
2	副省级城市	0	—
3	地级市	11	石家庄市、唐山市、保定市、邯郸市、秦皇岛市、张家口市、邢台市、廊坊市、承德市、衡水市、沧州市
4	县级市	21	辛集市、藁城市、晋州市、新乐市、鹿泉市、遵化市、迁安市、武安市、南宫市、沙河市、涿州市、定州市、安国市、高碑店市、泊头市、任丘市、黄骅市、河间市、霸州市、三河市、深州市

---

①　冯兴华、钟业喜、徐羽、陈琳：《长江经济带区域空间结构演化研究》，《长江流域资源与环境》2015 年第 10 期。

②　李国平、宋昌耀：《京津冀区域空间结构优化策略研究》，《河北学刊》2019 年第 1 期。

③　表 6.4 的表格形式参考借鉴学者李国平、宋昌耀的《京津冀区域空间结构优化策略研究》(2019)，表格内容则根据最新数据予以更新。表 6.5 同。

为疏解北京非首都功能，探索人口经济密集地区优先开发新模式，调整优化京津冀城市布局和空间结构，培育创新驱动发展新引擎，2017年4月1日，中共中央、国务院决定设立雄安新区，位于京津冀区域腹地，作为国家级新区，定位为二类大城市。从行政区域等级来看，京津冀地区暂无副省级城市，在行政等级上存在断层。根据《关于调整城市规模划分标准的通知》中规定的城市规模等级，按照国家统计局2017年统计数据划分京津冀县级市以上城市的规模等级。表6.5统计了2017年年末京津冀区域城市规模等级情况。北京市常住人口2170.7万人，比2016年年末减少2.2万人，降幅0.1%；北京市户籍人口1359.2万人，比2016年年末减少3.7万人，降幅3%。天津市常住人口1556.87万人，比2016年年末减少5.25万人，降幅0.34%。保定市、石家庄市也分别以1169.05万人和1087.99万人跻身超大城市行列，唐山、邯郸、邢台、沧州分别以789.70万人、446.04万人、735.16万人、755.49万人步入特大型城市规模。

表6.5　　2017年年末京津冀区域城市规模等级

城市等级	城区人口(万)	城市数量(个)	城市名称
超大城市	1000	4	北京市、天津市、保定市、石家庄市
特大城市	500—1000	4	唐山市、邯郸市、邢台市、沧州市
Ⅰ型大城市	300—500	5	衡水市、廊坊市、承德市、张家口市、秦皇岛市
Ⅱ型大城市	100—300	1	定州市
中等城市	50—100	1	辛集市
小城市	50万以下	20	藁城市、晋州市、新乐市、鹿泉市、遵化市、迁安市、武安市、南宫市、沙河市、涿州市、定州市、安国市、高碑店市、泊头市、任丘市、黄骅市、河间市、霸州市、三河市、深州市

资料来源：2018年《中国统计年鉴》。

公共资源往往按城市行政等级来配置，行政等级越高、城市规模越大，越容易集聚优质资源、人口、技术等生产要素。相对北京、天津直辖市而言，河北没有能够集聚优质资源、配置公共资源、带动并辐射周边发展的副省级城市，再加上河北自身自然地理、政策环境等吸附力不够，一定程度上影响经济发展水平；此外，河北省与北京市、天津市相比，地域辽阔、人口分散、小城市数量大等现实因素都不利于河北基本公共服务水平提升。因此，京津冀城市群城市规模结构不合理是制约基本公共服务均等化的现实因素。

二　北京市虹吸效应及其"大城市病"

改革开放以来，我国经历了世界历史上规模最大、速度最快的城镇化进程，常住人口城镇化率从1978年的18%上升到2017年的58.52%，城市发展取得了举世瞩目的成就。但是，随着城市规模不断扩大，人口不断增长，也给不少特大城市带来了诸如环境污染、交通拥堵、房价激增等"大城市病"，这些问题在作为首都的北京市则表现得尤为突出。

长期以来，北京作为首都以其独具的优越行政条件，集聚了大量的公共服务、资金、人才、技术等优势资源，对周边地区"虹吸效应"极为明显。然而，首都功能的进一步提升，越发受制于不断加剧的交通拥堵、飞涨的房价地价、人口膨胀带来的城市空间局促、日趋严峻的水资源、土地资源和能源供应状况，以及城市环境污染等"大城市病"的困扰，疏导扩展和再配置非首都功能成为当务之急。当前，依托具有明显地域优势和强劲发展活力的"腹地"雄安新区，作为疏解北京非首都功能、更好地发挥其"辐射"作用和"外溢"效应的空间基础，谋求和筹划区域整体的协同发展，成为推动京津冀协同发展的待解之题和推进京津冀基本公共服务均等化的现实需要。

三 城镇化水平存在较大差距

在第五章多元回归分析中可以看出，京津冀三地城镇化率与经济发展水平、基本公共服务水平关系密切，具体表现在两个方面。一方面，2007—2017年城镇化率与基本公共服务发展指数的相关系数呈显著的正相关性。2017年，河北省内城镇化率最高的唐山市，城镇化率为55.01%，高出省内平均水平6.63个百分点，而同期北京城镇化率为86.5%，天津城镇化率为82.93%。京津两地用充沛的公共资源满足分布更为集中的社会公众公共服务需求，必然会在基本公共服务水平上处于高水平和较高水平。另一方面，河北的城市化水平影响经济发展水平和地方财政收入，势必导致与京津两地相比在基本公共服务方面拉大差距。以国家统计局2017年年末常住人口数据为例，表6.6统计了2017年京津冀地区城镇人口、农业人口及其占比情况。北京城镇常住人口高达1876.60万人，占2017年年末常住人口总量的86.5%，农业人口低至294.10万人，占2017年年末常住人口总量的13.5%；依据天津市统计局2017年年末常住人口的官方发布数据表明，城镇常住人口高达1291.11万人，占常住人口总量的82.93%，农业人口低至265.76万人，占常住人口总量的17.07%；河北省城镇常住人口达4136.49万人，占常住人口总量的55.01%，农业人口总量达3383.03万人，占常住人口总量的44.99%。从城镇常住人口与农业人口总量来看，京津地区城镇化率远远高于河北地区。

表6.6　2017年京津冀地区城镇人口、农业人口及其占比情况

	城镇常住人口（万）	占比（%）	农业人口（万）	占比（%）
北京	1876.60	86.50	294.10	13.50
天津	1291.11	82.93	265.76	17.07
河北	4136.49	55.01	3383.03	44.99

资料来源：2018年《中国统计年鉴》。

河北以相对较弱的财政实力、公共预算投入和有限的公共资源去满足占比将近过半、分布较为分散的辖区居民基本公共服务需求，会力不从心、捉襟见肘，导致各项公共服务基础设施利用率和基本公共服务供给能力降低。与经济水平高、财政实力雄厚的京津两地基本公共服务水平相比，差距悬殊是必然的。因此，河北与北京、天津两市城镇化水平差距较大是河北在京津冀基本公共服务均等化进程中处于劣势地位的现实因素。

第四节 政策制度不完善是制约基本公共服务均等化的制度因素

制度正义是社会公平的根本保障。正如马克思所强调的"生产、分配和社会公平是涵盖经济、社会及其政治体制、经济体制、社会结构、教育等问题的有逻辑的综合体"[1]。京津冀基本公共服务均等化离不开三地政府间的通力合作和共建共享机制的深度融合。法律、政策和制度的不完善成为制约京津冀基本公共服务均等化的制度因素。

一 跨区域政府间协调、利益共享和补偿机制不完善

（一）行政壁垒分明的政策体制

在京津冀地方政府协同治理过程中的阻力实质上是指地方保护主义以及地方政府间恶性竞争等。[2]第一，由于受利益本位主义和部门本位主义影响，三地政府更多地注重维护自身利益及辖区内人民群众在基本公共服务等民生领域的保障和改善，有的城市对

---

[1] 黎国理、潘金娥：《马克思关于生产、分配与社会公平之间关系的思想的科学价值和时代意义》，《马克思主义研究》2018 年第 12 期。

[2] 李金龙、武俊伟：《京津冀府际协同治理动力机制的多元分析》，《江淮论坛》2017年第 1 期。

基本公共服务等相关优质资源实行"户籍"居民保护式享有，对非辖区的流动人员则限制或拒绝享有。第二，整体治理意识不强。尽管在京津冀协同发展战略的深入推进中，生产要素流动加快，市场边界日益模糊，跨区域协同发展的自然地理壁垒日渐瓦解，但是受属地管理原则和地方政府各自为政的理念指引下，欠缺对区域整体利益的谋划。各地政府在制定基本公共服务政策时，更多地考虑本辖区在短时间内可以实现的发展目标，而对整个京津冀区域总体发展目标和长远规划缺乏考量。第三，财政体制的"利益藩篱"阻碍地方政府间的沟通。"分灶吃饭"的财政体制秉承"效率优先、兼顾公平"的原则，注重竞争和效率，淡化区域合作协同发展，拉大了地区间的经济发展水平和财政能力差距。三地政府在中央财政转移支付方面也存在竞争关系，竞争在一定程度上造成三地政府间形成了"一亩三分地"横向分割的管理理念。此外，长期以来"唯GDP论"的政绩考核评价标准，使地方各级政府更多地关注自身利益，导致过度竞争、产业同质、产能过剩、市场垄断等大量问题存在。尽管当前政绩考核标准有所调整，协同合作意识不断增强，但是完全消解历史遗留下来的存量问题亦需要时间。

(二) 京津冀三地特殊的行政区地位及地理区位

1. 行政区地位不平等

"京津冀高层权力的不匹配，必然导致河北省在京津冀协同发展中处于从属、被动地位。"① 为促进区域协同发展向更高水平和更高质量迈进，中共中央、国务院于2018年印发《关于建立更加有效的区域协调发展新机制的意见》，提出要深化区域合作机制，优化区域互助机制，健全利益补偿机制等，但是在协同发展的过程中能否实现真正的"利益共享""利益补偿"仍需要完善的制度体系

---

① 魏进平、刘鑫洋、魏娜：《京津冀协同发展的历程回顾、现实困境与突破路径》，《河北工业大学学报》（社会科学版）2014年第2期。

来保证。以生态环境为例,京津冀协同发展近六年间生态环境方面取得显著成绩。在生态环境建设中,河北付出了巨大的代价,特别是张家口和承德地区,作为京津两地上游的水源涵养区和风沙防护区,付出了很多。作为下游环境受益方的北京、天津在生态环境优化基础上吸引更多优质资源、人才、技术、产业,提高地方生产总值后,应考虑通过向上游河北地区提供相应的资金等多种补偿形式,帮助上游河北地区重点生态功能区等重要地区所在地提升基本公共服务供给能力。

2. 京津冀自然地理条件、资源禀赋各不相同

自然地理条件是一个区域发展的基础,对基本公共服务水平具有重要影响力,优越的自然和地理条件可以为地区的经济社会发展提供原始动力,反之则产生限制作用。从京津冀基本公共服务水平来看,京津冀西部地区城市公共服务资源发展水平普遍较低,如邢台市、衡水市等地区。京津冀沿海地区公共服务资源发展水平普遍较高,如天津市、秦皇岛市、唐山市等地区。主要原因是沿海城市对外开放程度较高且具有国家政策扶持,海陆运交通便利,更容易招商引资、发展经济,对基本公共服务领域的投入能力更强。此外,京津冀北部城市地形多为山地、丘陵,不仅限制了当地的经济发展,而且加大了交通等基础设施发展的难度和成本,进而制约和影响当地经济发展水平。河北省虽然环抱京津,但省内地域广阔,各地区之间自然资源禀赋差异较大,能否充分发挥自然地理条件优势,各地区政府要对自身区域定位有客观的认识,要以协同发展为契机,结合自身定位,积极培育次区域中心城市,形成多中心带动和连片发展的格局,进而提升各地区的经济发展水平。基于此,第七章将对处于行政区地位和自然地理条件劣势地位的河北,提出通过加快补齐经济发展水平这一短板来推动基本公共服务均等化的对策方案。

二 公共财政制度尚待完善

(一) 政府间事权和支出责任划分不够清晰

"各级政府间财政支出责任的合理划分,是实现财政体制规范化和通过财政体制来促进公共服务均等化的重要前提之一。"① 在京津冀基本公共服务均等化过程中,涉及政府间的事权有中央政府与京津冀政府之间的事权,京津冀政府之间的事权,以及各地政府的事权。中央政府和京津冀三地政府应按照事权划分来承担各自支出责任。尽管2016年国务院出台了《关于推进中央与地方财政事权和支出责任划分改革的指导意见》,但是在京津冀基本公共服务均等化的具体推进过程中,中央与地方政府各自事权界定依然不够清晰,导致地方政府在履行职能、提供公共服务时存在相互推诿的可能性,背离推进基本公共服务均等化和京津冀协同发展的预期战略目标。一方面,以中央政府与京津冀政府之间事权划分为例,京津冀基本公共服务均等化是京津冀协同发展的重要任务之一,《京津冀协同发展规划纲要》对京津冀区域整体的定位之一即打造以首都为核心的世界级城市群,其中雄安新区将作为构建世界级城市群的重要区域。作为北京非首都功能疏解的承载区,雄安新区将被打造为生态宜居新城区、创新引领示范区等,将提高基本公共服务水平作为京津冀协同发展的重要任务。因此,应该在中央与地方财政事权和支出责任划分总体框架下明确划分中央政府与河北省政府事权和支出责任,否则会给地方政府财政支出带来巨大负担,进而降低河北地区整体基本公共服务财政支出,影响基本公共服务供给水平。另一方面,京津冀三地各级政府间事权与支出责任的划分在涉及利益共享问题时,事权和支出责任界定不够清晰。如在生态环境建设方面,跨省(区、市)的环境保护与治理该如何划分,仍须具

---

① 王玮:《多重约束条件下我国均等化财政制度框架的构建》,中国社会科学出版社2011年版,第57页。

体事项具体分析。

（二）转移支付制度不规范

转移支付也被称为无偿性支付，是中央政府以不同层级政府间的财政能力差异为基础，为改善不同层级政府间或行政地区间的财政收支不均衡，提升基本公共服务均等化而进行的财政资金转移。虽然近年来中央对京津冀各地的财政转移支付规模逐年扩大，但是财政转移支付结构复杂、设置种类较多，一般性转移支付规模相对较小、专项转移支付规模相对过大，分配办法尚不科学合理，同时缺少政府间横向的财政转移支付等，使得转移支付难以发挥平衡基本公共服务水平的作用。究其原因有以下三个方面。

第一，财政转移支付法律制度缺失。公共财政的政策工具包括税收、预算、转移支付、政府采购等。财政均衡是实现基本公共服务均等化的重要保障，而转移支付对平衡财政有着重要作用。"在缺乏财政法治传统的中国，财政工具化倾向尤为突出"[①]，"财政治理的碎片化、不规范、不统一等问题已经相当严重"。[②] 当前，京津冀地区乃至全国没有关于财政转移支付的相关法律，法律制度体系的建设相对滞后，使得转移支付的规范性、安全性和有效性受到一定影响。而具有最高效力的制度则为国务院和财政部制定的有关行政规章和部门规范性文件，如2014年10月国务院印发的《关于深化预算管理制度改革的决定》、2015年12月财政部颁布的《中央对地方专项转移支付管理办法》等。政策性文件对深化财税体制改革、完善财政体系、建立现代财政制度发挥了重要作用，但距离达到公共财政制度和现代国家治理现代化的要求还有差距，同时其法律效力不强，一定程度弱化了中央对地方政府通过转移支付平衡基本公共服务的功效，存在着"转移支付本身主要依靠政策和道德推行，任意性强、规范性差、合宪性

[①] 叶青：《国家财政治理体系的现代化之路》，《人民论坛·学术前沿》2014年第4期。

[②] 刘尚希：《财政改革、财政治理与国家治理》，《理论视野》2014年第1期。

弱、透明度低"① 的问题。此外,法律的缺失也使后期监督流于形式,容易出现截留或挪用问题。

第二,财政转移支付制度不够规范。当前转移支付制度在一定程度上不利于基本公共服务的均等化。具体表现为两个方面。一方面,转移支付制度中的税收返还造成地区间财政非均等。转移支付的主要部分也是地方政府财政收入的重要来源,即中央政府对地方政府的税收返还。具体数据显示,2017 年北京财政收入5430.8 亿元,其中税收占86.1%。天津财政收入2310.11 亿元,其中税收收入1611.71 亿元,占69.5%,而河北省(辖区11 市)财政收入3233.3 亿元,税收收入2199 亿元,占68%。按照税收返还来源地原则,相较天津、河北,北京经济发达,税收返还的转移支付规模就相对较大。因此,在调节区域性基本公共服务非均等,促进区域基本公共服务均等化层面上,财政转移支付中的税收返还政策拉大了地区间的差距。另一方面,一般性转移支付规模相对较小,且均衡性转移支付的规模也相对较小,不足以发挥平衡三地之间财政的作用。实际情况为2017 年中央对地方一般性转移支付35145.59 亿元,其中均衡性转移支付为22381.59 亿元,占比为63.6%,不足以实现平衡地方财政,缓解地方财政困难的目标。

第三,横向转移支付制度不完善。长期以来,京津两地在人才、技术、产业、资源、资金等方面对河北具有强烈的"虹吸效应",河北变相地给予了京津两地财政补贴和财政输出。然而横向转移支付制度还不完善,不能通过多样、有序的横向转移支付来平衡三地政府间的财政落差,不能及时弥补河北与京津两地财政实力的鸿沟。

(三)经济税收政策不合理

按照"效率出自市场、公平经由政府"的逻辑关系,政府天然地肩负着维护社会公平正义的职责和使命。政府主要通过财政制度发挥

---

① 周刚志:《宪法学视野中的中国财税体制改革》,《法商研究》2014 年第3 期。

对公共资源的调节作用，从而实现缩小区域间财政差距，促进社会公平的目的。政绩考核、税收政策等导致各地政府将各自税收所得更多地用在增强本地区基本公共服务水平上，具体表现为以下三个方面。

第一，以税率优惠力度对其他地方经济资本进行吸纳，从而丰富本地区资金要素的构成。为了产生更大的吸入张力，本地区政府对缴纳税款人员规定税率的缴纳不得高于法定名义的税率值。

第二，地方政府税收实施征用在前、返还在后的方案，这一方案实质是地方财税机关对税收缴纳方实施应交税额的部分免除政策，税额免除的部分作为政府对纳税人的税额让渡。随着财权分置体制改革的不断加深，地方性税收斗争逐渐激烈。尽管对分税制不断改革，但依然在一定程度上缺乏长效、强制的约束机制，导致地区间税收竞争问题无法得到有效缓解。京津冀区域内，跨省（区、市）公共事务非常多，基础设施建设和环境生态治理尤为紧迫，然而在税收收入方面，虽然中央制定税种和税率，但是地方政府拥有征管环节的决定权，地方政府可以通过税收返还等优惠措施制造"政策洼地"，进而形成三地政府间的财政竞争。这种现象既存在于京津冀区域也存在于全国范围其他区域。

第三，经济税收政策造成税收和税源相背离的现象。首都各种优势资源、企业总部集聚，而分支机构多驻扎在首都之外天津、河北等其他区域。依据《中华人民共和国企业所得税法》第50条规定，企业设立非法人分支机构，应汇总纳税。因此，在京津冀地区存在大量跨地区经营企业税收与税源背离的现象。如2018年北京地区有58家企业总部进入世界排名五百强，众多分支机构聚集在天津地区和河北地区，但结果是北京地区税收总额收益较多，天津地区和河北地区税收收益相对较少，税收从河北地区、天津地区流向北京地区，造成税收与税源不一致的现象，这也是导致京津冀三地之间财力不平衡的一大因素。

综上所述，分析公共财政制度，使其在法治、公平、效率的原则下不断完善，建立"以纵向通达为主、横向顺畅交互"的财政转移支付体系，构建合理、科学规范的转移支付结构和分配办法，完善基本公共服务体制机制，成为推进京津冀基本公共服务均等化的待解之题。

三 基本公共服务均等化监督问责机制不完善

在民主监督、廉洁廉政制度方面，马克思指出民主监督和廉政制度是无产阶级夺取政权后实现公平的有效措施。基本公共服务均等化是服务型政府的重要任务。地方政府对民生的关注程度和公共服务政策导向会直接影响基本公共服务水平。因此，民主监督和监督问责机制是保障公平的有效措施。

然而，京津冀三地政府在基本公共服务均等化过程中既是指挥官、主导者，又是提供者、被评价者。地方政府财政实力和公共服务意识越强，越能保证基本公共服务的水平和质量；相反，地方政府公共财政支出力度小和服务型政府建设意识差，基本公共服务水平也就相应较低。此外，地方政府财政支出结构对公共服务的发展也至关重要，如有些地方政府在财政支出方面更加偏向于能够显现政绩的经济发展，对公共服务发展方面投入的财政支出较少，不利于公共服务水平的提高。当前对政府公共服务的绩效评估缺乏规范科学的评价体系，既没有过多地注重供给数量的考核，也没有注重供给效益、效果和效率的评价等。

政府作为公共权力的行使者应主动形成规范的监督问责法律体系，接受全社会的监督。当前，这种问责机制不健全的问题不仅在京津冀区域存在，在全国其他区域同样存在。因此，强化服务型政府职能，明确政府职责，将新发展理念渗透到政府的治理理念、管理水平中，建立同经济发展和财政实力增长相适应的基本公共服务监督问责机制，也成为推进京津冀基本公共服务均等化进程中的待解之题。

第七章　马克思主义公平理论指导下京津冀基本公共服务均等化的路径研究

　　问题根源和制约因素决定着解决问题的总体思路与实现路径。由于京津冀三地和"2+11"市之间经济发展差距悬殊、政府间协调和利益共享机制不健全，基本公共服务供给权利主体权力和资源配置不平衡、基本公共服务均等化法律制度匮乏、财政制度不完善等因素的制约，导致京津冀基本公共服务均等化推进阻力较大。为此，以马克思主义公平理论为指导，一是指明京津冀基本公共服务均等化的价值取向和总体思路；二是提出推进京津冀基本公共服务均等化的根本途径，即大力发展生产力，加快区域经济发展、融合城乡经济发展，共同筑牢京津冀基本公共服务均等化的物质基础；三是构建"一体化"体制格局，强化顶层设计、加强规划指引、完善财政转移支付制度、户籍制度等为京津冀基本公共服务均等化提供制度保障；四是兼顾公平与效率，推动雄安新区和北京城市副中心等重点区域先行先试，辐射带动周边城市群层级递进发展，加快补齐河北经济发展短板的新模式，以及统筹协调京津冀基本公共服务"全领域"协作。

第一节　推进京津冀基本公共服务均等化的价值取向

人民性是马克思主义最鲜明的品格。① 马克思主义公平理论把人作为其价值基点,把实现每个人的自由全面发展作为公平正义的终极目标。马克思的共产主义理想真正揭示了人类生存状态,并作为真理指导着人类的生活和生产。② 中国共产党是用马克思主义武装起来的政党,"人民立场是马克思主义政党的根本政治立场,人民是历史进步的真正动力,群众是真正的英雄,人民利益是我们党一切工作的根本出发点和落脚点"③。基本公共服务均等化是新时代党和政府丰富、发展马克思主义公平理论的具体实践,与马克思主义公平理论有着共同的价值取向。因此,在推进京津冀基本公共服务均等化的进程中要始终坚守以人民为中心和共享发展的价值取向。

一　坚持以人民为中心

"始终为人民利益而奋斗是马克思主义政党同其他政党的本质区别。"④ 实践证明,中国共产党的党性与人民性始终是一致的。党的十八大以来,在马克思主义公平理论的指导下,以习近平同志为核心的党中央治国理政的全部实践都是为了满足人民群众最根本的利益和愿望。习近平总书记在重大会议和重要场合中曾多次发表"以人民为中心"的重要论述,在党的十八届五中全会上将该重要论述上升为"以人民为中心的发展思想";党的十九大报告将其作为习近平新时代中

---

① 中共中央宣传部编:《习近平新时代中国特色社会主义思想学习纲要》,学习出版社、人民出版社2019年版,第40页。
② 黄华:《马克思主义哲学的生命力——兼论新时代哲学与人的问题》,《湖北社会科学》2019年第6期。
③ 《习近平总书记在十九届中共中央政治局常委同中外记者见面时的讲话》,新华网,http://www.xinhuanet.com/politics/19cpcnc/2017-10/25/c_129726443.htm。
④ 中共中央宣传部编:《习近平新时代中国特色社会主义思想学习纲要》,学习出版社、人民出版社2019年版,第40页。

国特色社会主义思想"八个明确"核心内容和中国特色社会主义"十四个坚持"基本方略之一；党的十九届四中全会更是创新性地提出"以人民为中心的发展思想"是我国国家制度和国家治理体系的显著优势之一。"以人民为中心的发展思想"植根于马克思主义公平理论，时代给予其不断丰富和发展的肥沃土壤。新时代，以习近平同志为核心的党中央始终将"人民的根本利益"放在至高位置，把实现公平正义作为党的执政纲领和行动指南。

(一)"以人民为中心的发展思想"体现马克思主义公平理论的显著特征

历史性、相对性和人本性是马克思主义公平理论的基本特征，亦是新时代以人民为中心发展思想的显著特征。习近平总书记指出："在不同发展水平上，不同历史时期，不同思想认识的人，不同阶层的人，对社会公平正义的认识和诉求也会不同。"[1] 该重要论述运用历史唯物主义观点深刻揭示了公平的历史性、相对性和人本性特征，进一步概括总结了马克思、恩格斯等经典作家对社会公平历史性、相对性和人本性特征的观点；深入具体地指明了新时代中国共产党坚持以人民为中心的发展思想，坚持为人民谋幸福的根本宗旨。一是其历史性鲜明地表现为对人民主体的认知，客观分析了不同时期、不同思想、不同阶层的人民对公平认识和需求的不同，意味着治国理政也要因时而变，不断完善，不断满足人民对美好生活的向往。二是其相对性明确地体现为公平不是一成不变，而是随着经济社会发展水平的变化而变化，没有永远的均衡和永远的公平。因此，对于由政府主导、保障全体公民生存和发展基本需要而提供的基本公共服务，要与经济社会发展水平相适应，尽力而为，量力而行，合理引导社会预期。三是其人本性，即通过人人参与、人人尽力，实现机会均等、人人共享。

---

[1] 中共中央文献研究室编：《十八大以来重要文献选编》（上），中央文献出版社2014年版，第553页。

(二)"以人民为中心的发展思想"体现马克思主义公平理论的
本质内涵

以人民为中心的发展思想为推进京津冀基本公共服务均等化提供了科学的遵循原则和思想指引,其现实意义可以从"为了人民、依靠人民"两个方面进行理解。

一是坚持发展为了人民。"为了谁"的问题是检验一个政党、一个政权性质的试金石。在不同的国家、地区,政党不同,其发展目的也不尽相同。马克思、恩格斯指出,无产阶级运动是为绝大多数人谋福利、谋幸福的,代表了绝大多数人的利益。中国共产党作为马克思主义政党,始终要坚持人民立场,在任何时候、任何情况下都把人民的根本利益放在第一位。坚持发展为了人民,就要注重人民的需求和意愿,要了解人民最关心、最直接、最现实的利益问题,并积极地进行回应、解决。人民的需求和愿望会随着经济社会的发展进步而不断变化。当前,随着生活水平的大幅提高,人民不再担心最基本的生存问题,转而更加关注诸如教育、医疗、就业、社会保障、生态环境等影响生活质量和长远发展的问题。民之所盼,政之所向。党的十八大以来,以习近平同志为核心的党中央把改善人民生活、增进人民福祉作为发展的出发点和落脚点,出台了一系列政策措施来解决人民反映强烈的社会现实问题,并积极落到实处。党的十九大报告提出了一系列针对性的举措,都是对人民需求和意愿的回应。京津冀地区2018年年底常住人口达到1.12亿人,以全国2.3%的地域面积承载了8%的人口,是我国吸纳人口最多的地区之一。推进京津冀基本公共服务均等化,有利于协调三地之间的利益诉求,补齐河北发展的民生短板,有效解决区域内基本公共服务水平差异大、矛盾突出的问题,提高人民群众的获得感、幸福感和安全感,正是为民谋利、解民之忧的生动写照。

二是坚持发展依靠人民。历史告诉我们,"人民是推动发展的根本力量"①。我们国家取得革命、建设和改革的巨大成功从根本上说是来源于人民群众在实践中产生的智慧和力量。只有充分调动人民群众的积极性、主动性、创造性，才能实现中华民族的伟大复兴。此外，坚持发展依靠人民，尊重人民主体地位还意味着充分发挥人民群众的首创精神，将各行各业的人才合理利用起来，激发人民群众积极探索，为社会创造更多的物质财富和精神财富。具体到推进京津冀基本公共服务均等化这一实践中，同样要坚持发展依靠人民，注重凝聚人民群众的智慧和力量。在具体实践中，如编制京津冀基本公共服务均等化规划时要问计于民；制定均等化相关政策、制度和法律规范时也需要倾听人民群众的心声；加强公共服务基础设施建设、创新基本公共服务体制机制，以及打赢精准脱贫攻坚战，加快实现均等化任务目标更需要广大人民群众的共同努力。

二 坚持共享发展

共享发展理念是以习近平同志为核心的党中央对马克思主义理论的创新发展，是习近平新时代中国特色社会主义思想的理论要旨。习近平总书记曾多次在重大会议和重要场合中强调"共享发展，增进人民福祉，让发展成果更多更公平地惠及人民"，还将"共享"列入"五大发展理念"；将共享发展的终极结果即全体人民的共同富裕作为党治国理政的出发点和落脚点。党的十九大报告中还提到"保证全体人民在共建共享发展中有更多获得感"。这些重要论述充分体现了社会主义社会公平的本质内涵。由此可见，坚持共享发展理念是对以人民为中心发展思想的扩充和延展，是"以改革发展现状为基础、以历史经验教训为参考、以公平正义为价值核心"②的新理念，亦是对马克思主义公平理论不断丰富和发展的创新成果。因此，在马克思主义

---

① 中华人民共和国教育部：《中共十八届五中全会公报》，教育部网，http://www.moe.gov.cn/s78/A21/A21_ztzl/ztzl_sbjwz/201511/t20151102_217013.html.

② 段伟伟：《共享发展：马克思主义公平正义观的时代体现》，《人民论坛》2019年第9期。

公平理论视域下推进京津冀基本公共服务均等化同样要坚持共享发展。

(一) 共享发展理念的理论意蕴

共享发展理念植根于马克思主义公平理论，在统筹兼顾公平与效率、经济发展和社会发展等关系的过程中更好地发挥着维护社会公平的作用。共享发展是社会主义社会追求经济公平、社会公平的根本体现。众所周知，公平正义是始终贯穿马克思主义的价值诉求。因此，在社会主义建设中必须坚持共享发展理念，促进经济公平和社会公平。

一是经济公平，运用共享发展理念优化分配制度，统筹公平与效率关系。社会财富的公平分配是共享发展的重要基础，通过处理好公平和效率的关系，促进社会公平实现共享发展。共享发展理念是在系统总结我国改革开放以来在经济建设和社会发展方面获得的经验教训基础上，在改革和完善分配制度的基础上产生的新理念，也是新时代社会主义建设发展的根本内容。

二是社会公平，运用共享发展理念保障和改善民生，统筹协调经济与社会发展关系。马克思认为，生产力发展与生产关系变革相互作用，经济与社会发展应相适应、相协调。当社会改革发展不能跟上经济发展步伐时，社会矛盾就会突显和加剧，发生诸如社会保障能力不足、公共服务不均等、民生改善不显著等问题，致使社会贫富差距加大，社会不公平、不和谐现象产生。共享发展理念正是推进社会体制改革，促进社会公平之利器。因此，加强民生建设，保障和改善民生，加强公共服务体制机制建设，提升基本公共服务均等化水平，更好地保障社会成员的生存权和发展权，都需要坚持共享发展理念。

(二) 共享发展理念的实践展开

共享发展是党和政府引领经济社会新常态的重要发展理念，是适应经济新常态、深入研判时代特征和当前经济发展实际情况作出的重大理论创新。在推进京津冀基本公共服务均等化的进程中必须遵循共享发展理念。京津冀基本公共服务均等化是以共建区域协调发展,助力区域经济高质量发展为前提,以人民享受基本公共服务机会均等为重要手段,目的是到 2020 年,基本公共服务均等化总体实现,促进全体人民共同富裕。可以说,以共享发展为价值取向的京津冀基本公共服务均等化,正是马克思主义公平理论与我国经济社会发展紧密结合的实践运用。

第二节 推进京津冀基本公共服务均等化的总体思路

京津冀区域是我国北方最大的城市群和经济核心区,实现京津冀基本公共服务均等化除了要在价值导向方面坚持以人民为中心维护人民权利公平、机会公平、规则公平,坚持共享发展,让改革成果更多地惠及人民外,还应构建科学合理的服务体系予以保障。在推进基本公共服务均等化过程中要坚持以动态调整为目标定位,明确政府主导、多元协同的责任归依,以构建标准化的基本公共服务规划为总体思路。

一 动态调整:京津冀基本公共服务均等化的目标定位

马克思主义认为,物质生产力是全部社会生活的物质前提,同生产力发展一定阶段相适应的生产关系的总和构成社会经济基础。[1] "人们所达到的生产力的总和决定着社会状况。"[2] 基本公共服务作为一项民生工作,各地政府势必将改善民生水平建立在经济和财力可持续基础上,既要加大保障和改善民生工作力度,又要结合公共财政状况,确保公共服务水平在发展中不断完善、稳步提升。因此,京津冀基本公共服务均等化的推进必定同京津冀区域经济社会发展水平相适应,

---

[1] 习近平:《在纪念马克思诞辰 200 周年大会上的讲话》,人民出版社 2018 年版,第 17—18 页。

[2] 《马克思恩格斯选集》第 1 卷,人民出版社 1995 年版,第 80 页。

"均等化"的目标定位及标准化水平也必将随着社会经济基础的变化而动态调整。基本公共服务受经济发展水平影响，但是单纯依靠经济发展水平实现均等化目标有一定难度，这就需要京津冀三地统筹协调，动态调整。既要坚持中央统筹，进一步完善顶层设计，又要赋予地方一定自主权，根据当地实际情况积极探索创新，对标对表，细化配套标准，推动标准化衔接并适时动态调整。

(一) 加快顶层设计落地

实现京津冀基本公共服务均等化是解决北京"大城市病"，突破京津冀发展瓶颈，促进人口要素顺畅流动，实现京津冀三地协同发展的关键所在。目前，京津冀基本公共服务均等化已经从顶层设计基本完成阶段转向政策规划实质性落地见效阶段。京津冀三地积极对标党中央、国务院印发的《"十三五"推进基本公共服务均等化规划》《关于建立健全基本公共服务标准体系的指导意见》《京津冀协同发展规划纲要》等，采取加大转移支付力度、财政投入力度等政策措施，促进各地基本公共服务均等化。同时，以《国家标准化体系建设发展规划（2016—2020年）》为基准，着重加强京津冀基本公共服务标准化体系建设。地方政府在推进基本公共服务均等化方面积极探索创新，敢于先试先行。当前，京津冀三地经济发展不平衡。河北省人均GDP仅为北京、天津的37.1%和37.2%，居民人均可支配收入仅为北京、天津的37.4%和57.9%，人均财政收入仅为北京、天津的16.7%和20%，人均一般公共预算支出仅为北京、天津的28.7%和36.3%[1]，可以看出差距是显著的。经济发展进入新常态，对京津冀区域协调发展提出了新的要求，"不能简单要求各地在经济发展上达到同一水平，而是要根据各地区的条件，走合理分工、优化发展的路子"[2]。

---

[1] 九三学社中央：《关于推进京津冀基本公共服务均等化的建议》，中国统一战线新闻网，http://tyzx.people.cn/n1/2019/0227/c425600-30905978.html.

[2] 习近平：《推动形成优势互补高质量发展的区域经济布局》，中国政府网，http://www.gov.cn/xinwen/2019-12/15/content_5461353.htm.

除了依靠中央政府予以协调外，地方政府也需要积极探索，自主创新，因地制宜地制定符合当地自然条件、人文环境、贴合人民群众需求的优质高效的基本公共服务政策，形成一批可复制可推广的创新成果。如北京通州、天津武清、河北廊坊于2017年2月签署"通武廊"战略合作发展框架协议，加快了三地公共服务统筹发展，深化公共服务领域对接合作，助力京津冀区域协同发展向纵深推进。"通武廊"在基础设施、产业对接、生态环保、文化旅游等诸多方面开展密切合作，已签署教育、医疗、文化、生态等领域的三十多个合作协议，深入实施标准化战略，分享标准化战略成果，共筑标准化战略协同发展新格局。

（二）加快新模式推广应用

因地制宜、动态调整，及时将区域协调发展的好经验好办法向覆盖面更大、受益人口更多、延伸度更深的地区推广。上述"通武廊"协同发展基本公共服务的模式取得的成功只是手段，不是目的。目的是通过医疗卫生共建工程和文化教育共建工程，实现三地资源共享；通过共建共享，提升三地群众的文化生活水平，让广大人民群众共享改革发展的红利。协作机制成熟时可以将共建共享发展基本公共服务的先进经验在更大范围推广，力争为全国其他地区提供可复制、可借鉴的推动基本公共服务均等化的新思路。

二 多元协同：京津冀基本公共服务均等化的供给保障

人民性是马克思主义最鲜明的品格。中国共产党是用马克思主义武装起来的政党，要践行马克思主义公平理论，运用其关于社会建设的思想指导实践，坚持以人民为中心的发展思想，坚持全心全意为人民服务的根本宗旨，把增进人民福祉、促进人的全面发展、朝着共同富裕方向稳步前进作为党和政府做好各项工作的出发点和落脚点。在2012年国务院印发的《国家基本公共服务体系"十二五"规划》中明确规定："享有基本公共服务属于公民的权力，提供基本公共服务是政府的职责。"① 李克强总理明确强调:"为人民群众提供比较充裕的公共产品和优质高效的公共服务,让老百姓过上好日子,是政府的重要职责。"② 由此可见,推进基本公共服务均等化是决胜全面建成小康社会的重要任务,是实现中华民族伟大复兴中国梦的应有之义。京津冀各地政府作为京津冀基本公共服务的实施主体,在提供公共产品和公共服务的过程中发挥主导作用。

党的十八大以来,中国进入全面建成小康社会的攻坚期,完善国家治理体系和提高治理能力现代化成为当前重要的政治要求,必须进一步规范和改进政府和市场、政府和社会的关系。优化政府职责,厘清政府在基本公共服务中的权责清单,将"无所不能、全面担责"的政府,优化为"有所为、有所不为"的服务型政府。政府、市场、社会组织三大主体明确职责、广泛协作、合理衔接是推进基本公共服务协同供给、补充完善的现实需要。从构建服务型政府、激活社会资本、培育壮大社会组织三个方面提出推进思路,促进三大主体良性互动和有效协作,助力京津冀基本公共服务均等化稳步推进。

(一) 转变政府职能,明确政府职责

2020年是全面建成小康社会和"十三五"规划收官之年,京津冀三地要坚定不移地把新发展理念贯彻到经济社会发展的各领域、全过程,渗透到政府的治理理念、执政水平中,合力下好"一盘棋",打造京津冀城市群高质量发展动力源,深入推进京津冀协同发展,在雄安新区和北京城市副中心规划建设、生态环境共治、基本公共服务共建共享等方面取得新突破。因为,政府在基本公共服务供给中处于主导地位,所以明确政府职责尤为重要。

第一,政府是基本公共服务供给主体的兜底者。各地政府应根据

---

① 国务院办公厅:《国家基本公共服务体系"十二五"规划》,《国务院公报》2012年第21期。
② 李克强:《深化简政放权放管结合优化服务 推进行政体制改革转职能提效能——在全国推进简政放权放管结合优化服务改革电视电话会议上的讲话》,新华网,http://www.xinhuanet.com/politics/2016-05/23/c_1118910840_4.htm。

《关于建立健全基本公共服务标准体系的指导意见》精神，进一步明确政府兜底保障的标准与水平，积极促进基本公共服务资源分配向基层延伸、向农村拓展、向生活困难和特殊群体群众倾斜，织密扎牢民生保障网。① 由上述对现状的分析可知，推进基本公共服务均等化是为决胜全面建成小康社会的重要任务。京津冀区域内，尤其是河北省省内城乡区域基本公共服务不均等是均等化"肠梗阻"的堵点，特别是在公共教育、医疗卫生、社会保障、基础设施等方面城乡差距较大，已成为全面建成小康社会过程中必须下大力气解决的问题。"地方性公共服务由地方政府来提供是最有效率的。"② 政府作为三地基本公共服务的供给主体之一，在保障民生、促进机会均等方面，具有重要的责任。

第二，政府是基本公共服务供给政策的制定者。习近平总书记强调："无论处于什么样的发展水平上，制度都是社会公平正义的保证。我们要通过创新制度安排，努力克服人为因素造成的有违公平正义的现象，保障人民平等参与、平等发展权利。"③ 一方面，京津冀三地政府要坚持社会主义基本经济制度和分配制度，健全、完善与基本公共服务相关的发展规划、标准化意见，调整收入分配格局，完善以财政政策、货币政策等为主要手段的宏观调控制度。例如，尽快出台"京津冀基本公共服务一体化规划""雄安新区公共服务体系建设规划"，制定实施在户籍、教育、医疗、住房等方面的鼓励政策，统筹规划京津冀区域内社会事业和公共服务资源，研究制定和实施标准化的配置、建设及服务指标，推进优质资源共建共享。另一方面，政府应该制定基本公共服务相关的法律法规、规章制度等，支持和引导不同领

---

① 国家发展改革委有关负责人就《关于建立健全基本公共服务标准体系的指导意见》答记者问，中国政府网，http://www.gov.cn/zhengce/2018-12/12/content_5348163.htm.
② ［英］亚当·斯密:《国民财富的性质和原因的研究》（下），郭大力、王亚南译，商务印书馆2004年版，第278页。
③ 李迎生:《中国社会政策改革创新的价值基础——社会公平与社会政策》,《社会科学》2019年第3期。

域公共服务供给主体健康有序发展,加强对协同供给过程的监督和保障。

第三,政府是基本公共服务最主要的资金供给者。要持续增加对基本公共服务的财政支出总量,提高基层财政的保障能力。

一要进一步明确事权与支出责任,提升财政体制规范化水平是促进基本公共服务均等化的制度基础。事权的清晰界定是财政进行科学分权的前提。"中央和地方按照事权划分相应承担和分担支出责任。"① 河北承载北京非首都功能疏解的重要任务,雄安新区是集中承载区,随着《河北雄安新区规划纲要》等政策出台并实施,财政支出领域多、责任大,在京津冀公共财政差异较大的前提下,势必要明确中央政府与地方政府、地方政府之间的事权与支出责任,才能更好地提升政府的公共服务供给能力和供给效率。2019年1月中央出台《关于支持河北雄安新区全面深化改革和扩大开放的指导意见》指出"加大起步建设阶段中央财政转移支付和河北省省级财政支持力度,保障雄安新区运转,……对雄安新区及周边地区交通、水利、科技创新、生态保护修复和公共服务等领域予以支持"。诸如此类明晰事权与支出责任的政策,无疑为雄安新区基本公共服务等领域的建设注入强大动力源。因此,对于这类跨区域、共受益,影响范围较大的公共服务,中央应该通过财政转移支付等手段多承担一些支出责任,减轻某一地区地方政府的财政压力。

二要进一步匹配政府间事权与财权财力,提高政府公共服务供给能力。一种是"谁受益谁出资",按照公共产品的受益范围划分事权。具体就京津冀基本公共服务而言,如河北省作出的贡献,北京、天津也能受益,从而根据受益范围确定政府在基本公共服务中的事权划分。对于外溢性较强的公共产品和公共服务,其受益的公众范围是全国的时候,则可转为中央政府的服务体系即事权中。在此基础上,积

---

① 《中共中央关于全面深化改革若干重大问题的决定》,《人民日报》2013年11月16日第3版。

极构建财政横向转移支付制度，按照受益范围平衡公共财政出资，实现均衡京津冀三地之间公共财政能力的目的，提高基本公共服务水平。另一种是效率优先，按照基本公共服务供给效率和贴合程度划分事权。基层政府最了解公众需求、体察民意民情，具有快速答复民声、及时回应民需的层级优势，应将相关基本公共服务财权财力下放至基层地方政府。如此做法不但保证基本公共服务供给的效率，提升公众的获得感、幸福感，还能提高公众对政府的满意度和信任度。从财力财权的纵向分布来看，京津冀省级、市级政府财权财力强于县级，县级以下的政府财权财力较弱，政府供给水平较低，并没有形成基本公共服务供给的良性机制。

为有效解决公共财政差异、财权财力与事权不适宜而导致公共资源分配不均衡以及基本公共服务水平差距拉大的问题，京津冀政府可以设立"协同发展共益基金"，由中央政府及三地政府共同出资，用于京津冀区域内教育文化、医疗卫生、社会保障的跨地合作和生态环境、基础设施的一体化建设，补齐因地区经济发展水平低导致基本公共服务差距拉大的短板，缩小城乡、群体间差距；可以把面向基层百姓、涉及数量较多、由基层地方政府管理更为高效的经济社会事务下放给基层政府并将财权财力同步下放。

(二) 引入市场机制，激活社会资本

"京津冀公共服务协同发展多元参与，不仅是政策红利的再配置，更是市场资源、要素的再配置，其深入推进必须是外源动力与内源动力共同发挥作用的结果，特别要充分发挥市场在公共资源配置中的决定性作用。"[①] 党的十八届三中全会以来，党中央坚持全面深化改革不断向纵深推进，市场经济体制改革持续深化，建立健全现代化经济体系，深化推进简政放权，减少行政力量对企业经济活动的干预，让企业回归市场，使市场在资源配置中起决定性作用，更好地发挥政府作

---

① 杨晖、贾海丽:《京津冀公共服务协同发展的"燕达模式"研究》，《河北青年管理干部学院学报》2018 年第 30 期。

用，市场激发发展动力和创新活力的作用也逐步显现。在基本公共服务领域，市场主体积极参与到更多领域、更广范围的基本公共服务供给，实现了基本公共服务供给的多元化。2019年国家发改委印发《加大力度推动社会领域公共服务补短板强弱项提质量促进形成强大国内市场的行动方案》（以下简称《方案》），部署了补齐基本公共服务短板，加快实现基本公共服务均等化等方面行动任务。扩大了公共服务有效供给、积极培育发展国内市场，对新时代解决社会主要矛盾、促进社会公平正义具有十分重要的意义。因为，在利益驱动下，市场主体一方面为了更好地迎合社会公众对产品、服务的需求，不断加大科技投入，降低生产成本，提高产品和服务质量，提高市场占有率，满足社会公众对基本公共服务的需求；另一方面在竞争中市场主体能更好地发挥信息资源整合的优势快速反应，从而提高公共产品和公共服务的供给效率。

推进京津冀基本公共服务均等化就要以"方案"为行动指南，充分发挥市场机制，放宽对民营企业等市场主体的限制，在教育文化、医疗卫生等领域大力引入市场主体，激活社会资本。例如，在教育方面，为缩小城乡基本教育公共服务差距，推进城乡义务教育学校建设，逐步实现学校建设、教师编制、师资条件、生均公用经费等标准统一，鼓励支持硬件设施、教学管理、教学质量过硬的民办私立学校供给。在养老服务方面，京津冀地区老年人口基数大，养老服务业具有广阔的市场发展前景，各地政府落实全面放开养老服务市场政策，在实施《京津冀养老工作协同发展合作协议》等一系列合作文件基础上，逐步建成以居家为基础、医养相结合，政府公办民营、民营公助等模式的，设施、配置、服务标准统一的养老服务体系，及时弥补当前养老服务供小于求的基本公共服务供求不平衡现状。此外，为了加大公共服务资金投入力度，吸引更多的市场资本投入基本公共服务领域，可以运用货币金融政策，通过消费补贴、配套补贴等形式，恰当发挥财政杠杆作用，鼓励和支持市场资本投入公共服务领域。

(三) 培育社会组织，激发社会活力

"改善民生不仅要依靠国家，更要充分发挥社会组织的优势。"[①] 党的十八届三中全会《决定》中明确提出，"激发社会组织活力。适合由社会组织提供的公共服务和解决的事项，交由社会组织承担"[②]。基本公共服务是社会建设的重要组成部分，在多元主体协同供给体制中，社会组织具有不可或缺的社会存在价值和意义，通过不断完善组织自身建设，为社会公众提供越来越优质的基本公共服务。政府则应进一步理顺与社会组织的关系，加强对社会组织的长期规划和联合培育，形成统一性评估体系和监管制度。

当前，行业协会、研发机构等各种社会组织在推动区域协同发展中的作用越来越重要，相对于政府获取基本公共服务供需信息的迅速、精准，社会组织在这方面则显示出相对弱势。因此，在物联网、大数据快速发展的时代，政府应搭建信息共享平台，实现供需两侧信息互通。社会组织凭借强大的信息化系统，以社会公众的实际获得感、幸福感为归依，经过科学严谨的数据分析，匹配不同层次、不同群体对基本公共服务的需求情况，为社会公众提供精细化高、贴合性强的基本公共服务。

注重加强信息化建设，搭建大数据挖掘和信息共享平台。京津冀协同发展需要有强大信息网络支持，为多元主体供给基本公共服务提供对称信息，实现信息供给侧平衡是充分发挥市场及社会组织作用的前提。通过信息化平台，为不同领域、不同行业、不同地域的社会组织提供信息的共建共享，形成服务供给的实时动态调整，从而使社会组织高效承接基本公共服务供给责任。

在推进京津冀基本公共服务均等化的进程中，京津冀各地政府一

[①] 朱巧英：《坚持以马克思民生思想为指导推进基本公共服务建设》，《中国党政干部论坛》2019 年第 11 期。

[②] 《中共中央关于全面深化改革若干重大问题的决定》，《人民日报》2013 年 11 月 16 日第 3 版。

方面应加大政策倾斜力度，通过便捷登记管理制度、税收优惠政策等措施，支持和培育公益性、普惠性、救助性的社会组织在公共文化体育、医疗卫生、养老保障等领域发展、壮大。为提供基本公共服务的社会组织搭建覆盖京津冀"2＋11"市跨地区、跨部门的大数据信息共建共享平台。形成互联网＋教育、互联网＋医疗卫生等互联网＋基本公共服务各领域的信息数据平台，为社会组织积极参与提供供需两侧信息。另一方面在推进京津冀基本公共服务均等化上，城乡基本公共服务均等化是短板。各地政府应下大力实现扁平化管理，形成高效率、快链接的网格式管理。通过健全社区、村集体管理和服务机制，实现管理服务重心下移，形成政府治理、社会组织领责、民众自治的管理服务体制，既节省行政成本又提高了服务能力和供给效率。

同时，要积极搭建有利于社会组织参与京津冀协同发展的沟通交流平台，并为其提供制度化的参与渠道。当前，一些研究机构组织的合作论坛就是不错的尝试。如由北京大学牵头，南开大学、清华大学、河北经贸大学和首都经济贸易大学联合成立的"京津冀协同发展联合创新中心"；由河北省社科联发起，北京市和天津市社科联共同支持的"京津冀协同发展论坛"；由首都师范大学协同天津师范大学、河北大学、河北师范大学等京津冀三地的高校和科研机构成立的"京津冀教育协同发展研究院"；首都经济贸易大学主办的"京津冀首都发展高层论坛"等，都在促进京津冀基本公共服务均等化方面，发挥着较大的推动作用。

三 "标准化"规划：京津冀基本公共服务均等化的推进方针

基本公共服务供给体系本身是一个完整的组织系统，政策的制定不仅要在理念、主体、内容、形式及结构方面进行设计，还要有配套的制度。政府在基本公共服务协同供给中起着主导作用，对基本公共服务的领域、供给标准、优先顺序等方面进行政策性、指导性把控。因此，地方政府对基本公共服务的政策是该地区基本公共服务水平和供给能力的内在推动力。当前各地的基本公共服务水平因经济发展水平、自然地理条件等因素各不相同,若想实现结果的均等化,首先就要保证执行标准的统一,以一致性的兜底标准作为提升基本公共服务供给能力和服务水平的基础。因此,均等化的实现需要以"标准化+"体系构建为前提。国家对标准化的关注由来已久,2012年《国家基本公共服务体系"十二五"规划》中提出要在10个领域建立和完善国家标准体系。同年10月,国家标准化管理委员会会同国家发展和改革委员会等27个部委制定《社会管理和公共服务标准化工作"十二五"行动纲要》中涉及公共教育、公共医疗卫生、劳动就业服务、公共文化体育、公共交通、生态保护和环境治理等14个领域的公共服务标准化指标。相隔3年之后,国务院2015年颁布实施的《国家标准化体系建设发展规划(2016—2020年)》中提出,到2020年,基本建成支撑国家治理体系和治理能力现代化的具有中国特色的标准化体系。2017年出台的《"十三五"推进基本公共服务均等化规划》中提出明确要求,"推进基本公共服务均等化、标准化、法制化,促进制度更加规范"。构建国家基本公共服务清单,对各领域标准体系予以明确规定,并实施动态调整。由此可见,实现京津冀基本公共服务的均等化必须以"标准化"为依托,对基础教育、医疗卫生、社会保障、就业创业等8个领域进行统一规划、统一设计,循序渐进,稳步实施。

本书第四章阐述了京津冀在基本公共服务水平上存在较大差距,个别领域呈现较严重的不均衡状态,因此,亟须设置京津冀基本公共服务实施统一规范的技术指标。使用标准的兜底指标,明确服务的数量和质量,有助于三地社会公众享受基本公共服务的机会均等。

当前,京津冀基本公共服务均等化的标准化测量指标,以《京津冀协同发展规划纲要》《"十三五"推进基本公共服务均等化规划》为梁,以《北京市"十三五"时期社会基本公共服务发展规划》《天津市"十三五"规划纲要》《河北省"十三五"推进基本公共服务均等化规划》等三地基本公共服务发展纲要及规划为柱,结合三地经济发展水平、社会治理状况、自然地理条件等方面的差异情况,坚持在马克思主义公平理论指导下,遵循价值性和科学性原则,构建并出台涵盖"标准化+"基本公共服务各领域的《京津冀基本公共服务一体化规划》。

(一) 构建"标准化+"指标体系时应遵循价值性原则

以人为本原则。坚持以人民为中心是马克思主义公平理论的价值取向,是我国基本公共服务均等化的价值取向,也是习近平新时代中国特色社会主义思想的重要内容。京津冀基本公共服务均等化是为保障和改善京津冀三地最基本的民生,让改革发展成果更多更公平地惠及人民。因此,在构建涵盖"标准化+"的指标体系《京津冀基本公共服务一体化规划》时必须坚持以人为本原则。

公众导向原则。社会公众是基本公共服务的最终受益者,因此,社会公众的需求类型不同,或是"需求外溢",或是"供大于需",都会影响基本公共服务供给主体的供给效率和服务质量。只有切合时代需要、满足人民需求的学问,才是真学问,才能写进群众心坎里、发挥应有作用。[①] 基本公共服务标准化指标体系的构建只是促进均等化的手段,标准化建设真正的目的是满足公众基本生存和发展需求,促进社会公平。因此,构建标准化指标体系必须紧密结合社会公众对基本公共服务的需求和满意度,坚持公众导向原则。

机会均等原则。京津冀基本公共服务均等化目的是为了解决三地社会公众在享受基本公共服务时存在的非均等问题,是促进京津冀协同发展进程中必须破解的难题。按照马克思主义人类社会发展规律,距离实现人的全面自由发展和无差别化目标还有很大差距。当前,社会主义社会的社会公平正义体现为满足人民日益增长的美好生活需要,解决发展不平衡不充分的问题,不断提高人民的生活品质、生活

---

① 习近平:《在看望参加全国政协十三届二次会议的文艺界、社科界委员时的讲话》,新华网,http://www.xinhuanet.com/politics/2019lh/2019-03/04/c_1124192099.htm.

品位。① 机会均等是基本公共服务均等化的本质要求，是实现社会公平正义的基本前提，也是构建基本公共服务均等化标准体系的重要内容。"基本社会公共服务的供给水平应该平均，所有地区和所有个人都应该享受到这一水平以上的公共服务。"② 这里的"平均"是机会均等，而不是简单的平均化，是享有制度规范、标准统一和公平可及地获得大致均等的基本公共服务机会。

（二）构建"标准化+"指标体系时应遵循科学性原则

第一，整体性原则。研究制定《京津冀基本公共服务一体化规划》需要对京津冀三地的省、市、区县等不同层级间的基本公共服务职责进行协调与整合。"协调和整合是整体性治理所要达到的不同的两个阶段，协调主要是为了消除不同层级间具体职责划分的矛盾和问题，解决认识上的问题；而整合则是要求各层级在具体行动实施上能够从整体性层面考虑，在行动上达成一致。"③当前，国家对京津冀协同发展做出了顶层设计，对全国基本公共服务进行了标准化的整体设计。在顶层设计之下，省、市级政府应以利益重组、资源整合和区域协调为主，一方面，结合各省市的地域特点、本地区经济发展、人口结构、城镇化程度、公共资源配置、居民群体特点等实际情况，综合考量京津冀基本公共服务的大多数指标内容，真实反映区域内基本公共服务均等化的客观情况；另一方面，在制定总体规划与框架时加强协商沟通，只有在户籍管理、基础教育、基本医疗、环境保护、社会保障等领域实现"一张蓝图"布局，"一个标准"推进，才能加快区域内人才流动，才能为产业转移升级、市场要素优化配置提供基础性支撑。

第二，递进性原则。2018 年国务院印发《关于建立健全基本公

---

① 习近平：《在主持中共十九届中央政治局第五次集体学习时的讲话》，中国政府网，http://www.gov.cn/xinwen/2018-04/24/content_5285470.htm.
② 蔡秀云：《社会基本公共服务均等化标准探析》，《经济研究参考》2011 年第 22 期。
③ 曾令发：《整体型治理的行动逻辑》，《中国行政管理》2010 年第 1 期。

共服务标准体系的指导意见》，明确了政府兜底保障的标准与水平，使三地社会公众能够享有与经济社会发展水平相适应的基本生存和发展权利；同时，进一步明确了基本公共服务领域的中央与地方支出责任及承担方式。因此，在研究制定《京津冀基本公共服务一体化规划》中，在确定国家基础标准作为兜底性指标的原则上，可以考虑制定分区、分期的标准，即在确保国家基础标准落实到位的前提下，京津冀三地政府为促进京津冀协同发展，对为疏解北京非首都功能要求而需要先期对标京津城市、提高标准的区域，可因地制宜制定高于国家基础标准，重点区域先行先试的统一标准，高出部分所需资金可由"京津冀协同发展基金"承担。具体按层级推进思路为"雄安新区、北京城市副中心两翼率先突破、省会和京津毗邻区积极跟进、其他地区渐次提升、城乡一体统筹推进。鼓励有条件的地方加快发展，能发展多快就发展多快，尽最大努力缩小差距"[1]。这是疏解北京非首都功能的关键之处，前面章节已经分析，此处不予赘述。在这些先行先试地区辐射下，京津冀其他地区在确保国家基础标准落实到位的基础上，再有序稳步提升其基本公共服务水平，最终实现京津冀区域基本公共服务均等化。

第三，灵活性原则。基本公共服务的内容和水平是与经济社会发展状况相适应的，因此，京津冀基本公共服务标准化的指标体系也需要动态调整，而非静止不变。基本公共服务供给主体可以利用信息化平台，掌握不同区域、城乡、群体间基本公共服务供需两侧的变化状态，动态调整基本公共服务的差异变化，构建整体下动态灵活的调整机制，不断提升公共服务精确性、时效性、可靠性，彰显"政府主动缩小区域内基本公共服务差距的公平理念和政策导向"[2]。

---

[1] 中共河北省委政策研究室调研组：《以共享发展理念推动基本公共服务均等化》，《河北经济日报》2018年5月30日第3版。

[2] 卢文超：《京津冀一体化进程中的基本公共服务标准化》，《人民论坛·学术前沿》2017年第9期。

第三节　推进京津冀基本公共服务均等化的根本途径

理论的生命力在于不断实践和创新，面对我国经济社会发展中遇到的各种问题，要坚持用马克思主义观察时代、解读时代、引领时代，在改革中守正出新、不断超越；面对推进京津冀基本公共服务均等化进程中存在的各种复杂和棘手问题，同样要坚持用马克思主义公平理论来解决问题、指导实践，以改革驱动创新，以创新驱动发展。因此，解决京津冀基本公共服务均等化中存在的问题，要以马克思主义公平理论在生产维度、分配维度、制度维度的主要内容和权利公平、机会公平、规则公平的价值追求为指引，从物质基础、政府间关系、制度保证、民生改善、推进秩序等方面入手，为更好地实现社会公平正义奠定坚实基础。

在本书第二章马克思主义公平理论及其中国化中已经详细阐述了公平理论的主要内容，其在生产维度的主要内容也已清晰地指明，经济发展是实现社会公平的物质基础，实现公平正义主要由经济社会发展水平来决定。马克思指出，"在物质财富极为丰富的基础上采取相应的分配和交换方式是实现公平的必要途径"[①]。促进社会生产力发展是实现社会公平正义的物质基础和决定条件，是实现基本公共服务均等化的物质基础。因此，推进京津冀基本公共服务均等化的根本途径是大力发展生产力，加快京津冀经济高质量发展。

一　加快发展京津冀区域经济

马克思认为，为了避免由于个人劳动能力、天赋、家庭状况等因素参差不齐导致的贫富分化，主张进行社会调剂。推进基本公共服务均等化是解决现阶段社会发展主要矛盾的现实需要。提高生产力效

---

① 窦宇楠：《共享发展：马克思公平观的继承与发展》，《厦门特区党校学报》2019年第6期。

率，积极调动劳动者的生产积极性，协调好生产资料与劳动者、分配比例和收入之间的关系，促进资源在全社会范围内的合理配置。针对不均衡发展的问题，国家积极采取一系列政策举措。正如经济学家范恒山所阐述的，我国区域经济政策先后经过四次转变。第一阶段是改革开放前的均衡发展阶段；第二阶段是改革开放后到20世纪90年代中期的梯度发展阶段；第三个阶段是20世纪90年代中期到党的十八大之前的促进协调和趋向协调发展阶段；第四个阶段是十八大之后的推进综合协调发展战略阶段。

  当前，京津冀协同发展正是第四阶段，即国家把区域协调发展作为治国理政创新发展理念下的新发展模式。在区域协调发展的国家重大战略中"京津冀协同发展、长江经济带发展、长三角区域一体化发展"等新发展模式应运而生，相继迸发出强大的创新动力。京津冀协同发展是打破"一亩三分地"的战略考量，其目的是发挥京津冀三地各自优势，促进生产要素合理流动和高效集聚，增强城市创新驱动能力，加快构建高质量发展动力引擎，增强京津冀城市群的经济和人口承载能力，形成三地优势互补、高质量发展的经济布局。[①] 习近平总书记指出："现阶段，我国经济发展的基本特征就是由高速增长阶段转向高质量发展阶段。"[②] 推动高质量发展是保持经济持续健康发展的必然要求，是适应我国社会主要矛盾变化的必然要求。区域基本公共服务水平取决于区域经济发展水平和财政投入力度。经济发展水平提升，财政投入加大，才能保障区域内所有社会成员享受基本公共服务的机会均等，水平相当，差距逐步缩小。因此，促进京津冀基本公共服务供给能力的提升，实现基本公共服务的均等化，没有经济的高质量发展是不可能实现的。从《京津冀协同发展规划纲要》来看，三地战略不同，定位也有所不同。北京集"政治、文化、国际交往、科技创新"

---

  ① 习近平：《推动形成优势互补高质量发展的区域经济布局》，《求是》2019年第24期。
  ② 中共中央宣传部编：《习近平新时代中国特色社会主义思想学习纲要》，人民出版社2019年版，第111页。

四个中心于一身,天津着力打造高端科技研发、制造,金融创新运营、航宇基地等,河北省则集"现代商贸物流、产业转型升级示范、京津冀生态环境支撑区"于一身。因此,为了推动区域内板块之间融合互动发展,需要在京津冀三地经济发展水平相对悬殊的大前提下,既考虑差异化的战略定位,又考量有效协同发展的要求,只有紧紧围绕有序疏解北京"非首都"功能,建立以北京为中心的京津冀城市群,构建利益共享"一体化"体制格局,才能实现京津冀区域经济的高质量发展,为京津冀基本公共服务均等化的实现提供坚实的物质基础。

因此,本书提出要以创新驱动引领京津冀经济高质量发展。在2019年1月18日京津冀协同发展座谈会上,习近平总书记指出:"向改革创新要动力,发挥引领高质量发展的重要动力源作用。"[①] 创新是高质量发展的第一动力。北京吸引产业、人口和高端创新要素不断涌入的重要原因是其行政中心的功能和高水平的基本公共服务。疏解北京非首都功能的瓶颈是天津、河北两地与北京相比在基本公共服务领域悬殊的落差。当前,作为承载地的北京城市副中心、雄安新区及首都周边河北地区的基础教育、基本医疗、社会保障、基础设施等公共服务现状,很难满足高端人才在基本公共服务方面日益增长的各项需求。作为承载地的北京城市副中心和雄安新区要积极发挥创新驱动引领作用,先行先试,带动京津冀城市群加快发展。

一是构建保障经济发展的科技创新体系。统筹布局和强化科技创新力量,培育具有创新引领力的世界级科学实验中心和研发中心。要建立以行业为主体、市场为导向、产学研深入融合的科学技术创新体系,深入研究科技重点领域国际差距、探寻高新技术源头等,努力追赶目标,促进知识、技术、区域等创新互动。

二是建设新动能的现代化经济体系。加快融合发展高新技术制造业、知识密集型服务业等,推动经济体制、产业形态、服务业态持续

---

① 习近平:《在京津冀三省市考察并主持召开京津冀协同发展座谈会上的讲话》,新华网,http://www.xinhuanet.com/2019-01/18/c_1124011707.htm。

向好发展。加快发展适应经济新形态下的战略新兴产业。"十四五"时期要大力发展关乎民生、关乎社会公平正义,与人民美好幸福生活密切相关的基本公共服务重点领域,如医疗健康产业、养老服务产业、文化体育产业、绿色低碳产业、数字信息产业等,都将对京津冀经济社会转型升级和区域发展具有深远意义。

三是注重发挥区域内创新中心和示范区作用。优化区域创新产业布局,加强创新型城市建设,发挥高新科技产业辐射和引领作用,打造一批示范高地。尤其要注重发展高端高新产业,聚集世界创新要素、整合国际创新资源,制定出台《关于布局京津冀产业链和创新链的实施方案》,加快发展符合区域需要的高端高新产业。

四是强力发展教育培训,加大人才要素流动。"人是生产力中最革命、最活跃的因素",人才是创新的第一资源。要建设科技强国和经济强国,必须高度重视教育,着力培养科技创新人才、青年科技人才,形成崇尚知识、尊重人才、鼓励创新的大环境;同时,通过制度创新,加快人才要素自由流动。

二 融合发展京津冀城乡经济

城乡发展不平衡不协调是京津冀区域经济社会发展的突出矛盾,是制约京津冀经济高质量发展的因素,也是全面建成小康社会、推进社会主义现代化进程中必须着力解决的重大问题。

习近平总书记强调"没有农业农村现代化,就没有整个国家现代化。能否处理好城乡关系,关乎社会主义现代化建设全局"。当前,城乡差距最显著、最直观的体现为基础设施和基本公共服务差距大,体现为资源要素长期单向流入城市,农村处于资源"贫血"状态。因此,本书从两个方面提出发展城乡经济的建议。

一方面,京津冀城乡经济发展必须树立融合发展理念,把城镇和乡村统筹考量,实现城乡一体化发展。党的十九大报告提出"乡村振兴战略",正是从全局和战略高度把握和解决城乡发展不平衡不协调的问题。京津冀区域，尤其是涵盖农村体量最大的河北省必须坚持走城乡融合发展道路，逐步实现高水平的城乡一体化发展。

另一方面，加快构建融合发展的体制机制，促进城乡经济快速发展。习近平总书记指出："通过建立城乡融合的体制机制，形成以工促农、以城带乡、工农互惠、城乡一体的新兴工农城乡关系。"融合发展的目标是通过提高城乡经济发展水平，逐步实现城乡之间的基本权益平等、基本公共服务均等化、收入均衡化，促进社会公平。

第四节　推进京津冀基本公共服务均等化的重点任务

马克思主义公平理论为推进京津冀基本公共服务均等化提供了理论指导和方法论指导，通过构建政府间利益共享"一体化"发展格局，雄安新区、北京城市副中心等重点区域先行先试辐射带动其他区域"递进式"发展，统筹协调基本公共服务"全领域"合作的推进模式，积极构建和完善基本公共服务均等化体制机制及配套法律制度，逐步实现京津冀区域内每个社会成员享受基本公共服务的机会均等。

一　统筹构建政府间利益共享"一体化"发展格局

本书第四章已分析出，当前京津冀协同发展的顶层设计基本完成，形成了规划体系的"四梁八柱"，但受三地战略定位差异及行政区经济的束缚，京津冀三地在经济发展水平上存在较大落差。京津两地城市聚集海量优质资源，有着巨大的"虹吸"效应，要想实现京津冀三地基本公共服务均等化，首先要协同的是"三地四方"（北京、天津、河北和中央政府）关系，确保京津冀"一张蓝图"规划、"一盘棋"统筹、"一个标准"推进和"一体化"体制构建。

（一）纵向上要加强中央对京津冀三地协同发展的统筹与协调

自 2014 年 6 月，党中央批准成立京津冀协同发展领导小组，近六年的时间里，习近平总书记先后7次到京津冀考察调研，主持召开相关会议10次，就推进京津冀协同发展作出一系列重要指示，从顶层设计上助力京津冀协同发展全面深化。以《京津冀协同发展规划纲要》《北京城市总体规划（2016—2035年）》《河北雄安新区规划纲要》《河北雄安新区总体规划（2018—2035年）》《北京城市副中心控制性详细规划》等一系列规划文件的批复实施为标志，京津冀协同发展的"四梁八柱"已搭建完成，"一核两翼"的北京城市发展新动能也已经清晰可见，协同发展的理念更加深刻、指向更加精准、目标更加明确，重点领域的协同效应初步显现。但是，可以看出，中央在京津冀协同发展中的主要作用是发布指令或采取短期方式投资财政等，通过明晰中央和地方政府的职责范围，确定事权与支出责任，进而形成制度和政策来指导基本公共服务各领域工作方面作用较少。党的十九届四中全会中明确提出："健全以国家发展规划为战略导向，以财政政策和货币政策为主要手段，就业、产业、投资、消费、区域等政策协同发力的宏观调控制度体系。"① 加强京津冀协同发展和基本公共服务均等化的制度建设是当前和今后的重要工作，但仅凭借三地政府各自的力量是不能彻底解决一些制度性政策壁垒的，加之京津冀三地政治、经济地位上的现实情况，需要中央来统筹与协调，如三地间协同立法、中央与地方之间的财税制度安排、横向转移支付、GDP统计共计机制和税收分成机制等。此外，建议纵向上建立部省联席会议制度。建立中央、国家各有关部委、北京市、天津市、河北省共同参与的有关雄安新区公共服务改革发展联席会议机制，每年召开两次，旨在研究支持雄安新区公共服务体系改革创新的重大政策措施，指导推动雄安新区公共服务改革发展。设立联席会议办公室，加强各成员单位间沟通，完善工作机制，细化工作方案，确保各项任务措施扎实有

---

① 《中共中央关于坚持和完善中国特色社会主义制度 推进国家治理体系和治理能力现代化若干重大问题的决定》，新华网，http：//www.jjckb.cn/2019-11/05/c_138530683.htm。

效落地。三地通力合作，以切实举措协助推动雄安新区基本公共服务发展。

（二）横向上要强化京津冀三地政府间的紧密联系

建立三地间各层级地方政府及部门间的联席会议机制。在中央统筹的前提下，进一步明确京津冀三省市政府的主体责任，增强协同发展的自觉性、主动性与创造性。联席会议机制能为三方省级以下政府及其部门，乃至基本公共服务相关行业的主体提供平台，即联席会议成员定期就协同发展以及基本公共服务一个或多个领域的规划、发展、建设等问题共谋发展大计，协调各方利益，促进区域内基本公共服务统一规划、标准化建设。具体包括以下三个方面。

第一，建立京津冀省（市）长联席会议工作机制，负责研究三地协同发展的重大政策、重大举措和重大项目的出台，每年举行一次。联席会主持人可由三地省（市）长轮流担任；成员为三地负责基本公共服务不同领域的副省（市）长。联席会下设办公室，挂靠各地省（市）政府办公厅，负责三地间公共服务领域日常事务的沟通，以及政策文件的督办、落实。办公地点设在雄安新区，方便京津两地及时了解基本公共服务对口帮扶的进展情况。

第二，建立京津冀省级发改委协同工作联席会议机制，具体负责落实省长联席会议的有关决定、政策制定、区域内经济社会发展、工作信息发布、统筹协调相关部门和行业等重要任务，每半年一次，地点由三地协商。

第三，建立基本公共服务八个领域三地政府部门厅（局）长工作联席会议机制。联席会议成员定期就各领域基本公共服务发展程度、帮扶情况、项目共建等共同磋商。联席会议主持人可由三地轮流担任；成员为政府各有关部门厅级副职。联席会议下设办公室，挂靠各地厅局业务处室。负责对口联络及工作联动，推动领域内相配套的政策制定、规范标准和实务流程的完善和制定。不定期举行，每年至少一次。例如，基本公共服务中基础教育领域的厅长联席会议，可以由三地教育厅（局）长主持，定期每半年召开一次。

二 稳步推行重点区域辐射带动"递进式"发展模式

京津冀协同发展为基本公共服务的资源合理配置、有效流动提供坚实基础。伴随着三地协同发展工作的逐步深入，工作重点将转向保障和改善民生，提高基本公用服务水平，促进社会公平正义，让改革发展成果更多地惠及人民。京津冀城市群建设为公共资源的合理布局提供空间承载基础，根据国家重大战略部署，京津冀城市群形成两个"一体两翼"建设格局，一是以雄安新区、北京城市副中心为两翼，构成北京的"一体两翼"；二是以雄安新区和以 2022 年北京冬奥会和冬残奥会为契机推进建设的张北地区为两翼，构成河北的"一体两翼"。有利于加快形成以首都为核心，多中心网格化发展的世界级城市群。通过重点区域先行先试，辐射带动多中心区域递进式发展的模式，京津冀区域内基本公共服务资源在空间上的布局会进一步优化，也会不断降低本书第六章分析得出的制约三地基本公共服务均等化因素的影响，使得基本公共服务区域差异、城乡差异、群体差异进一步缩小。

（一）建设京津冀公共服务均等化先行先试区

1. 推动雄安新区基本公共服务率先突破

党的十九大报告提出要以疏解北京非首都功能为"牛鼻子"，高起点规划、高标准建设雄安新区。雄安新区发展要紧扣"北京非首都功能疏解"的战略定位，充分体现高质量发展全国样板的要求，"建设优质共享的公共服务设施，提升公共服务水平，构建多元化的住房保障体系，增强新区承载力、集聚力和吸引力，打造宜居宜业、可持续发展的现代化新城"[①]。从而更快地吸收京津优质的教育、文化、医疗、社会保障等资源，实现优质资源重组，提高河北创新驱动能力。

---

① 中共河北省委、河北省人民政府：《河北雄安新区规划纲要》，《河北日报》2018年4月22日第2版。

《河北省"十三五"推进基本公共服务均等化规划》中提出,"推动雄安新区率先突破,到 2022 年,全部公共服务指标达到或超过京津水平"。按照要求,雄安新区作为京津冀基本公共服务均等化的先行区,为全面实现京津冀基本公共服务均等化提供示范。具体措施及建议如下。

第一,京津冀尽快出台并构建涵盖"标准化+"指标体系的《京津冀基本公共服务一体化规划》,雄安新区基本公共服务要在标准化基础上响应高起点规划、高标准建设的要求。

第二,加强雄安新区基本公共服务各领域与京津对标对准。"教育、医疗、卫生、社保、住房、文化、生态等是人民群众最关心、最直接、最现实的利益问题,应进一步加强与北京市相关部门、国家部委等沟通衔接,提出雄安新区基本公共服务提升的政策措施。"[①] 在对基本公共服务体系进行建设时,同北京、天津优质资源构建共建共享、对口支援等多种形式的协同发展。

第三,高标准配置基础教育服务资源。建设教育强国是中华民族伟大复兴的基础工程,是新时代推动"中国梦"早日实现的人才战略。雄安新区必须把教育事业放在优先位置,加强基础教育设施建设,大力引进高端教育师资,推动城乡义务教育一体化发展,建成优质教育资源覆盖基础教育各阶段的雄安模式,努力让每个孩子都能享有公平而高质量的教育。通过硬件标准化、软件同步化,力争在 2022 年使雄安新区基础教育服务水平赶超北京。当然,我们也看到北京对天津和河北开展教育帮扶项目,京冀两地联合出台了《北京市支持河北雄安新区"交钥匙"项目实施暂行办法》,以"交钥匙"方式支持雄安新区"3 校 1 院"建设,取得了阶段性成果。但是,京津冀三地基本公共服务在教育领域"非均等"最严重,最需要解决的还是高考"指挥棒"的问题,本书第四章对教育文化资源非均等问题分析了京

---

① 杜建政、林文利、赵志伟:《提升雄安新区基本公共服务供给能力的对策建议》,《经济研究参考》2018 年第 70 期。

津冀高考录取分数与比例。因此，京津冀三地要尽快破除利益藩篱，逐步实现河北地区与京津地区高考试卷或录取机会相当，才能很大程度上解决教育服务不公平问题，才能让教育公平直抵人心。此外，还须大力发展智慧教育，着力打造智慧教育示范区，建设数字化学习环境，整合京津冀中小学名师优课资源，遴选打造网络名师课程，加强人工智能、大数据等技术的应用等。

第四，高水平配置医疗卫生服务资源。借疏解北京非首都功能的契机，采取将京津地区内高质量医疗队伍、资源广邀性对内引入措施，鼓励京津两地高水平医疗资源整体搬迁或在雄安新区设立分院，实现医疗人才在北京与雄安新区之间无障碍流动，建立高水平医疗卫生服务保障体系，实现医疗公共服务水平与北京相当或更高。优化医疗卫生服务机构设置，保障优质医疗卫生服务供给。以医共体为纽带，为人民群众提供系统的、全方位的医疗卫生服务。引入竞争机制，允许医院、公共卫生机构、保险公司等参与基本公共卫生服务，探索政府购买基本公共卫生服务新机制，鼓励和规范社会办医、建立筹资、管理、运行等方面的新机制等。

第五，高标准建设公共文化体育服务示范区。支持京津优质文化艺术资源向雄安新区输送，建立发展数字文化产业的有效机制，培育新型文化业态，推进文化与前沿科技领域融合发展；建设以先进国际理念管理的文体中心等基础设施，构建完备的公共文化服务体系和完善的全民健身体系，打造为宜居宜业、服务优良的城市，更好地满足人民对美好生活的需要。

第六，创新雄安新区的社会保障政策，推动雄安新区基本公共服务与社会保障水平与京津衔接，制定适合雄安新区的养老保险缴费政策，鼓励并引导具备条件的用人单位建立企业年金，定制配套税收政策等。完善统一城乡居民基本医疗保险制度和大病保险制度，完善社会保险关系转移接续等，形成以社会保障卡为载体的"一卡通"服务管理便捷模式。此外，为了更好承接北京疏解的人口，建议建立以

"居住证"为载体的公共服务提供机制,实行积分落户制度,实行服务型人口管理新模式,完善基本公共服务供给与雄安新区人口发展协同匹配的机制。坚持并完善城乡一体化就业创业管理制度,实现城乡居民公共就业服务均等化。

综上所述,雄安新区基本公共服务发展涉及经济、政治、社会、生态等多方面的任务,"既要坚持规划引领,厘清建设次序,做到稳扎稳打、久久为功,也要找对抓手,发挥政府主导与市场活力两个方面的作用,做到牵一发而动全身"[1],全力打造承载区域基本公共服务发展的协调示范区。

2. 推动北京城市副中心基本公共服务持续发展

党中央、国务院在对《北京城市副中心控制性详细规划(街区层面)(2016—2035年)》的批复中提到,"规划建设城市副中心,与河北雄安新区形成北京新的两翼","处理好与河北雄安新区的关系,做到各有分工、互为促进"[2]。如何疏解与非首都功能关系不密切或服务于全国的部分公共服务功能和行政功能是疏解北京非首都功能的难题。城市副中心作为北京"两翼"之一,肩负着破题重任,因此,建设北京城市副中心不是简单增加一个城市,而是需要以最先进的理念、最高的标准、最好的质量,规划建设基本公共服务设施,全面提升公共服务承载能力,建设绿色、宜居、人文、智慧之城,从而吸引产业、人口和高端创新要素不断涌入。建议通过高标准编制保障房规划方案、步行和自行车规划实施要点,深入挖掘通州老城区存量资源,鼓励优先利用老厂房等存量用地建设绿色家园中心,补齐公共服务设施短板,提供一站式社区服务,这样才能更好地为人民提供教育、医疗、交通、文化、体育等多领域、高质量的基本公共服务。

---

[1] 杨宏山:《首都功能疏解与雄安新区发展的路径探讨》,《中国行政管理》2017年第9期。

[2] 党中央国务院关于对《北京城市副中心控制性详细规划(街区层面)(2016—2035年)》的批复,中国政府网,http://www.gov.cn/zhengce/2019-01/03/content_5354591.htm。

3. 推动张北地区基本公共服务长足发展

马克思认为，"人靠自然界生活"，自然环境不仅给人类提供了生活资料，如肥沃的土地、物产丰富的森林等，而且给人类提供了生产资料。张北地区的基本公共服务应以京津冀协同发展这一国家战略机遇为契机，借2022年举办北京冬奥会这一有利时机，充分依托自身资源区位优势，充分利用生产资料优势，推动区域经济绿色崛起。

在经济方面，全力打造国家可再生能源示范核心区、京津生态涵养区、中国数坝云计算试验示范区、京津有机食品供应区、国际旅游休闲度假区，加快补齐张北地区经济发展短板，培育形成新的区域增长极，提升河北经济社会发展质量和水平，为基本公共服务向好发展提供更有力的物质保障。京津两地政府基于生态受益原则，加大对张北地区生态建设的投入力度，促成对绿色产业发展、生态水源涵养等多方位支持援助机制。

在基本公共服务方面，充分打好冬奥会品牌，积极对接京津，促进优势互补，加强医疗、文化、体育等多领域的基本公共服务的共建共享、对口支援，加快重大基础设施建设，配置教育、医疗、文化等公共服务功能，缩小三地基本公共服务发展差距。

（二）带动重点地区基本公共服务快速跟进

《京津冀协同发展规划纲要》提出，要坚持协同发展、重点突破、深化改革、有序推进。除对雄安新区、北京城市副中心、张北地区先行先试、持续用力提升基本公共服务水平外，通过边际辐射效应，带动先行先试地区的周边区域快速跟进，尤其是加强重要节点地区公共服务供给能力建设。通过对标先进，加大引进、培养高水平基本公共服务人才力度，加强基本公共服务优质资源转移，对口帮扶等不同方式协同发展，补齐基本公共服务短板，逐步缩小区域内基本公共服务差异。中央和京津冀三地（省级）政府除了对先行先试区域政策倾斜外，还要加强对四大战略区域的转移支付力度。加强对河北省省会石家庄以及邯郸、邢台、衡水等冀中南地区基本公共服务优质资源配置,提升包括保定、廊坊在内的环京津核心区基本公共服务标准,推动包括唐山、秦皇岛、沧州在内的沿海区域基本公共服务持续向好发展,助力包括张家口、承德及太行山沿线的冀西北生态涵养区配置优质基本公共服务资源,从而实现重要节点城市基本公共服务优质资源优化配置。

(三) 加快补齐河北省基本公共服务物质基础的短板

河北省的发展除了寻求中央政策顶层设计支持、加大中央财政转移支付力度,北京、天津帮扶外,应集中精力培养创新发展的内生动力。长期以来,河北省的发展战略定位有依靠思维,寄希望于借力京、津来发展经济,从1978年开始,河北经济布局定位经历了"山海坝"(1985)、"环京津"(1986)、"以城带乡、铁路与沿海两线展开"(1988)、"环京津、环渤海"(1993)、"两环开放带动战略"(1995)、"打造沿海经济强省"(2007)、"一圈一带一区"(2010)等,较多的战略布局是围绕京津两地进行的,但是结果并不理想,"经过多年的发展,'环京津贫困带'和京津远郊县之间的经济发展水平产生了巨大的差距,并有不断扩大的趋势"[①]。自2014年实施京津冀协同发展国家战略以来,京津冀三地共建共享、融合互动固然比之前有很大程度的改观。但在外力相助下,仍需要内在动力一同作用,才能协同发展出理想的效果。今后,河北省要坚定以"一体两翼"为重点的区域发展战略,着力办好京津冀协同发展、雄安新区规划建设和冬奥会筹办三件大事,打造河北高质量发展动力源,增强河北基本公共服务自身"造血"功能,心无旁骛,创新发展,补齐短板。河北省要抓住京津冀协同发展的契机,积极承接北京非首都功能疏解工作,吸引产业、人才和高端创新要素等优质资源转移,深化体制机制改革,加强重点领域合作;要抓住建设雄安新区作为"千年大计、国家大事"带来的历史机遇,改变传统思想、创新治理理念,高起点规

---

① 马林靖、严雪晴:《京津冀协同发展下"环京津贫困带"出路探讨》,《河北工业大学学报》(社会科学版)2018年第2期。

划、高标准建设,加快体制机制创新、激发市场活力,全面提高资源配置效率,打造高质量创新发展增长极,与京津共同打造世界城市群;抓住张北筹办冬奥会的有利契机,发挥绿色发展示范区作用,加快体育场馆、道路等基础设施建设,继续发展绿色产业项目,发展冰雪旅游产业,坚持绿水青山就是金山银山的理念,走出一条绿色产业发展之路,通过实施"一体两翼"战略,带动全省经济社会创新、协同、绿色、共享、高质量发展,缩小与京津经济上的差距,进而缩小基本公共服务均等化差异。

三 统筹协调京津冀基本公共服务"全领域"合作

通过构建利益共享"一体化"体制格局,推行重点区域先行先试,辐射带动周边区域递进式发展,目的就是对京津冀区域的基本公共服务"全领域"实现"网格化"覆盖。

纵向上由国家有关部委统筹,联合京津冀三地省(市)级及有关部门,与河北雄安新区管委会协同参与,在京津冀协同发展的时代背景下,立足京津冀基本公共服务存在的问题,根据本章第二节中建议构建涵盖"标准化+"指标体系的《京津冀基本公共服务一体化规划》,实现"一张图"规划,标准化推进。

横向上京津冀三地通过联席会议等多种形式促进三地省级政府及河北雄安新区管委会之间的横向联系,逐步清除体制羁绊,实现三地间优质资源共享,加快实现京津冀基本公共服务各领域的深度协作和标准化发展,促进基本公共服务均等化早日实现。

四 加快完善有关公共财政、户籍等配套政策的体制机制

除了法律制度上的规范外,可以借助灵活多样、适宜经济社会发展的财政、户籍、土地等政策协调机制来推动基本公共服务均等化的实现。

(一)加强财政政策制度建设

第一,建立补偿性转移支付机制。从《京津冀协同发展规划纲

要》中可以看出，河北省被定位为"全国现代商贸物流重要基地、产业转型升级试验区、新兴城镇化与城乡统筹示范区、京津冀生态环境支撑区"，在京津冀三地非均衡经济发展过程中，存在着很强的行政色彩，河北牺牲较多。以生态环境领域为例，京津冀三地政府应加快构建生态补偿横向转移支付机制，党的十八届三中全会提出，加快建立重点生态功能区的生态补偿机制，鼓励并推动地区间建立横向生态补偿制度。2016年国务院《关于健全生态保护补偿机制的意见》中"按照谁受益、谁补偿的原则，推行以地方补偿为主、中央财政支持为补充的横向生态保护补偿机制办法"。2019年国家发展和改革委员会发布了《生态综合补偿试点方案》，为进一步健全生态保护补偿机制，提高资金使用效益，提供了更为明确的方案依据。可见党和政府高度重视生态补偿机制，认识到加强生态文明建设与人民生活幸福指数提升的密切关系。京津冀三地应设立专门的政府机构对横向生态补偿类财政转移支付进行协调和管理，对实际产生的生态保护成本、生态保护减损经济的代价等，要求生态受益地区向生态保护地区进行生态补偿转移支付。具体机制建议如下。

建立隶属于京津冀协同发展领导小组，由国务院财政部领导任组长，京津冀三地分管生态环境工作的省级主要领导任副组长的生态补偿转移支付专门工作小组，负责协调生态补偿中的受益方、补偿方、支付部门，以及民间非政府组织的关系，重点关注对森林、草原、湿地和重点生态功能区的转移支付，积极探寻具有京津冀特色的高效合作路径，形成受益者付费、保护者得到合理补偿的良性局面。

第二，建立发展性共益基金机制。可以设立京津冀协同发展基金，由中央和三地政府共同出资设立，用于三地教育文化、医疗卫生、养老保障等基本公共服务的跨省（市）服务合作体系建设及生态环境保护、交通等基础设施的一体化推进的共益基金，有利于优化公共资源配置，缩小区域间的基本公共服务差距。同时，建立常住人口基本公共服务动态调整机制，运用信息化手段建设高效便捷的公共服务平台，形成"钱随人走"居住地供给的模式，方便区域内人员要素的流动。此外，三地政府要强化信息化平台建设，打破流动人口不能享受公共服务信息的壁垒，增加流动人口跨省市享受基本公共服务的机会。

第三，构建有效的统筹协同体系。加快建立与京津区域经济高质量发展要求相适应、体现"创新、协同、绿色、发展、共享"理念的三地协同发展的政策体系、决策协调体系、监督考评体系和法治保障体系。健全以《京津冀协同发展规划纲要》为战略导向，以财政政策、货币政策为主要手段，投资、消费、产业、区域等政策协同发力的协同发展制度体系，增强区域协同发展的针对性、创新性。

第四，加快建立现代财税制度。进一步优化中央政府与京津冀地方政府间事权和财权划分，建立权责清晰、财力协调、区域均衡的中央和地方财政关系，形成稳定的与各级政府事权、支出责任和财力相适应的制度。尤其要加强对跨京津冀三地的生态环境保护以及雄安新区建设等方面的中央事权，减少并规范中央和地方共同事权。完善标准科学预算制度，实施预算绩效管理，提高财政资金使用效率。深化税收制度改革，完善直接税制度并逐步提高其比重。健全地方税体系，调整完善地方税税制等。

（二）加大户籍制度改革力度

弱化或消除附着在户籍制度上的福利政策是加快人口流动、促进北京非首都功能疏解的重要手段，是使城乡居民共享发展成果，实现基本公共服务均等化的前提。在路径选择上，要充分认识到户籍制度改革对基本公共服务均等化带来的有益促进。

一是户籍制度一元化改革，降低城乡基本公共服务差异程度。长期以来，城乡居民在教育培训、医疗保险、社会保障方面受到较大差别待遇，随着新一轮户籍制度改革开始，即2014年7月国务院出台《关于进一步推进户籍制度改革的意见》，取消了农业户口与非农业户口的分类登记，建立城乡统一的户口登记制度，建立居住证制度等，使得这种现象逐渐得到改善，尤其在经济发展水平较高的地区，城乡居民享受基本公共服务的理念及满意度逐渐提高。随着一元化户籍改革推进，使得附加在户籍上的基本公共服务差距逐渐缩小，保障了农业转移人口及其他常住人口随迁子女平等地享受教育权利、医疗卫生服务等，有序推进城镇化建设，使基本公共服务不断向"城镇常住人口全覆盖"迈进。

二是户籍制度改革不断取得新突破，进一步促进京津冀基本服务均等化。2016年1月，为促进新型城镇化的健康发展，推进城镇基本公共服务对常住人口的全覆盖，促进社会公平正义，国务院颁布实施《居住证暂行条例》（以下简称《条例》）。《条例》是对现有户籍制度改革的又一次突破，一定程度上缓解了京津冀户籍体现在基本公共服务方面的不均等，但是依然存在着"因大量非户籍人口的存在"而导致城镇化不充分的问题。城市仅仅利用了非户籍人口的劳动力优势，而没有考虑到人口规模的需求优势。2019年国家发展和改革委员会印发《2019年新型城镇化建设重点任务》，放宽在不同人口量级城市的落户限制，推动户籍制度附加权利的平等化，加快人口流动，使得人口居住地与户籍地合一，既解决了人口红利逐渐消失带来的城市化发展动力不足的问题，充分发挥市场在人口流动和资源配置中的作用，又使得"新居民"更好地享有城市基本公共服务，同时也促进政府加大财政投入，提升城市管理和基本公共服务水平。2018年9月，河北省人民政府印发的《河北省人口发展规划（2018—2035年）》中提出推进人口管理创新，实施积分落户和居住证制度，建立以居住证为载体的公共服务供给机制，吸引人口向雄安新区转移。

因此，推进京津冀基本公共服务均等化需要加大户籍制度改革力度，不断淡化户籍制度上附加的福利，促进城乡人口有序流动。同时，在教育、医疗、社会保障、住房等方面为吸引人口的聚集，提供完善的保障措施，提高基本公共服务水平，吸引各类人才前来就业创业。总之，通过深化户籍制度改革，推动基本公共服务均等化，助力区域经济高质量发展。

五 积极完善基本公共服务均等化评估和监督问责机制

基本公共服务供给的效率与质量取决于政府职能的高效发挥，因此，需要监督问责机制来保障。长期以来在政府考核评价指标中，都将经济增长速度作为政府考核评价核心指标，在促进经济快速增长的同时，也带来了不少社会矛盾。党的十八大以来，习近平总书记先后多次强调，"再也不能简单以国内生产总值增长率来论英雄了"，切实改进政绩考核，从激励约束机制上纠正单纯以经济增长速度评定政绩的偏向，引导领导干部树立科学发展的政绩观，把主要精力放到转方式、调结构、促改革、惠民生上。党的十八届三中全会再次指出，"完善发展成果考核评价体系，纠正单纯以经济增长速度评定政绩的偏向，加大资源消耗、环境损害、生态效益、产能过剩、科技创新、安全生产、新增债务等指标的权重，更加重视劳动就业、居民收入、社会保障、人民健康状况"。在2013年年底，中组部严格落实中央精神出台了《关于改进地方党政领导班子和领导干部政绩考核工作的通知》，其中提出了考核不能唯GDP、不能搞GDP排名、限制开发区域不再考核GDP、考核结果使用不能简单以GDP论英雄等"去唯GDP论"的政绩考核标准。可以看出，党和国家越来越注重建立和完善以人民获得感、幸福感为政府考核评价的指标体系，注重构建适应国家治理水平和治理能力现代化的政绩考核体系，对提高基本公共服务水平、保障和改善民生具有特别重要的意义。

（一）强化绩效考核，完善政策激励约束机制

科学设置绩效考核指标体系。治国有常，利民为本，政府考核评价体系承载着加强政府责任、提高政府治理水平和治理能力的重任，是引导政府行为的指针。基本公共服务政绩考核制度是针对政府及其工作人员在基本公共服务供给等职责中的不规范行为而设立的责任追

究和问责机制，也是保证政府基本公共服务供给的激励机制。当前我国在基本公共服务监督、问责等方面还存在许多不完善的地方，尤其是对基本公共服务供给过程、服务质量和民众满意度方面没有强化监督问责和量化考核，致使基本公共服务水平在不同区域、不同群体间差异较大，存在着监督问责机制力度不够，政绩考核中基本公共服务供给质量、数量和供给对象满意度给分权重低等影响基本公共服务均等化的问题。因此，良好的评估机制对基本公共服务政策的执行、供给质量和数量的提高等都具有重要意义。在此提出建议，第一，优化政府绩效考核评价体系，将教育、医疗卫生、公共环境、社会保障、劳动就业创业等基本公共服务领域主要发展指标列入各级政府领导班子和主要领导干部年度考核指标体系，同时，提高基本公共服务等共享发展指标在政府绩效考核评价体系中所占比重，如生态保护优先的绩效评价。第二，增设政府间协同合作推动基本公共服务均等化程度及共享发展成果的考核指标，根据基本公共服务领域主要发展指标的改善程度、影响范围、协同程度，设置科学合理的考核评价权重。第三，注重对中央、地方财政转移支付资金使用的监督，将上一年度用于基本公共服务领域的资金使用情况与政绩考核评价相结合，既提高专项资金使用效率，又保证资金专款专用于基本公共服务供给。

（二）加强公众话语权，增加基本公共服务对象满意度调查

在现行的压力型行政体制下，下级政府的绩效通常是由上级政府及其行政机关来考核的，重点看全面工作水平，看经济、政治、文化、社会、生态文明建设和党的建设的实际成效，看解决自身发展中突出矛盾和问题的成效，不能把地区生产总值及增长率作为考核评价政绩的主要指标，却相对忽视了基本公共服务对象即社会公众对一些公共服务项目的需求。党的十九届四中全会指出："健全幼有所育、学有所教、劳有所得、病有所医、老有所养、住有所居、弱有所扶等方面国家基本公共服务制度体系。"可以看出，基本公共服务几乎贯穿人的整个生命周期。这就要求政府将保障和改善民生作为建设服务

型政府的重要职责，作为考量政府执政能力和执政水平的重要绩效考量指标，同时要重视社会公众满意度调查，通过政务平台或便民服务App及时获取供给两侧信息，将公众对基本公共服务满意度与政绩考核挂钩，以公众的满意度来促进服务型政府的建设。

综上所述，由于当前基本公共服务法治化程度不高，民主性不强，权责一致尚待提高，且有些非排他性和非竞争性公共服务很难量化，所以，构建科学合理的基本公共服务考核评价指标体系需要强化对政府责任的追求。按照"有权必有责、用权受监督、失职需问责、违法要追究"的原则，基本公共服务领域要通过完善的考核评价机制和监督问责机制来明确理顺职责与责任、权利与义务的关系，从而在基本公共服务领域强化法治权威，提高政府公信力，有效推动政府治理现代化的实现。

六 加快构建基本公共服务均等化法治体系

建设标准化基本公共服务制度体系是实现国家治理能力和治理水平现代化的任务要求。推动户籍制度、公共财政制度、公共服务供给制度、转移支付制度等统一规划、统筹部署，依靠体制机制创新为推动京津冀基本公共服务各领域均等化发展，促进生产要素自由流动提供必要制度保障。

基本公共服务作为一项让全体社会成员共享改革发展成果、保障民生的制度安排，是落实宪法"尊重和保障人权"规范的现实体现。遵守宪法和法律是包括政府、市场、社会组织等在内的基本公共服务多元主体工作的根本原则，必须坚持用制度管权、管事、管人，健全监督机制，强化责任追究。健全和完善基本公共服务均等化的法律制度，首先要加强京津冀协同立法。京津冀协同立法是保障京津冀协同发展，促进基本公共服务均等化的制度保障，是经济社会和谐发展的法治保障，也是区域法治协调统一的重要举措。基本公共服务均等化的实现、民生保障的底线、社会公平正义的体现，都需要依靠完善的法律制度来保障，需要从法律层面来确保基本公共服务供给的公平公正，今后要加强两个层面的建设。

(一) 加快完善京津冀协同立法机制

在顶层设计方面，要加快促进区域协调、区域合作等方面法规的研究制定，从全局层面强化区域合作，予以相应的法律约束和安排。当前，京津冀三地已经初步建立了协同立法工作机制，但是亟须健全。当前，由三地以联席会议形式协商解决协同立法的问题较多，而"系统化的会议协同、省际协议协同、委托立法工作协同、示范立法协同、联合立法工作协同等协同立法机制尚未建立健全"①，京津冀协同发展以来，三地在基本公共服务方面的立法取得可圈可点的成绩，例如，三地共同就机动车和非道路移动机械等移动源排放的污染治理开展联防联控，并进行协同立法，分别于2020年1月11日、18日、20日在三地人民代表大会上审议通过了《机动车和非道路移动机械排放污染防治条例》。至此，同一法律文本在三地同步实施，标志着京津冀首部协同立法诞生。这是京津冀协同发展近六年来的首部协同立法，是三地立法机关共同努力的结果。但是，立法历时长、法律法规少的现象也说明三地协同立法存在着较多利益壁垒，例如，地方保护、利益固化、行政边界刚性约束等。随着京津冀协同发展的深入，促使地方政府从传统的管好自己的"一亩三分地"治理理念走向相互融合、优势互补、联动发展的新理念，"消弭区域间的立法冲突，加强区域间的立法合作已成为区域发展重要且亟待解决的问题"②。然而，京津冀三地人大作为利益独立的立法主体，在涉及各省（市）重大利益和重大事项立法时，各地立法主体无法自身协调，可能会在一个利益或事项上各自为战，导致涉及区域发展立法事项久拖不决。这些问题是不可避免的，也是可以预见的。因此，加强区域间的立法合作亟须国家层面协调，解决涉及市场要素整合、行政壁垒消除、各方

---

① 冯玉军：《为区域协同立法"护航"》，《民主与法制时报》2019年第28期。
② 冯玉军：《为区域协同立法"护航"》，《民主与法制时报》2019年第28期。

利益统筹等多个重点领域和重点利益聚集区域的立法，具体建议如下。

一是在京津冀协同发展领导小组及其办公室建制下，设立京津冀协同立法委员会，作为常设议事协调机构，机构成员应由全国人大法工委主要负责同志，三地人大、党委、政府及其有关部门的法制工作负责同志组成，其主要职责是"协调区域协同立法；承载某些区域协同立法机制的运作；开展与区域立法相关的协调沟通工作"[①]。特别是对区域重点领域深层次利益问题的立法，开展协调研究。对于区域协同立法不能解决的问题，及时报请全国人大常委会法工委。

二是充分发挥三地人大在协同立法中的作用，同时积极调动政府及其部门，发挥其立法基础作用，形成人大、党委和政府对法治工作的合力。督促服务型政府依法行政，并将基本公共服务水平提升作为政绩考核指标落地落实，强化政府用法治思维、法治方式保障基本公共服务均等化的执政理念。

三是完善协同立法信息化平台建设。目前，三地立法项目及进展情况会在各地人大网站予以公布。对协同立法项目没有集中统一的京津冀协同立法信息化平台，信息平台应及时收录并公示协同立法五年立法规划和本年度立法情况总结及下年度立法计划；开通公众参与的网上征求意见、调查问卷、视频听证等通道，进而增强协同立法的公开透明度、公众参与度。

（二）建立健全基本公共服务法律制度体系

在专项法律法规建设方面，对妨碍京津冀三地合作的各个环节形成法律管控，如区域垄断、行政壁垒、限制要素流动等。从宪法上看，基本公共服务均等化的实现与否，关系公民的生存权、受教育权、劳动权等基本权利实现的程度，是关系社会公平正义的问题。当前，我国学者对基本公共服务均等化法治建设的研究尚处于起步摸索

---

① 陈光：《区域立法协调机制的理论建构》，人民出版社2014年版，第150页。

阶段，基本公共服务没有系统的法律体系，更多的是以政府政策法规来体现，作为政策文件类的"软法"，其权威性、约束性远不及法律，因此，当前亟须建立和完善基本公共服务法律体系，为实现基本公共服务均等化奠定坚实的法理基础。对构建基本公共服务均等化法律体系的建议如下。

第一，在制度设计中明确划分政府间责任范围。"各级政府间财政支出责任的合理划分，是实现财政体制规范化和通过财政体制来促进公共服务均等化的重要前提之一。"[①]京津冀基本公共服务均等化的前提是经济发展水平和财政能力相当。在纵向上，中央及京津冀三地事权与支出责任明晰，各层级政府间事权与支出责任明晰，财力协调；横向上政府间财权财力相当，区域均衡。明确清晰的政府间责任是财政体制规范化的前提，也是促进公共服务均等化的前提。从我国目前情况来看，现有的法律法规对财政转移支付等法律制度的规范较少，对各级政府在基本公共服务方面的职责也没有确定性规范。中央政府和地方政府间对事权和支出责任的划分，即使在宪法等一些法律条款中有规定，但也大多比较宽泛。因此，要制定基本公共服务法律制度，进一步明确中央在基本公共服务中的责任，并制定相应追责机制。同时明确各级地方政府在基本公共服务供给过程中的分工，改变长期以来的唯 GDP 论并将其作为考核硬指标的局面，将基本公共服务均等化效果也作为硬性考核指标，加入考核评价指标体系中。

第二，按照法治、公平、效率的原则，完善转移支付制度。"加快建立现代财政制度"[②] 为新时代国家财税的法治化建设提出了总要求。本书对纵向和横向两个维度的政府间财政转移支付方式进行初步探讨。

一是在加快建设法治政府理念指导下，完善财政转移支付法律制

---

① 王玮：《多重约束条件下我国均等化财政制度框架的构建》，中国社会科学出版社 2011 年版，第 57 页。
② 习近平：《决胜全面建成小康社会 夺取新时代中国特色社会主义伟大胜利——在中国共产党第十九次全国代表大会上的报告》，人民出版社 2017 年版，第 34 页。

度。财政转移支付法治化是人们追求的目标，在法律框架下执行责权明晰的划分方案、各个环节规范运行的转移支付制度，能够提高支出效率，体现社会公平。

在实体法方面，一是行政法规层面。通过国务院制定行政法规的形式，提高财政转移的规范性和权威性。明确中央政府负有均衡各地区经济及保障各地区基本公共服务均等化的责任。在中央财政转移支付前综合考量各地经济社会发展水平对基本公共服务供给的保障程度，加大对经济发展较差地区提高一般性转移支付力度。二是相关法律层面。事权与支出责任的合理划分是处理政府间财政关系的前提。当前不尽规范的责任划分，建议由国务院协同财政部和其他有关部委，逐步形成财政转移支付高效统一的集中管理机制并以行政法规的形式确定下来。后期根据需要再将其以法律形式对转移支付的内容、程度、法律监督及法律责任等进行规范，纳入国家治理法治化进程中。制定用于规范财政协同的地方性法规和规章，如京津冀区域横向转移支付法规、京津冀区域税收分享法规、京津冀区域预算协同办法等。

在程序法方面，法律为财政转移支付提供程序上的保障。一是决策程序。马克思主义公平理论的人本性特征，要求在人的自由、平等参与中实现社会公平正义。因此，财政转移支付的决策应该倾听人民的意愿，为了体现财政收入"来源"与"支出"的民主性、科学性和公开性，要采取科学程序、运用民主方式、公开透明运作。二是预算及执行程序。地方政府要严格按照预算程序规范管理预算，地方人大要加强人大预决算审查。执行是财政转移支付的关键环节，任何财政转移支出的预算程序不完整都是不得执行的。受经济下行压力与大规模减税降费的影响，中国地方财政压力较大。通过加强转移支付制度，提高转移支付绩效是提高资金使用效率、加快均等化的关键。

当前，京津冀协同发展到了滚石上山、爬坡过坎的关键时期，中央要合理确定对京津冀区域的支出占整个支出的比重，通过完善中央对地方的财政转移支付制度保证京津冀三地省级之间公平地享有基本公共服务的机会。通过逐年提高对河北的转移支付基数，保证经济水平相较于京津两地有较大差距的河北地区，能够逐渐缩小和京津在社会保障等领域的差距，逐步享有相应财政水平支持的基本公共服务均等化供给。同时，需要说明的是，加大转移支付不是为了"补齐"经济发展短板，而是为了保证经济较差地区基本公共服务的正常供给，促进社会公平、实现兜底性公平，并以此来激发并增强该地经济发展后劲。此外，随着京津冀协同发展的推进，中央应加大对京津冀区域内重点生态功能区、农产品主产区、困难地区提供更有效的转移支付，上述这些都需要在制定相关制度时予以考量。

二是完善京津冀三地政府间横向财政转移支付，初步形成合理科学的横向转移支付机制。相对于纵向转移支付，横向转移支付是在同级政府间进行横向的资金转移，其更为便捷。从本质上讲，政府间横向转移支付是以实现各地公共服务水平均等化为最终目标的一种财政平衡制度，[①] 在推进区域基本公共服务均等化上效果更显著。当前，我国的横向转移制度并不成熟和完善，多年实施对口支援机制。对口支援作为横向财政转移支付的雏形，是经济发达地区对经济欠发达地区给予的人、财、物等方面援助的政策性行为，对促进区域均衡发展，实现社会公平发挥了较大的作用。在国家治理现代化的要求下，要将对口支援政策不断完善，使其进一步现代化、法治化、民主化、科学化，成为促进基本公共服务均等化、保障和改善民生的制度安排。

综上所述，京津冀基本公共服务均等化的推进思路与实现途径都是基于马克思主义公平理论的基本内容、基本原则及基本方法的指引，从坚持社会公平原则到保障和改善民生，都是为了实现以人为本和共享发展理念下的京津冀基本公共服务均等化目标，以及实现"每

---

① 张启春：《区域基本公共服务均等化与政府间转移支付》，《华中师范大学学报》（人文社会科学版）2009年第1期。

个人自由而全面发展"的终极追求。

　　马克思主义是不断发展的开放的理论，始终站在时代前沿。以马克思主义公平理论指导京津冀基本公共服务均等化，正是将马克思主义基本原理同新时代中国具体实际紧密结合的体现，运用辩证唯物主义和历史唯物主义的世界观和方法论破解有关社会公平等时代问题的有益实践，亦是对马克思主义关于生产力和生产关系、关于社会建设等思想的生动实践。在京津冀协同发展向纵深拓展之际，三地政府的改革发展稳定任务重、矛盾风险挑战多，推进京津冀基本公共服务均等化的任务更是艰巨，历程更会是长期的，只有不断提高运用马克思主义分析和解决实际问题的能力，才能使疏解北京非首都功能、打造京津冀世界级城市群等战略目标逐一实现。在推进京津冀基本公共服务均等化过程中，坚持用马克思主义公平理论解读时代、引领时代，形成政府间利益共享"一体化"发展格局、重点区域先行先试辐射带动"递进式"发展模式、统筹基本公共服务"全领域"协同合作是对共享发展、共同富裕的最新诠释，是对机会公平的时代践行；构建和完善基本公共服务相关的法律、财政、户籍等制度，是促进公平正义的制度保障，是对权利公平和规则公平的时代践行。可以说，京津冀基本公共服务均等化的鲜活实践不断丰富和发展了马克思主义公平理论，开辟了马克思主义公平理论的新境界新高度。

结　语

　　社会公平是人类社会文明发展的重要标志，也是马克思主义公平理论的核心目标和本质追求。通过对马克思主义公平理论渊源的梳理，以及对其公平理论中国化发展历程、基本内容和时代特征的分析可以得出，马克思主义以辩证唯物主义和历史唯物主义的视角，科学把握与揭示了公平理论的人民主体性和共享发展的价值取向，为深化京津冀协同发展、实现京津冀基本公共服务均等化提供了强有力的理论指导和方法论指引。从理论脉络上看，当代中国共产党人的公平观植根于马克思、恩格斯等马克思主义经典作家的公平思想，并在中国特色社会主义实践中构建并创新以人民为中心的发展思想。党的十八大以来，以习近平同志为核心的党中央将人民对美好生活的向往作为中国共产党人的奋斗目标，将实现公平正义作为党一切工作的出发点和落脚点，将马克思主义公平理论与经济社会发展新变化有机结合，创造性地提出了基本公共服务均等化、保障和改善民生、促进社会公平等新思想新论断，谱写了促进社会公平正义的宏伟篇章，"为实现更高层次和水准的公平正义提供了重要理论遵循和实践指南"[①]。

　　京津冀基本公共服务均等化作为这宏伟篇章的一部分，是我国改革发展走向深入的必然要求，也是京津冀协同发展的现实需要。党的十八大以来，京津冀区域作为我国经济重要增长极，取得了显著成

[①] 雷红:《马克思主义公平正义理论的丰富与发展——试论习近平关于公平正义重要论述的深刻意蕴》,《人民论坛·学术前沿》2018 年第 15 期。

绩，但也存在着发展不平衡、不充分等问题。京津冀基本公共服务均等化正是新时代解决我国区域发展不平衡、不协调问题，实现人民共同富裕的重要实践，是推动民生保障和经济发展相得益彰，促进社会公平的重要途径和手段。京津冀基本公共服务均等化研究有助于推动全面深化改革，为建设公平公正、开放共享、可持续发展、人民安居乐业的和谐社会提供学理支持；有助于加强社会主义制度建设，优化京津冀发展格局，为实现我国民生政治与推进国家治理体系与治理能力现代化提供理论支撑。

从现状分析来看，党的十六届五中全会以来，党和政府全面深化改革，整合公平正义等现代价值，以人民福祉与人民幸福感为基本宗旨，将实现基本公共服务均等化融入执政理念和政府工作报告的规划蓝图。本书运用历史分析和比较分析方法，对2007—2017年期间，京津冀三地在基本公共服务五大领域的差异化情况进行分析和评价；运用熵权法、多元回归分析等实证方法，对2007—2017年期间，京津冀城市群基本公共服务均等化的水平测度及影响因素进行分析，客观、全面整理出影响京津冀基本公共服务均等化的因素，即地区经济发展水平、产业结构水平、交通发达程度，以及城市化水平为根本因素，财政转移支付制度等为制度因素，地方政府财政支出能力及其结构为直接因素，自然地理条件、区域位置、生态环境等为间接因素，国家区域发展政策为外在因素、地方政府基本公共服务政策为内在因素和区域空间结构为基础因素等，为马克思主义公平理论指导京津冀基本公共服务均等化实现的推进思路和实践路径提供了精准的问题靶向。

从法治保障来看，马克思主义公平理论下的规则公平是通过法律制度、规则规范来体现的，是靠法治来"保驾护航"的。基本公共服务均等化要通过构建和完善相关的法律体系来保障基本公共服务制度的有效实施。京津冀三地协同立法是对马克思主义规则公平的践行，是统筹区域内法治建设的重要基础，也是实现三地基本公共服务均等化的重要法治保障。当前，京津冀三地初步建立了协同立法工作机制，重点领域协同立法等方面取得了一系列成果，但从京津冀协同发展战略的总体规划和统一部署来看，仍然在深入融合、协同立法上存在着很多亟待解决的难题。亟须国家层面协调，解决涉及市场要素整合、行政壁垒消除、各方利益统筹等多个重点领域和重点利益聚集区域的立法问题，构建完善的基本公共服务均等化法律体系。

从实践路径来看，第一，正确把握区域经济高质量发展与京津冀基本公共服务之间的内在关系是推进京津冀基本公共服务均等化的根本途径，是马克思主义公平理论主要内容在生产维度（经济基础决定公平的性质和内容）的当代价值体现。因此，紧紧围绕疏解北京非首都功能，建立以首都为中心的京津冀城市群发展和以城市群带动区域发展的新模式，构建利益共享"一体化"体制格局，才能实现京津冀区域经济的高质量发展，为京津冀基本公共服务均等化的实现提供坚实的物质基础。第二，完善和健全基本公共服务有关的体制机制是马克思主义公平理论主要内容在制度维度（制度正义是实现公正的根本保证）的当代价值体现。因此，依托制度建设，一方面统筹"三地四方"关系，纵向上加强中央对京津冀三地协同发展的统筹与协调，横向上强化京津冀三地政府间的紧密联系，以此确保京津冀基本公共服务"一张蓝图"规划、"一盘棋"统筹、"一个标准"推进；同时，全面审视基本公共服务配套制度，对不符合公平正义的制度，以"刮骨疗毒"的勇气深化制度改革和创新；另一方面，完善基本公共服务有关机制，借助灵活多样，适宜经济社会发展的财政、户籍等政策协调机制来推动基本公共服务均等化的实现。第三，按照重点区域先行先试，辐射带动其他地区递进式发展的模式，强基础、补短板，逐步实现京津冀基本公共服务均等化。尽管这是一个长期且艰巨的实现过程，但值得期待的是，以习近平同志为核心的党中央将实现公平正义作为党的执政纲领和行动指南，正在积极努力让更多的人民享受发展成果，正在向实现全体人民共同富裕美好未来的征程上阔步前行。

本书的研究涉及马克思主义理论、经济学、公共管理学、法学等多学科的理论知识。在对上述学科理论研究的过程中，由于本人理论水平有限，驾驭多学科开展研究的能力还不足以对这些领域深层次问题进行挖掘和分析，在运用理论指导实践方面，深感力不从心。因此，书中的见解和阐述多停留在政策理论层面，深入各专业层面的研究较少。特别是在马克思主义公平理论与中国实际结合的发展历程梳理上，在马克思主义公平理论与京津冀基本公共服务均等化的逻辑关系上都有待进一步的学习和研究。此外，对京津冀基本公共服务现状和存在问题需要深入调研，广泛收集各领域材料，更需要对最新数据进行实证分析、评价，在这方面，书中数据受制于时间因素，调研不够扎实、深入，数据来源更多地依赖于国家统计局发布的统计年鉴等，数据相比当下现状实际情况要陈旧一两年，所以，分析得出的结论时效性相对低一些。

此外，书中较多的笔墨倾注于对京津冀省际及京津冀城市群基本公共服务均等化的研究，对城乡基本公共服务均等化的笔墨附注较少。然而，现实中京津冀城乡基本公共服务差距体现的则更为突出，这将是今后关注和深入研究的方向，以期对京津冀城乡之间、群体之间、区域之间的基本公共服务均等化问题开展更为全面的研究。

参考文献

一 经典文献

《马克思恩格斯文集》第 1 卷，人民出版社 2009 年版。
《马克思恩格斯文集》第 3 卷，人民出版社 2009 年版。
《马克思恩格斯文集》第 4 卷，人民出版社 2009 年版。
《马克思恩格斯文集》第 9 卷，人民出版社 2009 年版。
《马克思恩格斯文集》第 10 卷，人民出版社 2009 年版。
《马克思恩格斯选集》第 1 卷，人民出版社 2012 年版。
《马克思恩格斯选集》第 2 卷，人民出版社 2012 年版。
《列宁选集》第 1 卷，人民出版社 2012 年版。
《列宁选集》第 2 卷，人民出版社 2012 年版。
《毛泽东选集》第 6 卷，人民出版社 1999 年版。
《毛泽东选集》第 7 卷，人民出版社 1999 年版。
《毛泽东选集》第 8 卷，人民出版社 1999 年版。
《邓小平文选》第 3 卷，人民出版社 1993 年版。
《江泽民文选》第 2 卷，人民出版社 2006 年版。
《江泽民文选》第 3 卷，人民出版社 2006 年版。
江泽民：《论有中国特色社会主义（专题摘编）》，中央文献出版社 2002 年版。
《胡锦涛文选》第 2 卷，人民出版社 2016 年版。
《胡锦涛文选》第 3 卷，人民出版社 2016 年版。

《习近平谈治国理政》，外文出版社 2014 年版。

《习近平谈治国理政》第 2 卷，外文出版社 2017 年版。

中共中央文献研究室编：《建国以来重要文献选编（第七册）》，中央文献出版社 1993 版。

中共中央文献研究室编：《建国以来重要文献选编（第八册）》，中央文献出版社 1994 版。

中共中央文献研究室编：《邓小平思想年谱（1975—1997）》，中央文献出版社 1998 版。

中共中央文献研究室编：《十六大以来重要文献选编》（下），中央文献出版社 2008 年版。

中共中央文献研究室编：《十七大以来重要文献选编》（上），中央文献出版社 2009 年版。

中共中央文献研究室编：《十八大以来重要文献选编》（上），中央文献出版社 2014 年版。

中共中央文献研究室编：《十九大以来重要文献选编》（上），中央文献出版社 2019 年版。

二　中文专著

曹玉涛：《分析马克思主义的正义论研究》，人民出版社 2010 年版。

董建萍：《公正视域中的中国特色社会主义——当代中国社会公正若干问题研究》，学林出版社 2010 年版。

樊继达：《统筹城乡发展中的基本公共服务均等化》，中国财政经济出版社 2008 年版。

黄茂钦：《基本公共服务均等化法治保障研究》，法律出版社 2014 年版。

姜鑫、罗佳：《城乡基本公共服务均等化评价与对策》，西南财经大学出版社 2012 年版。

罗佳：《城乡基本公共服务均等化评价与对策》，西南财经大学出版社

2012年版。

马海涛、姜爱华、程岚等：《中国基本公共服务均等化问题研究》，经济科学出版社2011年版。

茜华：《财政分权中的公共服务均等化问题研究》，经济科学出版社2011年版。

任映红、戴海东：《中国共产党的社会公正观研究》，人民出版社2009年版。

孙建军：《我国基本公共服务均等化供给政策研究》，知识产权出版社2012年版。

吴忠民：《走向公正的中国社会》，山东人民出版社2008年版。

肖前：《马克思主义哲学原理》，中国人民大学出版社1998年版。

张贤明等：《基本公共服务均等化研究》，经济科学出版社2017年版。

三 中文译著

[英] 阿瑟·塞西尔·庇古：《福利经济学》（下），金镝译，华夏出版社2017年版。

[美] 艾伦·布坎南：《马克思与正义》，林进平译，人民出版社2013年版。

[美] 保罗·A. 萨缪尔森：《萨缪尔森辞典》，陈迅、白远良译，京华出版社2001年版。

[法] 莱昂·狄骥：《公法的变迁·法律与国家》，郑戈、冷静译，辽海出版社、春风文艺出版社1999年版。

[美] 罗伯特·诺奇克：《无政府、国家和乌托邦》，姚大志译，中国社会科学出版社2008年版。

[美] 约翰·罗尔斯：《正义论》，何怀宏、何包钢、廖申白译，中国社会科学出版社2009年版。

[英] 亚当·斯密：《国民财富的性质和原因的研究》（下），郭大力、

王亚南译，商务印书馆 2004 年版。

四 中文期刊

曹浩文、李政：《京津冀基础教育协同发展：定位、现状与对策》，《上海教育科研》2017 年第 5 期。

曹秀伟：《习近平以人民为中心发展思想的三维视角：求真、求是、求成》，《理论导刊》2019 年第 10 期。

曾凡军：《府际协调低效率与整体性治理策略研究》，《学术论坛》2013 年第 1 期。

陈昌丰、朱映雪：《习近平的人民观：坚持"人民主体论"与"人民中心论"的辩证统一》，《理论导刊》2019 年第 2 期。

陈辉、熊春文：《社会公平：概念再辨析》，《探索》2011 年第 4 期。

陈聚芳、颜泽钰、孙俊花：《以基本公共服务均等化助力乡村经济振兴》，《经济论坛》2018 年第 7 期。

崔松虎：《公共服务均等化视角下财政支出分担机制设计》，《学术界》2016 年第 1 期。

崔治文、韩清：《基本公共服务均等化水平与城镇化互动关系研究》，《华中农业大学学报》（社会科学版）2016 年第 2 期。

段忠桥：《再谈"历史唯物主义与马克思的正义观念"》，《马克思主义与现实》2017 年第 6 期。

范明英、郭根：《社会"公平正义"的内涵要义及其建设路径》，《深圳大学学报》（人文社会科学版）2011 年第 5 期。

方世南：《生态文明理念创新指导实践的十大着力点》，《学习论坛》2020 年第 4 期。

高景柱：《论代际正义视域中人类命运共同体的构建》，《国外理论动态》2018 年第 11 期。

高树兰：《京津冀基本公共服务协同发展与财税政策支持探讨》，《经济与管理》2016 年第 6 期。

古小丹、于桂荣：《论江泽民的社会公平思想》，《毛泽东思想研究》2007年第4期。

韩兆柱、于均环：《整体性治理视域下京津冀基本公共服务均等化研究》，《学习论坛》2018年第1期。

黄有璋：《我党十六大以来公平正义观的丰富和发展》，《理论探索》2011年第6期。

黎国理、潘金娥：《马克思关于生产、分配与社会公平之间关系的思想的科学价值和时代意义》，《马克思主义研究》2018年第12期。

李曼音、王宁：《城乡基本公共服务均等化的现实困境与纾解》，《人民论坛》2018年第7期。

李洺、孟春、李晓玉：《公共服务均等化中的服务标准：各国理论与实践》，《财政研究》2008年第10期。

李心记：《马克思"两种共同体"思想与习近平"人民主体论"》，《理论视野》2019年第4期。

李旸、肖恩·塞耶斯：《社会主义、正义与历史唯物主义——访英国马克思主义哲学家肖恩·塞耶斯教授》，《马克思主义理论学科研究》2018年第1期。

李长成：《市民社会正义问题的多维审视》，《马克思主义与现实》2018年第4期。

梁立新：《法治化视角下的基本公共文化服务均等化》，《浙江学刊》2019年第4期。

刘春兵：《人的全面发展视野下的基本公共服务均等化》，《郑州大学学报》（哲学社会科学版）2014年第1期。

刘海云、谢会冰：《以促进公共服务均等化推动京津冀协同发展——2015年京津冀协同发展正定论坛会议综述（一）》，《经济与管理》2015年第6期。

卢小君、张新宇：《我国中小城市基本公共服务水平的区域差异研究》,《大连理工大学学报》(社会科学版) 2017 年第 1 期。

鲁继通:《京津冀基本公共服务均等化:症结障碍与对策措施》,《地方财政研究》2015 年第 9 期。

罗德尼·佩弗、李旸:《分析的马克思主义与社会正义》,《国外理论动态》2018 年第 8 期。

马慧强、王清、弓志刚:《京津冀基本公共服务均等化水平测度及时空格局演变》,《干旱区资源与环境》2016 年第 11 期。

邱炳厚、高俊伟:《江泽民关于维护社会公平与正义思想研究》,《理论界》2005 年第 12 期。

任政:《当代中国以人民为主体的公平正义观》,《马克思主义研究》2019 年第 7 期。

汤兆云:《马克思社会保障公平思想及其启示》,《马克思主义研究》2017 年第 3 期。

王延杰、冉希:《京津冀基本公共服务差距、成因及对策》,《河北大学学报》(哲学社会科学版) 2016 年第 4 期。

武力超、林子辰、关悦:《我国地区公共服务均等化的测度及影响因素研究》,《数量经济技术经济研究》2014 年第 8 期。

武义青、赵建强:《区域基本公共服务一体化水平测度——以京津冀和长三角地区为例》,《经济与管理》2017 年第 4 期。

肖慧欣:《马克思主义人民主体思想的演进与发展》,《人民论坛·学术前沿》2019 第 8 期。

熊治东:《马克思人民主体思想及其当代价值——兼论习近平新时代"以人民为中心"思想的马克思主义之源》,《河南大学学报》(社会科学版) 2019 年第 1 期。

徐斌:《共享:实现公正的当代形式》,《马克思主义理论学科研究》2018 年第 1 期。

杨宏山:《首都功能疏解与雄安新区发展的路径探讨》,《中国行政管理》2017 年第 9 期。

伊恩·亨特、凌菲霞:《资本主义与正义——马克思与罗尔斯的融合》,《国外理论动态》2018年第5期。

殷有超:《我国基本公共服务均等化》,《特区经济》2018年第6期。

郁建兴、秦上人:《论基本公共服务的标准化》,《中国行政管理》2015年第4期。

张劲松:《马克思论共同体与分配正义》,《马克思主义研究》2017年第7期。

张晓萌:《马克思主义正义理论形成的历史路径——从〈黑格尔法哲学批判〉到〈德意志意识形态〉》,《马克思主义理论学科研究》2019年第6期。

郑林昌、刘晓:《京津冀地区公共服务投入产出效率评价》,《商业经济研究》2016年第21期。

周京奎、白极星:《京津冀公共服务一体化机制设计框架》,《河北学刊》2017年第1期。

周康林、郝立新:《马克思"人民主体"思想的内在逻辑与当代价值》,《马克思主义研究》2019年第7期。

周立群、曹知修:《京津冀协同发展开启经济一体化新路径》,《中共天津市委党校学报》2014年第4期。

周师:《习近平以人民为中心权力观的形成依据、内涵维度和实现路径》,《理论导刊》2019年第10期。

五 学位论文

崔玉亮:《马克思主义公平观的发展历程及其当代建设》,博士学位论文,安徽大学,2015年。

董晔璐:《马克思主义公平理论视阈下当代中国基本公共服务均等化研究》,博士学位论文,内蒙古大学,2016年。

马陆艳:《马克思恩格斯社会公平理论及其发展研究》,博士学位论文,电子科技大学,2013年。

田旭：《西藏区域基本公共服务均等化研究》，博士学位论文，东北大学，2015年。

吴乐珍：《我国基本公共服务供给中的失衡问题研究》，博士学位论文，浙江大学，2012年。

六　中文报纸

胡锦涛：《在省部级主要领导干部提高构建社会主义和谐社会能力专题研讨班上的讲话》，《人民日报》2005年6月27日。

胡锦涛：《在中央人口资源环境工作座谈会上的讲话》，《人民日报》2004年4月5日。

孟庆国：《怎样认识和推进京津冀公共服务一体化》，《学习时报》2019年4月15日。

宋文新：《以共享发展理念推动基本公共服务均等化》，《河北经济报》2018年5月30日第3版。

七　中文网站

民政部：《对"关于立足京津冀协同发展，让三地老人异地养老就医无障碍的建议"的答复》，中国政府网，http：//www.mca.gov.cn/article/gk/jytabljggk/rddbjy/201911/20191100021094.shtml.

人社部：《人力资源社会保障部召开京津冀人社事业协同发展第三次部省（市）联席会》，人社部官网，https：//m.thepaper.cn/baijiahao_4722278.

中共河北雄安新区工作委员会：《雄安新区对接北京优质教育资源》，中国雄安官网，http：//www.xiongan.gov.cn/2019-07/15/c_1210197050.htm.

八　外文期刊

Alan M. Concepts of Equity,"Concepts of Equity, Fairness and Justice in

Geographical Studies", *Transactions of the Institute of British Geographers*, Volume 20, Issue 4, 1995.

Bin Li, Tuo Li, Man Yu and Bin Chen, "Can Equalization of Public Services Narrow the Regional Disparities in China? A Spatial Econometrics Approach", *China Economic Review*, Volume 44, 2017.

Kwai Hang Ng and Xin He, "The Institutional and Cultural Logics of Legal Commensuration: Blood Money and Negotiated Justice in China", *American Journal of Sociology*, Volume 122, Issue 4, 2017.